大/家/译/丛
TRANSLATIONS

Marxisme et sciences humaines

马克思主义和人文科学

Lucien Goldmann

[法] 吕西安·戈德曼 ◎ 著

罗国祥 ◎ 译

深圳出版社

图书在版编目（CIP）数据

马克思主义和人文科学 /（法）吕西安·戈德曼著；
罗国祥译. -- 深圳：深圳出版社, 2024. 12. --（大家
译丛）. -- ISBN 978-7-5507-4143-0

Ⅰ. A811.67

中国国家版本馆CIP数据核字第2024YN4032号

Marxisme et sciences humaines by Lucien Goldmann

马克思主义和人文科学

MAKESIZHUYI HE RENWEN KEXUE

出 品 人　聂雄前
责任编辑　何旭升　胡小跃
责任技编　梁立新
封面设计　花间鹿行

出版发行　深圳出版社
地　　址　深圳市彩田南路海天综合大厦（518033）
网　　址　www.htph.com.cn
服务电话　0755-83460239（邮购、团购）
设计制作　深圳市龙瀚文化传播有限公司（0755-33133493）
印　　刷　深圳市希望印务有限公司
开　　本　787mm×1092mm 1/16
印　　张　17
字　　数　250 千
版　　次　2024 年 12 月第 1 版
印　　次　2024 年 12 月第 1 次
定　　价　58.00 元

再版说明

《马克思主义和人文科学》比较系统地阐述了自己对马克思主义的艺术辩证法的看法，以及萨特的存在主义方法论、弗洛伊德的精神分析学与马克思主义、文学社会学之间的关系，还涉及了共产主义运动中的教条主义与修正主义等，对于读者了解和研究现当代西方马克思主义以及哲学、文艺学与社会学的交叉领域有较高的学术性价值。因此，本书自出版以来，受到了学术界和读者的广泛关注和好评。

随着全球化的深入发展和科学技术的不断进步，人类社会正经历着前所未有的变革。在这一背景下，马克思主义作为指导我们认识世界和改造世界的强大思想武器，依然焕发着勃勃生机。同时，人文科学在推动社会进步、促进人的全面发展方面发挥着不可替代的作用。《马克思主义和人文科学》本次再版对马克思主义和人文科学进行深入研究，对于推动社会主义事业的发展、实现人类社会的共同进步具有重要意义。

本次再版得到原译者罗国祥教授的授权与支持。译者数月以来潜心修改，一是修正当年译稿之错漏欠当，翻译准确，术语尽量与学界已经俗成的表述一致，以免概念混淆；二是化繁为简，若无必要，绝不使用复合句，力求行文晓畅明白，避免中文和法语间语言习惯的差异而表述歧义。必须说明的是，本书乃当代西方人文科学著作中较艰深的一种，所以译文难免有不妥之处。期待读者的批评指正。

深圳出版社

2024 年 10 月

序言

读者将不会感到惊奇，经过这 15 年左右的时间，特别是经过最近三四年发展起来的那场对现状不满的运动的启示，我现在的思想和汇于这部集子中的文章里的思想比起来，已经更加明确和具体化了。

在这个演化中，我认为有一点尤其重要：这些文章中有一部分是在 1968 年前的那种知识界的背景下撰写的。那时，右派理论家如大卫·阿隆、人道主义和自由中间派理论家如大卫·利斯曼，甚至极左派理论家如马尔库塞以及法兰克福学派等都认为专家治国的新社会即使不是确定不移的，至少也是稳定持久的，并断言一切对现状不满的思想的倾向将趋于消失——"意识形态的终结""内心雷达的消失""单向度的人"——那时，在这些理论中，非发生学结构主义者或者说形式主义的和语言学影响下的结构主义者发展了一种将历史、人和拒绝旧偏见的意指降至次要地位的思想体系①，向我们推荐一种唯一以方法手段的组合为中心的文化，但又没有对目的与价值的任何关注。当时，南斯拉夫社会主义者则宣传自治管理的思想。在法国，受到赛尔热·马莱和安德烈·戈尔兹追随的意大利马克思主义理论家们如维克多·福阿和布鲁诺·特朗丁提出了新工人阶级和革

---

① "意指"（signification）亦有人译作"意义"。但汉语"意义"一词之含义较多，它具有某种"价值"之意，而且这种价值或是客观存在的，或是由评判者赋予的，但却不一定是作者有意赋予的。而"意指"一词则具"意图"之意，是作者"有意而为之"的东西。故我们认为，signification一词译作"意指"较为妥帖。 ——译者注

命的改良主义的理论。

我正是就这种讨论和问题而提出了我的部分文章中的立场，这些文章指出必须抛弃马克思学说中关于贫困化和工人阶级的革命性的理论；必须承认从来就没有过真正的无产阶级革命，在先进的工业国里无产者从世纪初以来就已与现存的社会秩序融为一体了；最后必须承认把为社会主义的斗争设想为一种为思想意识的斗争，这种斗争是以为中等工资领取者或者说在技术变革的情况下逐渐发展并企图不仅取代旧的独立中产阶层和显贵阶层，而且取代传统工人阶级的新工人阶级的发展而开辟的可能性为基础。我特别从这样一种意见出发：无论是雷蒙·阿隆、达尼埃尔·贝尔、利斯曼和马尔库塞还是特朗丁·福阿（Foa）、马莱和戈尔兹的观点，都指出了两种变革的可能性，在这些可能性中，社会主义思想家和战士的义务是为实行第二种可能性而斗争。今天，我认为这些分析是正确的——至少有很大一部分——同时又有其片面性，就是说，这些分析需要进一步明确和说明。这里，我就试图概述其中最重要的一种分析。

关于传统工人阶级，如果说在西方社会中它真的已被纳入资本主义的秩序，并从来没有扮演过马克思在分析中赋予它的角色，那么，这样的纳入仍具有与其他任何社会阶层的纳入所不同的特点：这是一种在真正的和强烈敌对的反文化形式下实现的认识论和文化方面的特点；这种反文化的形式是通过政治上纳入的改良主义和创建保守的工人政党而表现出来的；这些工人政党在文化上和思想上却是互相对立的并且持不同意见的，从社会民主党特别是战前德国社会民主党直到当代各共产主义政党都是这样。

这就产生了一种结果，即尽管工人阶级自己的首脑从来没有掀起过一种革命的危机，但工人阶级却的确已经参与到其中了——除了当其组织的直接利益成功地阻挠了所有的行动——从1848年6月一直到1968年5月，每当一次这样的危机由于外部环境而产生时，这些组织就作为相互对立的并且持不同政见的力量以积极的方式阻挠所有的行动——就像1914年德国出于帝国的战略利益，或1933年和1939年苏联出于外交政策利益所做的那样。

这样的纳入的特殊性与其特别重要的结果当然应该得到分析使其建立在理论的基础上。在这一点上，我想提出这样一个假设：我认为这种纳入的结果不仅仅是生活水平的改善和工会运动取得一定数量的战利品，而且也是积极参与日常生产过程，实际上意味着参与资本主义社会的运转。这种纳入的对立特点（文化方面和意识形态方面的持不同政见）在我看来是由这样的事实得到解释——在这里，马克思的天才的分析仍然是完全有价值的——这就是，工人既然除了自己的劳动力，也就等于说，由于归根到底除了他们自身以外没有别的东西可出卖，因此必须继续反抗物化，抗拒对市场的适应，抗拒将财富转变为商品。尽管这种反抗是在不同的程度上进行的，换句话说，这种纳入是建立在对生产的参与、物质利益和工会运动的胜利，以及这样的倾向的基础上的。这种倾向就是拒绝一切都在市场上被数量化，拒绝把财富和人都变成首先甚至唯一以其价格来标明的商品。

关于社会转变的前景，如果在很大程度上涉及为思想觉悟的斗争特别是技术工人和技术人员，简言之，涉及为新工人阶级的思想觉悟的斗争，那么我认为在今天，有效地产生这样一种转变的可能性比我在撰写这个集子中的某些文章时所能想到的要大得多。

在为使工资领取者觉悟的斗争之外，我们发现在工业发达国家，统治阶级本身，特别是专家出身的高级官员很可能也被引向这同一个方向。实际上，在一个阶级社会中，很难想象领导阶层不依靠能使它在意识形态方面统治大部分社会生活的最广泛的社会阶层。自由资本主义社会，甚至是1914至1945年间处于危机中的垄断资本主义社会，其基础是由独立的中等阶层和传统工人阶级的某些高级阶层组成的。然而，技术进化和它所带来的社会和经济变化正在明显地减少和大大地缩小这两种社会阶层。

对抗这种转变——但这就意味着保持落后——这对于某些国家来说是不能被排除的。这样，主张专家治国的资产阶级就将被迫到技术人员中去寻找一个社会基础，也就是说，被迫试图去拉拢技术人员并通过某些让步和妥协来融入他们。

它的第一个反应当然将是给予他们更多的物质利益，但从长远观点来看，这是不够的，这也许只是因为，根据一个为人所熟知的规律，从一定的时期起，物质利益的增加可能降低它们的分量和重要性。于是，或许在那些将来要保持尖端技术进步的国家里，领导阶级将接受一种结构变化，接受或多或少领工资者的阶层参与企业管理，以便确保在领工资的技术人员和专家中取得广泛的决定性的支持。

和西欧资产阶级夺取政权时的情况一样，在这种景象中出现了走几条不同改革道路的可能性。我们仅举两个极端的例子：正如资产阶级在法国是通过革命以及和民众阶层的联盟而夺取了政权，在德国则纯粹是通过充满屈服和妥协的改良主义道路而取得政权的；也正如一方面有法国革命，另一方面有俾斯麦和威廉二世的德国那样，通过社会生活和生产的现代化也能有——这里用 H. 勒斐伯佛尔[①]提出的术语——少数派[②]和多数派[③]这样两条道路。然而，从人的尊严和文化的角度，或用句平常的话说，从政治和社会的角度看，这两条道路之间的区别是很大的，并且，鉴于工业先进国家的经济、社会和政治力量，这两条道路之间的区别涉及整个人类的未来。　．

正是在这种可能性范围内，产生了近年来的危机和我们应该对

---

① H.勒斐伯佛尔（1901—1991），法国哲学家和社会学家、法共理论家，认为马克思主义是无产阶级革命的过渡理论。——译者注

② 法文Minimaliste，又当"孟什维克"解。——译者注

③ 法文Maximaliste，又当"布尔什维克"解。——译者注

这个危机做出的判断。首先，正如"福隆德"①。其次，亦如法国革命本身那样，这种危机是受它打击的旧阶层中由于经济和社会的变革而引起的种种不满的结果，这些旧阶层包括独立中等阶级、传统的工人、少数民族或种族，——也产生于正是从这种变革中出现的，在现代持不同政见集团中发展起来的不满——这些集团包括大学里不能满足其科学和文化需要的大学生，从工业集中化和现代化初期就产生了的出现在某些城市中心的贫苦阶层，技术人员和知识分子的激进侧翼。然而，这些阶层的文化、社会和政治行动——尽管还远远不是确实可靠的，但已是越来越可能的了——对演变的方向能有一种有益的影响。

对左派和激进派，甚至是对在青年一代中发展起来带有逃避现实特点的消极反抗（通常被人们称为"嬉皮士"）这一不可忽视的社会现象做历史的和社会学的评价正在于此。谈到左派和激进派，就不能闭眼不见他们所做的社会和政治分析的不足之处，以及他们意识形态中的既天真又丰富的乌托邦特征。不过索莱尔②已经说过，所有历史经验也都向我们确证，如果找到一个社会基础，使这些神话能够有一种积极的和有益的功能，即便它们明示的内容从来没有实现过也是有益的。从这个意义上说，激进派运动既是正在进行的变革的征兆之一，又是允许和希望这些变革能为文化、人类的尊严和社会主义取得进步的有价值的形式的因素之一。永远不应该忘记，如果说在法国和英国没有法西斯主义，而同时在意大利和德国却有法西斯主义，那么原因之一是英国和法国的资产阶级社会是通过一次革命行动组织起来的，而德国和意大利的资产阶级社会则是从上到下组成的。

从在青年中发展着的逃避现实运动很容易看到，这对于那些参

---

① "福隆德"即法国1648—1653年的投石党运动。——译者注
② 阿尔贝·索莱尔（1842—1906），法国历史学家和作家。

加者有着不少的不利、消极面甚至高度的危险性，特别如"嬉皮士"中相当普遍的吸毒和拒绝文明的现象，等等。但是，也不应该忘记，这个具有不容忽视的规模的运动作为模糊的、不完善的和无疑是可争议的社会表现构成了对现代专家治国和消费社会的拒绝；也不能忘记，在他们对这个社会和平的和非政治的拒绝中，这些青年男女找到了一件极为强有力的武器：最大限度地压缩自己的需求，用非常贫苦的方式，用很少的钱过集体生活的可能。

当然，这同样的问题不但出现在年轻的嬉皮士面前，也出现在激进派青年们面前，他们是否（如果是，那将在什么样的比例上）将最终被权势集团和消费社会所回收呢？

对于左派分子来说，回答在很大程度上取决于未纳入现存社会和不隶属于任何形式的国家机构的社会主义运动的发展，这些左派分子将会加入到这些社会主义运动中去。

对于年轻的嬉皮士来说，问题就更复杂。很明显，仅仅有极少数人能在社会和生产的边缘持续地生活下去。或者，他们中的大多数人接受回收和重新归并到消费社会遵守的习俗环境中去，或者——这是他们的运动唯一积极的希望——他们中正在发展的小集体和公社运动取得一定规模和鉴于他们的成员的物质需求很少，成功地通过不规律的和用耗费少量时间劳动的次要职业渗入到生活中去，以此来建立一个在个人利益和效率基础上的社会中的第一批人道生活的小岛和——为什么不呢？——社会主义集体。我不敢说从现在起，这种演变的可能性很大，可是这种可能性是存在的，应该不断提及它们。

最后说几句作为结束语。同样的历史经验引导我们正视激进派运动和它们在历史上所起到的作用的重要性，同时也应该使我们注意到它们含有的危险。如果说法国资产阶级和人民联盟并依靠人民取得了政权，那么它又以既野蛮又血腥的方式于 1848 年 6 月和 1871

年公社失败后从与人民的联盟中脱离出来。不能排除，朝向现代化的根本变革会随之带来生产者中少数特权者并产生这些特权者和群众之间的冲突，前者依靠后者实现其意愿，随后便企图将后者排除在生产和管理之外并尤其希望肃清后者的影响。我认为，当代社会主义思想家的最重要的职能之一是在他们的能力范围内，为使这样的冲突减小到最低限度，使社会主义和人道主义的胜利成果不但成为未来演变中的主要因素而且能保持其稳定而做出贡献。

今天，尽管有各种变革和演变，用积极和科学的方式来分析由马克思和罗莎·卢森堡提出的抉择仍然是有道理的；在演变的两极上已经出现了野蛮和社会主义这两个末端的形象。

至于仅仅作为人类行动总结果的历史演变，我认为人们能够合理地希望它将避开第一个形象，尽管我们不得不将它不能完全实现的第二个形象作为真实的风险接受下来。这里重要的是，尽我们的可能使这种演变将我们尽量引进社会主义，并最大限度地减少野蛮。

1970 年 9 月于巴黎

目录

第一章　发生与结构

作为开头，我想将这篇报告置于我新近读到的卢卡奇的一篇文章中提出的命题之下，不过，我想这个命题是源自黑格尔的：历史的问题就是问题的历史，反之亦然。其实，这个断言差不多包含了我今天打算讲的一切，只不过需要做些发挥和解释。

事实上，这句话含有这样一个论断：为了用实证的和理解的方法研究一个问题的历史，同时试图厘清和理解它所经历的变革，先将它作为问题，然后作为产生这个问题的社会集团的思想方面的变革（这些变革同样能够使人窥见各种相继出现的不同的反应）来研究，人们就不得不将这些似乎仅从精神生活中出现的现象与历史的和社会的生活的整体联系起来。所以，任何严肃地研究一个问题的历史的企图都必然引导研究者就他所感兴趣的时代，整体地提出历史问题。

此外，请允许我简单地说几句题外话，以便指出：即使是唯灵派历史学家如亚历山大·科瓦莱和令人悼念的勒诺布尔神父，也曾由于为了给科学史的研究创造一个实证的框架而放弃了将这种历史当作一个线性的系列发现来呈现的传统的和图表式的研究方法，代之以仅将这些发现当作在结构过程中才是可理解的事件的透视法，在这种结构过程中，流产的尝试和失败至少是同样重要的。

然而反之，任何不是将历史作为一系列或多或少引人注目的事件的总和而是作为创造历史的人的有意义行为的必然演变来看的尝试，都当然地包含着对这些人的精神的和有意识的生活的研究，以及探索这种生活所经历的变革和其他社会生活领域的变革之间的关联；因此，任何就一个特定的时代提出社会整体历史问题的企图，都只能在这种企图和对被研究的时代的人中所产生的问题以及对这些问题本身的结构和经历的变革进行实证的有意义的研究相同时，才能达到实证的水平。在这个意义上，人们可以肯定，对于任何特定的时代来说，历史的问题和问题的历史是两个局部相同的概念。

以上是几句题外话，不过我仍希望它们向你们说明了：这种相同性仅仅在发生学结构主义假设中才是有效的，这种假设的基本原则之一是，肯定任何人类行为都具有一种研究者必须阐明的有意义的结构的特点。在这个角度上，任何对人类行为的实证研究的关键恰恰在于：努力通过搞清楚部分结构的总轮廓，使这种行为的意指成为可把握的，这种对部分结构的研究只有在它本身被插进对一种更加广大的结构的研究中，而且这种结构的运转能够单独阐明其发生以及研究者在其研究伊始向自己提出的大部分问题时，才是能够被理解的。不言而喻，对这种更加广大的结构的研究也要求插进另一个能将它包容于其中的有关的结构中，并依次类推。

正是为了向这次学术讨论会提出"结构与发生"的主题，我们曾想将这个主题集中在对一个最流行的和最重要的方法论问题的讨论上，此外，这个问题在其认识论方面与一种已经很老的对人文科学的理解和解释的功能的讨论很接近。

在它过去的形式中，这种讨论至少在19世纪下半叶支配着大学的人文科学研究，而且与今天仍在很大程度上在大学中占统治地位的这种研究经验主义的理性主义原子论及静态结构主义处于对立状态，并采取一种在理解性描述和以原因或规律来做出的解释之间做出抉择的形式（不言而喻，后者只能在很广泛的意义上才能被称为解释）。

实际上，原子论曾试图并且还在试图将19世纪支配着自然科学的原则引入人文科学中。按照其理性主义的或经验主义的特点，运用原子论或者寻找因果的和必然的解释或者寻找一些普遍的关联——这种普遍关联的发现能解释某种特殊的现象。

对这种原子论，非发生学结构主义——你们已经知道所有用这个词所指的是那些著名的人物如从胡塞尔[①]到格式塔心理学家们；在法国，则到克洛德·列维-斯特劳斯[②]和罗兰·巴特[③]的后期研究工作——以种种结构的存在与之相对立，只有这种种结构，才能使某种局部因素的重要性和意义得到阐明。然而，当这些结构是被作为经常的和普遍的结构来构想时，整个解释概念就在它们的层次上失去了意义。

人们所能做的一切，就是描述它们，在这里，非发生学结构主义似乎分裂成为：满足于内涵性描述的思想家，和另一些我想到的如列维·斯特劳斯特别是巴特那样的思想家，他们似乎想综合纯描述性结构主义和解释性原子论，在这个范围内，照语言学的模式，他们不仅假设非意指的普遍结构的存在，而且假设不同结构之间的可理解的联系的存在，这种联系当归因于被列维·斯特劳斯称为结构原子的那些共同因素的存在。因此他在《结构人类学》中告诉我们，由男人、女人和孩子构成的团体，和团体中的男性成员将女人嫁给丈夫，这就构成了一个亲属原子，它是人们在可能遇见的所有亲属系统中都可发现的。

应该补充说，在克洛德·列维-斯特劳斯的学说中，所有这些都仅仅涉及无意识的普遍结构；当然，他也直截了当地承认对在有意识层次上显现出这些结构的具体形态做发生学研究的效用和必要

[①] 胡塞尔(1859—1938)，德国哲学家，现象学的创立者。——译者注

[②] 克洛德·列维-斯特劳斯(1908—2009)，法国人类学家，结构主义的著名代表之一。——译者注

[③] 罗兰·巴特(1915—1980)，法国文艺批评家和符号学家。——译者注

性。无须说，尽管克洛德·列维－斯特劳斯承认这种研究的重要性，但在他的观念中，这仍然是最次要的现象。

然而，在这种讨论中，发生学结构主义引入了一些全新的观点，以至于它认为理解和解释不仅是心智上关联的过程，而且是在和客体的切割的两个不同层次上关联的唯一的和同一个过程。

对于这种观点来说，人类行为的组成结构实际上不是一些带普遍性的材料，而是一些特殊事实，它们是从过去的发生源中产生的，并正在为未来带来演化的变革。然而，在对客体的切割的每个层次上，结构的内在能动性就不仅仅是它自身的内在矛盾性的结果，而且也是与这些内在矛盾紧密相连的，一种包括这种结果在内的、趋向其自身平衡的、更加广大的结构的能动性的结果；正是在这一点上，应该补充说，无论在何种层次上，任何平衡都只能是暂时的，在这个范围内，这种平衡是由改变了周围环境的和通过这种改变而创造了新的处境的人类行动的总体所构成；由于这种新的处境，旧的平衡又变成矛盾的和不足的。

在这个角度上，一切对一种能动的结构的描述或者（用一个皮亚杰今天似乎很喜欢的词）对结构过程的描述（此外由于其互补性，这也是先前存在的结构的解体过程的描述）都有一种相对于被研究客体而言的理解性特点和一种相对于作为组成因素的较受局限的结构来说是解释性的特点。

从历史角度来看，我认为发生学结构主义是和黑格尔及马克思一起，作为哲学的基本概念而第一次出现的。尽管无论是黑格尔还是马克思都从来没有明确地使用过这个词，黑格尔及马克思的思想仍然是哲学史上第一次出现的严格的一元论，也是结构主义和发生学的观点。从目前的水平看，这种现象可能部分地和这样一个事实有联系，即从黑格尔特别是从马克思起，现代哲学逐渐与数学及物理科学脱离，并首先转向对历史事实的思考；在我看来，重要的是指出，发生学结构主义远不是历史和社会科学的迟迟晚出的发现，相反，它是由严肃认真地试图对这些事实做积极理解的思想家提出的第一批观点之一。

无疑，在黑格尔和马克思之间有很大的区别。不过我觉得他们共同的发生学结构主义是重新将这两种哲学联系在一起的最重要的因素之一。当然，黑格尔的具体分析经常比马克思的分析更具思辨特点。

不过在这里，也许会有一种异议，最好立即来谈谈它。在马克思的著作中占有很重要地位的《资本论》似乎是一种使一个仅由雇工和老板构成的资本主义社会的内部运转得到阐明的静态分析。最近有一本很成功的书，就是卡尔维茨的那本，甚至责备马克思用暴力来解释原始积累，认为这是其理论体系中的前后不连贯的表现之一；在卡尔维茨看来，这一切都应该纯粹从经济的过程来解释。当然事实上完全不是那么回事。

《资本论》不是一本政治经济学著作，而如其题目[①]本身所示，是一种"政治经济学批判"。它致力于指出，经济现象作为这样一种现象，其构成是在演化的一定时期出现的、要在未来的变革中消失的有限的历史现实。这种现象首先是以在整个社会生活内部出现的活动越来越剧烈并更有效地影响别的部门，同时越来越少地受其他部门影响的独立部门为特征的。在这个意义上并在这个部门存在的范围内，经济事务表现出一种相对独立的特点，甚至还有对其他社会生活部门中进行的活动现象的研究有其解释作用的特点；然而正是在这个角度上，经济生活的发生本身却不会有一种经济的特点。因此，马克思指出，资本主义制度，经济在其中作为相对独立的现实在运转，这制度只能由暴力产生，并且只能由非经济的过程才能超越，他这样做是完全首尾一贯的。

---

　① 应该是"副标题"。——译者注

让我们补充一点，在马克思的思想中，这种过程本身应该有一种暴力的特征，因为它是涉及无产阶级革命的。可能马克思的思想在这一点上需要修正，关于工业发达社会，这种超越能通过渐进性政治和工会行动在某些情况下产生。在这种情况下，这仍然是涉及非经济特点的过程。

因此人文科学是以黑格尔和马克思的两种发生学结构主义观点的杰出设计作为开端的。不过，大学科学研究的发展很快，不仅抛弃了发生学结构主义，甚至和它断绝了一切联系。直到最近，马克思主义一直没有进入大学；至于黑格尔主义，用马克思的话说早已很快地被大学当作死狗一样对待，而从 19 世纪下半叶起，就又回到康德、新康德主义（事实上这更多的是回到费希特①）。在黑格尔哲学中只看到了些混乱难解的文字；你们都知道，距今不久以前，那时不谈黑格尔的著作，完全不了解黑格尔的思想就能通过哲学教师统考。

在这方面，发生学结构主义进入西欧大学还是个最新近的现象。

在发生学结构主义的历史上，第二个重要阶段是通过精神分析学的出现而形成的。

尽管弗洛伊德同马克思和黑格尔一样从来没有使用过这个词，然而我们仍认为他的思想明显是发生学结构主义在个人心理方面的第一个设计。就和大家所知道的一样，弗洛伊德思想的中心正是：显得变态的和无意义的那些现象，如口误、梦、精神病等，如果人们将它们纳入一个同时包含人的意识和无意识的总体结构中 —— 从那人一生下来，人们就跟踪其发生源 —— 那么它们就都成为有意义的了。

这样，在心理学方面就出现了一个和历史学上同样的情形：在那种由于其原子论观念只抓住了现象的某些抽象方面的正统科学的

---

① 费希特（1762—1814），德国哲学家。——译者注

旁边，在大学研究界之外，还有一种发生学结构主义的方法论，它开创了一条对作为有意指的能动结构的人类现象进行具体理解的道路。

当然，这丝毫不意味着弗洛伊德和马克思的立场是一致的。所有了解最近关于马克思主义者和精神分析学者之间的讨论的人都知道，这个问题是怎样的复杂。我们斗胆在这里只就这个问题指明几点。

首先我们觉得，尽管受到当时大学里的科学研究的影响，弗洛伊德并没有将他当时正在进行的方法论革命进行到底，因为，如果说他一方面在一个很先进的层次上引进了能动的有意指结构的观念并提出了一种既是理解的又是解释的方法论的话，另一方面他却奇怪地保留了他所处时代中占统治地位的官方的因果解释的观点，这种观点认为一种现时的状态只可能存在于过去，而不把对整个普遍的发生学结构主义来说是主要的方面：即未来的方面引入其视野。完全不是心理学家的我认为，所有人类行为，包括精神病在内，都只可能作为一种具体的状态而得到理解，这就是，一种趋向未来的能动平衡力量与企图阻挠这种发展趋向的相反力量之间的紧张状态。然而，与读黑格尔和马克思不同，读弗洛伊德的著作使人产生这样一个印象：其重点尤其放在束缚力上而很少强调平衡因素。

无疑，由于弗洛伊德对口误、梦尤其是对病理现象的研究，他感兴趣的正是束缚力成功地阻挠了理性的平衡，而就病人来说，则是完全地截断了通向未来的道路的情形。尽管如此，在精神分析学想给我们一个对人的整体看法这个范围内，未来方面的缺乏在曾作为弗洛伊德式革命的科学与文化的重要事件中显出一种未能首尾一贯的缺陷。

如果我没有弄错的话，后来，其他精神病学家特别如德左瓦尔和他的"白日梦"的方法，都将其疗法集中在强调和增加平衡力量上，而不是集中在减弱和消灭束缚力上。当然，并不应该由我来评价这种似乎反响不多的疗法的有效性，并且对于我们讨论的这个问题，这种有效性并没有很大的重要性。主要的是，这种方法将重点放在无疑是真实的力的存在上，而我觉得弗洛伊德似乎没有揭明这种力。

我对弗洛伊德著作的第二点意见涉及精神分析学影响下的，所有对社会、历史和文化现象的分析都很成问题的特点。

且不说未来方面的缺乏和对个人病理的集中研究在这方面成了一种比在心理分析中更为严重的错误根源，最重要的异议存在于这样一个事实中：我们觉得若是对这些具体的分析，而不是对发生学结构主义方法本身加以改变，要使精神分析从个人层次变为集体层次是不可能的。无疑，既没有构成社会的个人以外的社会，也没有对社会生活完全无关的个人，但是，发生学结构主义的基本假设包含着这样一个思想：任何现象都属于不同层次上的一定数量的结构——或用我最喜欢用的一个词：相对全体，而且在这些相对全体的每一个中，任何现象都有其独特的意义。因此，这里仅举两例：任何文化创造都可以说是个人的同时又是社会的现象，都纳入由创造者的个性和社会集团构成的两种结构中，在社会集团中形成了构成创造者个性的那些精神的范畴。人们能够比方说将克莱斯特①的戏剧不但和他的家庭环境、他与其父亲及姐姐的关系相联系，也可以很好地和震撼了他所处时代的德国的那种自由和权威的意识之间的冲突相联系。且将所有对这两种分析中的这一种或那一种的具体有效性的考虑放在一边不谈，从方法论的角度来看，我觉得很明显，第一种只能阐明这些作品与克莱斯特有关的生平和个人的意义，这种意义对希望了解克莱斯特其人的心理学家是很重要的，但这种意义却和在同一方面的有关克莱斯特的大量其他毫无美学价值的事实

---

① 克莱斯特（1777—1811），德国戏剧家和作家。——译者注

并无本质的区别。相反，第二种解释在方法论上首先趋向于作品的普遍价值，也就是说美学的、历史的和社会的价值。

同样，对于另一种分析法，很可能对金钱的爱会在个人心理方面与食粪类动物有紧密联系；同样明显的是，商人的唯利是图精神和后来的资本主义精神有其完全不同的起源，人们丝毫没有利用它们来理解当前的结构，也没有利用一定数量的、爱钱和食粪类相联的个别情形来理解它们的起源。

如果说黑格尔、马克思和弗洛伊德因此代表了人文科学史上既是理解性又是解释性发生学结构主义的巨大里程碑，那么同样真实的是，在他们的著作写成的时代，他们的结构主义方法和理解性的特点却很少被人看出来，不仅他们自己没有看出来，官方科学界也没有看出来。非理解性因果解释的观点就这样统治着科学思想，以至于人们在马克思主义中特别看到的是用经济因素作解释，而在精神分析学中看到的则主要是用力比多①作解释。

因而这几位思想家对科学思想的贡献的最重要的一个方面仍然是完全没有为人所知，直到后来一位思想家奇怪地在完全独立于他人的情况下使之见了天日，这个发现使这位思想家获得了很高的声誉，尽管他的分析是在艺术爱好主义和"一般文化"的水平上得出的，但我认为从实际研究的角度看，它是完全没有什么影响的：狄尔泰，就是人们经常看作将理解的观点引入人文科学和历史科学的那一位，他长期地强调理解的方法论概念，而长期地使用这种方法论的黑格尔、马克思和弗洛伊德却几乎从来没有说到这个词，所以这个误会很可能是这样造成的。

我觉得，在方法论方面意识到理解观点和结构观点之间的联系在很大程度上应归功于现象学的发展并与之紧密相联，也归功于同心理学和社会科学方面的非发生学结构主义观点相联，而且首先当

---

① 力比多（Libido），弗洛伊德认为人的无意识领域中的一种本能欲望的冲动。——译者注

然是和格式塔心理学观点紧密相联。

最后，正是在这种形势和背景下，应该提及两位当代思想家，他们中的一位是在人文科学方面，另一位是在心理学方面，以出类拔萃的方法论清晰地引进了发生学的结构概念，以实证的方式将它运用于具体的研究之中，其重要性是怎样评价都不会过高的。我想说的是乔治·卢卡奇和让·皮亚杰。你们知道，我们今天有幸在我们中间看到后者。

这里不是要分析这些思想家的具体著作，它们中的每一部都能作为一次大会的对象。而且皮亚杰将亲自向我们讲他的研究。我只想指出，我觉得他的方法论观点和马克思的方法论观点的汇合构成的有力的论据，可反驳所谓马克思主义是建立在先验原则上的责难。完全没有受过马克思影响的皮亚杰以全凭经验的方式在实验研究中发现了马克思一百多年前于社会科学领域中提出的几乎所有的基本观点，这种汇合更是引人注目的，正是在这种情况下，心理学的、社会学的和认识论研究的特殊性仍然完全地保留了，丝毫不是一个领域侵吞另一个领域，就像受到精神分析学影响的美学、历史学和社会学研究工作那样。

最后，请允许我提出两个使我操心，但我还没有找到有效的解决办法的问题，供你们思考。一个是有关生物学的，并已经由我的朋友乔治·戈利埃利令人注目地提出来过。如果说发生学结构主义事实上表现为一种经济学和社会学研究上的极好的操作方法，那么我认为我们在生物学方面，应当将源于历史学或人种学的结构主义观点和借鉴生化学的方法参与其中并加以某种融合。不过，我觉得这种融合，甚至这种游移似乎正好证明我们在这里处于一个特殊的领域，关于这个领域的科学还没有能成功地提出一个称呼，启发我们为之定一个本体论范畴的现象学名词。此外，我觉得发生学结构主义思想最重要的任务之一正应该是一般地在现实的各个不同领域并着重地在人的领域建立起结构的特点。比方说，语言学的结构一开始就似乎与哲学和文学的结构不相同。一些研究者如克洛德·列维－斯特劳斯和巴特仍试图指出神话和风俗也许是受与语言学结构类似的结构所支配的。即使人们对这种企图保持怀疑，仍应该承认不同结构的存在和尽可能细致地规定它们各自领域的必要性。

最后，作为结论，请允许我着重指出合目的性和趋向未来的问题的重要性，在这个问题面前，甚至最重要的结构主义思想家在非结构主义科学思想的影响下，有时都后退了。

关于弗洛伊德，我们已经讲过了，不过那也是同样适用于让·皮亚杰的。因而，要说马克思和卢卡奇的观点完全没有含糊之处也是困难的。

我个人认为，发生学结构主义是在假设事实的评判和价值的评判之间，理解与解释之间，决定论与目的论之间的一种综合。不过这正是长期以来我在我的著作中阐述的观点，但我知道这种观点是相当有争议的。我希望还有机会来讨论这种观点。

第二章　文化创造中的批判与教条

我的涉及文学创造的观点是不将文学创造当作非理性和神秘的现象，当作一位远离人群和日常生活的天才的非凡灵感的结果看待，而是相反，我把文学创造看作是一般人在日常生活中所面临的问题的特别确切的、不协调的表达。所以，当涉及文学创造中的批判精神和教条主义时，我最终将谈到在社会、经济和政治生活的不同部门中我们每个人所面临的问题有关的问题。

所以，由于对文化创造和日常生活之间的联系略为有所强调，我的论述将比较容易和你们的研究工作联系在一起。

不过，在这个一般理由之外，还有另一个特别的、与我们所处的现代西方社会的境况和演变相联系的理由。的确，我觉得，如果我们试着在避免一切教条和成见的同时，严肃地以批判的方式思考工业发达社会——永远不应忘记，这些社会虽然只构成地球的一部分，但是仍有其特别和专门的问题——的人所处的环境，我们就可以发现，在历史上的任何时候和任何地方，人的觉悟及其表现（文化和文学创造只构成这种表现的一部分）在今天取得了这样一种有决定意义的重要性，无论如何不同于例如在马克思提出他的理论思考的时代所具有的那种有决定意义的重要性。

在马克思的经典分析的整体中——我将在我论述的第一部分来讨论这个问题——我想我们今天应该区别两个部分，或者，如果你们愿意，可以说区别不同的两大块。我觉得，其中一大块在很大程度上已丧失了有效性，至少涉及工业化社会方面是如此，这一块应该大大地改变：你们中的大多数人都知道，这就是关于贫困化，社会成员中大多数人的愈来愈贫困，和从贫困化及不断加剧的贫困出发所导致的无产阶级将会即使不是必然也是很可能的获得革命觉悟的整个理论。

　　我觉得在这一点上，如果我们愿意现实地思考和懂得我们所处的社会的实际情况，就应该最终清醒地看到这样一个事实：历史的真实演变无论如何是沿着一条不同于马克思预见和期望的道路发展的；从这个观点来看——仅仅是从这个观点来看——今天，工业发达社会已经构成一个有特权的范围，在这个特别范围中，不同国家的工人阶级已在某种程度上与整个社会融为一体，在这个社会中继续谈论贫困化、不断加剧的贫困和无产者的革命倾向，已无异于在神话中思考和生活。当然，这些社会中的一切仍然远非很理想和可以接受。由于取得了新的形式，人和人的发展、解放的问题仍然很严重。我马上要再来谈这一点。但实际上，这不会改变这样一个事实：在马克思的分析中，这整个部分在今天看来已显得过时，即使它在 19 世纪下半叶或多或少是有效的。对我们来说，今天人的自由和未来的希望的问题不再是在这方面。用不着说，这里所谓的"对我们来说"是指工业发达社会的成员，而在整个第三世界，贫困问题仍然保持着令人苦恼的首要地位。

　　相反，马克思式分析的另一部分则不仅仅保持了其有效性，甚至在今天显得比马克思时代更为贴切：这就是关于物化的著名分析。在其中，马克思曾指出：在自由资本主义社会中，人与人之间的关系已经失去了许多本质的和人道的特征，而演变成为简单的量的关系。此外，他们那种作为社会的和作为人际关系的本质从人的意识中消失，而以物化的形式重新出现，成了物的属性。例子很多，只需举参与产品的不同生产阶段的生产者之间的关系就够了，这个生产过程中的合作已经没有意识，而只在商品的新的属性中重新看到它的表现：这就是价格，只有价格才在市场上将牲口饲养者、皮货商、鞣革工、皮鞋匠或鞋匠、零售商和消费者相互联系起来。这种情形导致个人的根本变形，在许多方面表现了个人的极大不同，我只举其中最重要的一个方面：在资本主义社会里，个人分裂成为两部分甚至三部分——公民、经济与职业生活的代理人和私人个体，他在这三个范围中都有着不同的价值和行为准则，他再也不能实现其生命的统一整体和人格的协调发展。

然而与19世纪相比，这种对人格的扭曲和压抑过程在今天达到了更高的程度。因为——我的朋友马尔库塞给了我们一个对这种现象的出色分析——随着被人们冠以各种不同名称的所谓消费社会、高度组织化的资本主义或大生产社会的发展，个人的独立性正在消散和消失，而这些在自由社会中还是现实的——至少对于中产阶级和领导阶级来说是现实的。在自由社会中，物化主要是指超越个体的社会整体意识的消失而有利于一种个人主义，这种个人主义就它总想成为绝对的这一点上说，无疑是虚幻的。然而今天，除了某些极为有限的领导阶层、人包括个人本身，在社会生活的各个领域中，越来越少见其主动性和责任感了，他越来越成为只为了换取一种更大的消费可能性而执行别人的决定，这种现象明显地暗含着其人格的降低和危险的值得注意的个性贫乏化。

让我们补充一点：上面说的过程还只在其发展初期，随着组织化资本主义的发展，这种过程很可能将占据越来越大的位置。在一次记者采访中，有一天我用了一句俏皮话，这里我重说一遍，我说如果大生产已经存在于许多领域，如果它包括了所有各种财富（冰箱、汽车等），那么，组织化资本主义的大生产的真正产品也许现在还很有限而随后有大规模发展的可能的，这就是有大学文凭却是文盲的专家。这种人非常了解生产的一个领域，他有很高的职业才能，这使他能令人满意地、出色地执行指定的任务，但是他将逐渐丧失与人类生活其余部分的一切接触，因而他的人格也将在最大程度上变形和变得偏狭。马尔库塞的出色著作的题目《单面人》①，这几个字本身就构成了当今社会向希望继续过人道生活的人和对我们这次学术会议的主题——"自由的辩证法"感兴趣的人提出的这个最重要的问题。

组织化资本主义社会中人的人格的偏狭 —— 如果社会演变保持目前的发展方向，这种偏狭就将继续加剧 —— 是我今天没有时间详细分析的，它是社会在许多方面运转实施的结果。

这里，首先有人的真实的社会和经济生活的影响，在我们的社会里，这种生活主要是由以下三种因素组成：

（1）执行者的越来越专一的行为；

（2）责任的消失；

（3）不断提高的生活水平和不断增长的消费可能性。

这第三种因素的存在无疑方便了对另外两种因素的接受和心理上对现存社会的适应。不过同样，这种适应也在很大程度上是由于社会学家们研究过和早已阐明过的群众交往和工业社会中的信息传播的所有知识性活动而形成的。

所以，如果今天我们问什么是逆社会演变趋势而行的可能性，什么是使这种演变朝不同的方向发展、保卫人的自由和一个保证给人以真正充分发展的社会所希望的可能性，那么回答是明确的：行动应该朝着社会、经济方面和意识方面同步地和互相结合的方向发展。因此，一切只是社会的和经济的活动永远可能由于现存社会对其成员的心理和理智方面的影响而被扭转方向。我们知道这种情况在许多我们讲过的国家里就经常发生，在这些国家里，统治阶层得以转移劳动者甚至干部的不满，他们阻止人们清醒地意识到这样一

---

① 亦译作《单向度的人》。——译者注

个事实：劳动者自己的不满不仅仅在消费和收入方面，而且还有一种也许更加模糊但更加普遍的不安，这就是人们将无法适应一种不允许他们自我表现和自我发展的人类结构的社会现实。于是最后只要让人的收入得到稍稍提高，物质境况得到一点改善，冲突就可能得到解决，而个人也就被融入社会之中了。

然而反过来，所有纯粹文化的活动，如果不能依靠一种现实，或至少依靠一种有利于使人能够保持乃至发展对自身处境的理解和觉悟的心理结构的社会和经济活动的话，则这种文化活动也事先就被判定是不行的。

如果不提出一种有反官僚主义倾向的社会经济结构和工人自治来与官僚主义相对立，就不可能和官僚主义做斗争，这是南斯拉夫社会主义者的伟大发现。

不过，我们的社会具有一种与南斯拉夫社会很不相同的结构和历史，我们不能简单地采纳这个国家的社会主义者的思想，我们应该弄清，在我们的国家里，究竟什么才是通向一个将给人以真正的责任和对决策的真正参与的社会体制的可能性。对西方社会来说，工人自治无疑是一种基本的、重要的和诱人的前景，但这不是直接就能实现的，我不认为不先提出共治的要求作为中间过渡阶段就能发展到这种前景。

但是，如果说对于社会和政治活动来说果真如此，那么这个问题的另一方面却是很棘手的，那就是创造一个使我们的社会成员理解这个纲领和这种前景的精神环境的可能性。

事实上，我觉得争取参加决策、负责、将共治作为通向劳动者自己管理经济和社会生活的过渡的斗争是一条唯一需要走的道路，以此给劳动者一个生活环境，在其中，他们能够真正地领会和感受到知识分子、研究人员、作家和人道主义哲学家努力向他们传播的文化生活。但与此同时——这就是我这个报告的主题——意识及其发展的问题在为争取一个真正人道的社会的斗争中变得从来没有这样重要过。所以，对意识发展的条件和它们与真实生活之间的联系的思考将在我们所讨论的问题中占一席之地。

讲了这些基本的看法后，我想将我的报告分为两部分：第一部分相对来说简短些，在这一部分中，我将谈论一般认识的结构以及教条主义的和批判的因素在一般认识中的作用；第二部分将谈文学创造的特殊条件（我将试图指出，文学创造的特殊条件是与获得意识的一般条件相似的）。

对于发生学的和辩证的认识论来说，意识及其发展当然不是与人的生活中的其他方面相脱离的，但是若要整个地阐述辩证认识论，起码要讲一年多的课，所以我就满足于仅在这里指出我认为特别重要的几点：

（1）辩证思维的功绩之一是指出：任何精神和文化生活的创造主体不是个人而是社会。每次我们研究历史事件或文学、哲学或艺术史的巨著——乍看起来显得较不明显——时，我们都注意到，主体能以意指的方式说明人类或自然的活动或说明我们研究的著作的意义的这种积极的、有结构的统一体，不是一个个体，而是一种超个体的实在人类集团。

还应该补充的是，这主体也不是几个个体的凑合，而是一个特定的社会集团，它当然与其他社会集团相对立，但又与这些对立集团一起，并在这对立之中共同对自然采取行动。我相信，这就是整个辩证的社会学与实证主义思想之间最重要的不同之处。实证主义思想就是把眼下的、孤立的和局部的事实看作客观实在，而把个体看作历史行为和创造的主体。

然而为了避免一切误会，重要的是明确指出：集体主体只存在于历史的和文化活动的有限范围内，同时，还有一个人类生活中属于个人主体的范围，那就是弗洛伊德曾加以发掘并定名为力比多的领域（在一个精神分析学者占有重要位置的学术会上，这个力比多是不会被人忘记的）。我完全不否认这个范围在人类生活中的实在性和地位，但我相信——正是在这里，我提出我对弗洛伊德这一部分著作的最重要的保留意见之一——力比多和力比多行为永远不能有效地解释任何历史创造的意义，尤其不能解释任何文化创造；因为人们不可能将任何有价值的艺术作品的、各种真正的哲学思想和一般历史创造的意义归结为仅仅是个人的欲望。弗洛伊德出色地分析了个人欲望与社会要求之间的冲突；但我认为他把创造的功能全留给个人欲望了。然而在人类生活中，能使一切历史的东西以及文化与文化创造这些属于历史生活范围的东西的意义和源起得到说明的，却正是集体主体。

　　我很抱歉现在我的说话要变得稍稍更抽象和难解些了，我将提出一个在和精神分析学家们的辩论会上讨论的问题。我相信，从笛卡尔到萨特的法国哲学传统曾经过多地是一般意识特别是个人意识的哲学，它没有充分说明的一个根本方面，也没有在其思考中给这方面以任何位置，这个事实就是：一方面，理性与感觉早已存在于生物层次，另一方面，在人类层次上，当意识出现时（与推理、语言和交流的同时），它就无疑成为一种不可缺少的和不可避免的因素，但又仅仅是一种非完整地意识到了的集体行为意义的因素。这就引出了——以一种我没有时间在这里发挥的细微差别①——一个结果：精神分析的解释及理解和辩证的解释及理解之间的巨大区别之一在于这两者都是发生学结构主义，都带有一种思想，即一切人类的行为都是有意指的，而这种意指又只是部分意识到的，并都企图使这种意指明晰化。因此，当精神分析学家解释梦或者一种谵妄时，只在将它与无意识联系起来和将它纳入他指出的那种结构中时，

---

　　① 请参阅我题为《创造的主体》的文章，见《蒙特利尔大学社会学杂志》第1期；和《人与社会》第6期（昂特罗波出版社，巴黎版）。——原注

才使它成为可理解的。甚至在被分析之后，一个梦或谵妄也永远不会变成有意指的，如果我们将自己局限在它们的表面内容上的话。精神分析学家如果不解释它们，不准它们与个人的无意识欲望联系起来，就不能阐释它们。

反之，如果我们转到历史、历史事件或文化创造与超个体的主体之间的关系上，我们就会处于一种既是有关的又是不同的形势下。在拉辛·马尔罗或热内的作品中，无疑有其作者并未意识到的意指或意指的因素；但是，一旦分析完毕，作品（如果它是具有足够价值的，也就是说，如果它具有足够的历史实在性）就会自己显出有其自身的意义，不用引入任何外来的或解释性成分就可得到阐明。

我们觉得，这是由这样一个事实引出的：在集体行动的层次上，意识是一种本质的现象，具有一种相对的独立性，也就是说，构成——特别是在涉及特殊伟大的文艺作品和大的历史事件时——一种特有的，有意指的和相对地独立的结构。而相反地在力比多的层次上，意识无疑也介入了，因为既然这涉及生活在社会中的人，其行为总是表现出部分的有意识的方面，但是，力比多行为仍然只是一种生物性行为，与社会性动物的生物行为类似（尽管更加复杂），在这种动物行为的内部，有意识的成分从来没有构成真正有意指的和相对独立的结构。

同样，我们也仅仅在社会的层次上才能——若不是在研究过程中至少在研究的末尾——将一方面是内在理解——也就是说，对一种分析了大部分事件如一部文学作品的几乎全部的结构的阐述（正如我们不止一次地做过的那样）——和另一方面旨在阐明这意指与集体主体行为之间的功能关系的解释加以或多或少是严格地区分。

（2）现在我来讲讲构成这个报告主题的两个成分：教条主义和批判精神。为了着手讲这两个成分，我将首先检查思维（稍后再谈文学创造）的正常和"健全"的结构，从这种结构出发，经常由于这两种成分中的一种过多而使社会和精神病理学发展起来，这就是教条主义及纯粹批判的和否定的精神。

事实上，当人的意识是他们对自然和对其他的人采取的行动的一种成分时，它将把一种秩序引进从外部世界得到的感觉和信号的无限的差异中。如果人们不将一种静态的、持续的因素即一种不变量引入连续不断的感觉流程中，就不可能行动。这在思维、觉悟，首先在客体的构成等层次上都是有效的。当我说这里有一只"杯子"时，这只杯子不是外部世界简单的资料，它包括着一种人的精神的创造，它是一个不变量、一个客体，一个将秩序和相对稳定性引进连续不断地演变的感觉的整体中（这感觉在中午和在晚上，当我们从左边或是从右边看它时就都不同，然而我们说到的却总是同一只杯子）。有一个幼稚的笑话贴切地提出了这个问题：让诺告诉他的伙伴们说他父亲有一口奇特的刀，珍藏40年了。每两年，父亲都要换一次刀身，而中间那一年则换刀鞘！在这种情形下，让诺父亲的刀究竟是什么呢？一种稳定不变的实在？肯定不是！仅仅是一个空名？也不是；这是一种概念，它使来自外界的一堆信号得到有秩序的安排并转变成信息，从而使实践与行为成为可能。

如果现在我们转入最一般的层次，我们就会看到：人为了能生活下去和有所指向，他总是被迫将一种或多或少是有意识的秩序引入他们对世界总体的表象中。任何集团都企图创造一种我们提到过的同样的表象，构成文化创造主体的特别集团则企图创造一种世界观。当然，我再重复一遍，精神范畴和宇宙表象的这些创造从客体的构成通过科学的守恒原则——能量守恒、物质守恒，等等——直到人类集团构想的整体的表象，以及人与人之间的关系，人与宇宙的关系，都只能当它们基于一种具体环境而成功地使经验的现实得到阐明并控制了行为的方向时，才是有效的。同样，如果没有这样一次整理，任何有效的行动都是不可设想的。

　　如果我们仍留在对世界的意识这个基本层次上和精神范畴的层次上，我们就应该看到，正如黑格尔和马克思向我们指出的那样，这些范畴的整体构成只具有一种暂时的价值，它们只在某种具体环境下对某种特定社会集团来说才是有价值的，但是，当通过根据上述整体构成而行动的人的行动，或由于外界的影响，宇宙演变了，环境改变了时，精神范畴就不再是有效的，就丧失其合理性，就应该改变了。所以，那些曾起过作用的，曾在某个时期使人们据以生活和行动的同样的世界观、同样的思维方式面对改变了的现实时，就不再是适用的，就成为教条主义的了。

　　当教条主义庇护不再与思想、立场、秩序和行为环境相适应时，它就成为病理学的和病态的了，它就有利于特权、旧体制，并与渴望自由的人们的行动相对抗。正是在这一种情况下，对一切教条主义的批判就成为有价值的、刻不容缓的和正当的。但是我想指出，不应该走向另外一个极端而忘记了：世界的秩序、不变式的创造和一种理论思想的建立对于人们得以生存、明辨方向和有效行动而言都是绝对必要的。

　　所以，不可能仅仅满足于一切意识、一切正确的理论思维的第二种成分，也就是我下面要讲的批判精神。

　　辩证哲学的最重要思想之一是：思维始终是在某种具体环境下寻找生活的意义和进行一种旨在向着人类集团所希望的方向改变现实的实际尝试；整个这种行为总是要求视一方面为理性精神、秩序和另一方面为这种精神对现实和对主体通过批判精神而产生的向往的适应，对这两者加以生动的综合。

　　然而，一切秩序都包含着——至少至今如此，因为也许有朝一日情形将不是这样——克己和压抑，弗洛伊德向我们指出过这一点，后来又有许多人谈论这一点。首先是个人、他的力比多、他的向往、他的欲望对社会现实的适应方面的压抑。的确，这种压抑的强度并不总是一样，其广度也不一样，应该在自由的辩证法上提出思考的问题之一是创造一种保证对个人对幸福的向往采取最小的压力，和保证对各种社会阶级的压抑所带来的牺牲能保持平衡的可能性的问题。同样重要的是了解：迄今，一切社会秩序、一切旨在支配自然、发展文化、创造技术、组织社会和人的关系的历史性行动的企图总包含着对个人希望的某种数量上的决定性的牺牲。最简单的例子是：几乎所有人类社会组织都不约而同地禁止乱伦。自从出现社会文明以来，禁止乱伦似乎就是使它能够避免自行解体，为局限在自身中的一些小集团而继续存在下去的首要条件之一。

在这个例子中，和在一切这样或那样的社会里要求其全部成员的压抑和克制之外，当然也有许多是在一个特定社会秩序中，由处于统治地位的少数人为保证其特权而强加于群众使他们做出相对于这种特权的牺牲的压抑。这类压抑中的每一种当然都应当被面临人类自由问题的人以最大的注意力来研究，很重要的是不要忘记：即使某些强加给被压迫集团的牺牲在某个时代显得有必要以便从整体上保障社会的进步，社会环境的变化也总有使这些牺牲成为不必要和允许要求废除这些牺牲的时候。

这样便出现了这样的境况，在其中，压抑总的来说已没有任何必要性，而仅仅是为过时特权的持续性服务。所以，我觉得重要的是要一直保持对这种秩序尽可能清醒的认识，即使是在某个时期我们认为是正确的、合理的甚至是令人向往的秩序中也包含着牺牲；永远不能忘记，这些牺牲只在它们完全是暂时性的，到有可能废除为止这样的一段时期内才是可以接受的。

另一方面，重要的是以最大的严格性来判定在某个特定时期仍然是必要的、无疑是痛苦的但又是正当的和不可避免的东西，要将它与那种属于特权的、过时的和不合理的教条主义并且只靠其受惠者的支持和由于受害者的不理解、不觉悟而得以继续存在的东西相区别。这就是说，批判精神是绝对必要的，不仅 —— 这是很明显的 —— 为了有利于从一切过去的教条主义的残余的东西中得到解决，甚至对一种今天仍有合理因素的必要的教条主义也是这样，以便给它的未来的过时和将来的解放创造潜在条件。

但是，如果说有一种教条主义病理的话，就有必要指出，同样也有一种相应的批判精神的病理。这种病理就是忘记了：批判的形成总是与人在一定环境下的现存可能性相关联，和实践的需要、要求相关联，它永远不应忘记了秩序的不可抗拒的必要性而成为片面。辩证精神首先是抓住链条上的两个对立面，同时总是保持警惕避免偏向这一面或那一面。

现在，在涉及文学创造的同时，我想提及：我的一切工作都是建立在实际上由康德第一次提出，后来经过黑格尔的改造和明确化，黑格尔之后又在全部马克思主义文学美学中得到改造和明确化的艺术的定义和美学价值的基础上的。这定义就是把有价值的作品，看作在非概念性方面极端统一性和极丰富性之间，在一方面是复杂的想象世界的多样性与另一方面是构成作品的统一性和严密性之间的超常的张力。你们一下子就可看到这两种因素，也就是作品的这两极是怎样在美学方面与我在认识论分析中曾作为批判因素和教条主义的因素向你们指出过的东西相呼应的。对这种很一般的非历史的康德式定义，黑格尔却在后来加进了一个至关重要的精确说明，这就是：统一性不是到处总是一样的，而是从一个历史时期到另一个历史时期而变化的。最后，发生学结构主义用具体实证的历史 —— 在其中，理智上的统一性每次都在功能上与社会结构的整体演变相联系 —— 代替了一种纯粹理智的历史性。

说了这些后，如果我现在来检查一下受我所归属的卢卡奇学派影响的文学批评工作，我会说，在原则上承认我刚才指出的那些观点的同时，这个学派的追随者首先强制自己以科学和实证的方式在某些确定的情况中指出文艺作品的统一性，与之相对应的世界观和这种世界观与某些以这种世界观为表达形式的社会集团特别是社会阶级之间的关系。如果我以我自己的特别情况作为例子，我将说，我首先要努力指出存在着一个统一的和一贯的世界观，作为拉辛、帕斯卡尔、马尔罗或热内的著作的基础。

我觉得这种事实上相当片面的态度的理由首先起因于这样一种事实：相对于博学的大学方面的批评、印象主义的或主题的批评而言，这就表现为既是最紧急的又是最困难的任务，因为这种批判在最好的情况下，也只在著作世界中指出丰富性与多样性的某些因素，但是将统一性完全扔在一边，它几乎从来没有重视作品的整体性。然而，在这样解释我和我的同道者们的态度的同时，我也许是乐观的，不应该排除，我们之所以赋予著作的多样性和丰富性以特殊地位，可能与在马克思思想史中一整个时期都是教条主义占主导地位有联系。在这种情况下，当然只能涉及一种暗含的、非有意识的关系，因为就明白的表示来说，不仅我本人，而且具这种倾向的大多数研究者都表明要捍卫批判精神，公开明确地表示反对一切教条主义。不管怎样，在将我们的大部分工作贡献于文艺作品的统一性和这种统一性与某些社会集团的意识间的联系的同时，我们实际上仍然还是忽视了著作世界的丰富性和多样性，尽管我们从来没有停止承认它的重要性。因为，这种承认更多地是原则上的而不是事实上的，骨子里我们大概会认为，丰富性首先是与作者的个性有关，而并不是通过社会学研究达到的。正因为如此我们便向通常被大学式批评所肯定的一种偏见让了步。

在我谈到的分析中，我认为已指出了：与在梦境和谵妄中阐释个人欲念与社会结构相对立的行为的精神分析学研究相反，文化创造包含着有利于集体觉悟的统一性和一贯性；总的来说，除了别的功能之外，文学创造还有帮助社会集团认识问题和意识到自身愿望的功能，而梦境和谵妄则与这种觉悟相反，企图借助升华和象征主义来使它转向（觉悟只有在当分析的目的是为了避免有害的适应性和解决病态环境造成的问题时才是重要的）。

不过我觉得，在这同一种集体觉悟的层次上，存在着另一种构成所有被我们忽视了的，真正有价值的作品的成分。的确，仅仅在原则上肯定拉辛、帕斯卡尔或莫里哀的作品的伟大，说他们的作品将一种严密统一的构造引进丰富多彩的世界，这是不够的。应该走得更远，去具体地研究这种丰富性，将文学作品肯定为一种牺牲，无疑是它所表现的秩序所必需，并且是在承认其价值时，对那仍然是一种牺牲和局限的东西加以阐明。归根到底，这才是这种作品中与批判精神的必要有关的东西，又正是通过这种东西，这种作品才指出了将超越它今天所捍卫的秩序的可能性的希望。

当然，这样的分析应该展示出一种具体的特点，应该针对这样或那样的具体的作品和这样或那样特定的作家。但这是一个未来的计划。今天我仅仅想针对刚刚问世的几篇研究作品，指出应该涉及的三个领域的存在，我想在这样的探索中，批判的功能对我来说显现为所有重要文学作品的构成因素，通过这种因素，文学作品不仅指出一个特定社会阶级现时的愿望，而且也指出有朝一日超越这些愿望走向更加广阔和更加人道的秩序的希望。

为此，我按照朱丽娅·克里斯特娃论巴克蒂娜的文章[①]，我认为这些领域是：

（1）一个社会和文化的领域，这个领域的发掘在一切情况下都是属于文化社会学范围的。我们在好几部书里讲过和指出过，任何伟大的文学著作都包含着组织作品世界的统一的世界观。不过这部作品要成为真正伟大的作品，还应该在其中能发现作者意识到的、被构成作品本身的统一性观点所拒绝甚至压制的其他价值，和对这

---

① 参阅《批评》1967年第239期。——原注

些价值的拒绝和压制所暗含的人类的牺牲。拉辛斥责片面的和排他的欲念，这是可能的甚至是真实的，但是，只有当弄清了拉辛的作品是怎样地也包含着对这种欲念的人道性、可能的价值和它的拒绝所含的人类的牺牲的理解，才可能懂得拉辛作品的伟大。在《恨世者》中，莫里哀拒绝了冉森主义，我们认为这一点是毋庸置疑的，我们曾试图指出莫里哀的斥责是怎样地在他所描绘的集团中（确切地说就是在宫廷贵族中）证明自己是正当的，但是同样重要的是，为了懂得这部作品，就必须看到莫里哀是怎样在其中讲了绝对精神的人道价值和为捍卫良知而拒绝接纳阿尔赛斯特这个伟大人物的同时强加给人的限制。

（2）另一个领域并非社会学的而是本体论性质的领域，它也是属于与统一性相对立的丰富性一边的：我们已经说过，任何世界观都有一种与某种特定的社会集团相关的功能特征，作为工具帮助这些集团生存和解决它们与另外的社会集团和自然的关系中出现的问题。这样，任何世界观都会碰到它不可能除去的不可避免的本体论现实：死亡的现实。所以如果人们想有效地研究一种哲学或一部艺术作品的结构，重要的是知道这部作品是以什么方式面对人类存在的这种基本现实——如果不是加以解决，至少也是加以融合（例如，根本不理会它或把它纳入集体得以继续生存的希望中；或纳入个人得以继续生存的希望中；或就将它置于人类觉悟的中心）。

（3）最后一个领域是个人意愿和社会秩序以及一切秩序对个人生活方面所要求的牺牲的现实之间的冲突。因为，如果说在我看来，精神分析式的批评的错误在于企图将这些个人愿望原样搬出来作为文化创造的本源的话，那么以下的情况也同样还是真的，这就是：文化创造，特别是文学创造却相反，它在捍卫集团意愿的集体一致性和严密性的同时，也暗含着一种由这种意愿在个人生活方面所要求的对牺牲所具有或多或少的敏锐的认识。这样，力比多的确构成了作品的一种重要成分，但这不是像精神分析学家们认为的那样在一致性方面，相反是在与构成相互对立的多样性和丰富性方面。

最后请允许我用一个与我最新出的一本书中有关的批评意见来结束这篇报告。在论新小说、论罗伯－格里耶、纳塔丽·萨罗特的作品的那一章中，和我以前的分析一样，我强调上述作品中的一致性，强调它们的现实主义特征，强调它们帮助我们理解我们生活的这个世界这样一个事实。比方我指出，罗伯－格里耶在《橡皮》中，将现代社会和组织化资本主义的基本机制：经济和社会的自动调节搬进了一个想象的世界；《窥视者》的中心是人的被动性，这种被动性的增长是当代工业社会的基本事实之一；《嫉妒》的中心是物化，如此等等。我试图在这个研究中指出，与新小说众多的敌手们的说法相反，这些作品怎样地包含着一种现实主义的、批判的和完全同当代社会协调的观点；以及这个想象的世界是怎样将这些制作成为有价值的真正的文学作品的。

那时有人笼统地以新小说创造的贫乏和枯燥来反对我——那时我坚持我的观点，但现在我发现这种异议也有价值。因为，如果说这些作品的一致性是严密的，那么另一面，就在这种一致性中，整体化——一致性所忽略或要求做出牺牲的人类现实的可能性和潜在性的整体化——占的位置是相对地缩小了的。以罗伯－格里耶的第一部小说《橡皮》为例，这是一个暗杀集团的故事，他们每三个月要除掉一个人，小说中具体写的这个人名叫杜邦。可是一天，他们上了当，杜邦逃出他们的掌心。然而这个世界的自动调节仍在起作用，以至于小说结束时，对这个想象的、并无受害者的暗杀事件进行调查的人物最后真的杀死了杜邦，于是一切事物回到固有秩序，凶手们继续寻找暗杀对象。在小说中，这种虚构的自动调节的转换是很严格的，但是，所有这一切都以毫无焦虑的笔调来叙述，也毫无贬责之意，甚至人们在其中也看不出这样的可能性，即这个世界在其中拒绝和否认任何另一个世界。另一种同样强大的力量能够将杜邦们不是引向死亡而是引向生存甚至是真正的丰富的生活。

所以我今天倾向于这样的想法：在那种情况下，即使我们把这些作品看作是真正的和有代表性的作品，那它们也仍然表现出了文学和文化创造的一般的贫乏。这与赫尔伯特、马尔库塞所提出的现代世界特有的那种贫乏是相似或并行的，马尔库塞认为：真实的存在和可能的存在这两面构成了人的特征，人的可能存在是文学创造本质的立足点；人的可能存在意识逐渐趋向消失，以期达到被马尔库塞称为单面的人。

这种可能性的一面的缩小无疑意味着进行文学创造的领域被大大贫乏化，但是，光这样看和这样说是不够的，因为这只在很低的程度上才是作家的意愿和才能的问题，这更多地是人在现代社会中的地位问题。在这种地位内部，文化创造是一个重要的部门，但终究只是一个部门而已。同样，正是为这种总体现实的变革、为不但在参与责任与决定权方面同时也为思维和意识方面的可能领域的扩大而斗争，我们也许才能有朝一日为社会在现时的演变中改变方向，为捍卫更加自由的人道和更加真实的文化 —— 这两者实际上是同一个问题，我们还希望它们有朝一日成为同一个现实的两个方面 —— 的希望而做出我们的贡献。

第三章　文学社会学的地位与方法问题

　　文化的发生学结构主义社会学引起了一系列具有明显特点的工作——其中，由于想对人类行为的实证研究特别是文化创造建立一种操作化的研究方法，它们的创始者们曾不得不回到一种可能被人们普遍地视为辩证法的哲学思考上去。

　　由此，人们可以努力将这种立场阐述纳入一系列具有哲学特点的思考的实证研究。另外，也可以将它看成将实证研究放在首要地位和已经有了一整套具体研究的方法论基础的哲学立场。

　　由于已不止一次地选择过这些阐述方法中的第一种，因此今天我们试图采用第二种。这样做时，仍然必须一开始就强调指出——并不指望这种提防有多大的用处，因为一切成见都有令人讨厌的生命力——下面提出的具有普遍性和哲学性的看法并无思辨的意向，它们只在主要是实证研究的范畴内提出来。

　　发生学结构主义思想立足的第一个总看法是，任何关于人文科学的思考都不是从社会外部，而是在社会的内部产生的，它是这个社会中精神生活的一部分——当然，根据不同的情况，其重要程度也不相同——通过这种精神生活，又成为整个社会生活的一部分。此外，在思维是社会生活之一部分的情况下，它的单一发展根据其重要性和有效性的不同而改变社会生活本身。

　　无论如何，这种思维的主体通过某些中介，至少在人文科学方面可能成为它所研究的客体的组成部分。

另一方面，这种思维并不构成绝对端绪，它在很大程度上是由它所研究的社会或由这个社会演化出的社会的范畴所构成的。也就是说，被研究的对象是这个或这些研究者的思维的构成因素，甚至是其最重要的构成因素之一。

所有这些，黑格尔已经在他那简洁而闪光的"思维之主体和客体的同一性"公式中概括过了，我们只是修改了这个公式带有过激特点的措辞——按黑格尔式唯心主义，一切现实都是精神——用另一个适合我们的辩证唯物主义的公式来代替它——根据这个公式，思维是实在的一个重要方面，但只是实在的一个方面——我们谈论的研究的主体和客体的部分的同一性，不是对任何知识都有价值，而仅仅是对人文科学有价值的那种同一性。

然而，不管这两个公式的区别何在，它们都含有这样一个肯定：人文科学不会有和自然科学同样客观的特征，今天，某些社会集团的特有的社会准则干预理论思维的结构的情况是普遍的，也是不可避免的。

方才所述完全不是说这些人文科学原则上不能达到与自然科学同样的精密，而只是说这种精密将与此不同，是一种应该将那些不可排除的价值评判的外加因素包括进去的精密。

这种辩证和发生学社会学的第二个基本概念是：人类的一切行为都是对个人或集体主体的回答，这种回答的意图构成使既成形势向主体所希望的方向变化，因此，任何行为，任何人类的事实都有一个意指的特征，这种特征并非总是明显的，而研究者应该通过自己的工作使之明朗。

人们同样能用几种不同的方法表述出这同一个概念。比如，人类（甚至可能包括动物在内）的任何行为都是意在通过主体，使被认为失去平衡的形势向着一种平衡情形的方向转变，或者说，人类的任何行为，甚至任何动物的行为都可能被研究者解释为存在一个实际问题和解决这个问题的意图。

从这些原则出发，结构主义和发生学的设想提倡对无可争议地以卢卡奇为创始人的文学社会学方法进行彻底的改造。先前的所有研究——和那时起大学里进行的大部分研究——都曾放在并仍放在文学作品内容和这种内容与集体意识的内容之间的关系上，也就是说，放在人们日常生活中的思维和行为的方法上。在这个角度上，他们的工作自然地通向一个结果，即这些关系越多，就证明文学社会学越有效，而研究著作的作者的创造性想象也就越贫乏，只能满足于几乎原封不动地将自己的体验讲出来。此外，这一类的研究由于其方法本身而不得不打破作品的统一，将兴趣尤其放在作品内的仅仅是经验的和日常生活现实的复制上。简言之，这种社会学显得越丰富，被研究的作品就显得越平庸。而且，这种社会学要在作品中寻找的更多的是资料而不是文学。

毫不奇怪，在这种条件下，在不采取完全拒绝态度的时候，大多数对文学感兴趣者在最好的情况下或多或少将这种研究方式看作辅助手段。

相反，发生学结构主义社会学却是从不但不同而且是对立的前提出发的。我们想在这里提及它的五个最重要的前提：

（1）社会生活与文学创作之间本质的关系不在于人类现实的这两个领域的内容，而在于精神的结构，这些精神结构也可能被称为构成了某个社会集团的经验意识和由作家创造出的想象世界的范畴。

（2）一个单一的个人的经验是极为短暂的和有很大的局限性的，不能创造出这样一种精神结构；这种精神结构只能是一群相当数量的、存在于同样环境下的个人的联合行动的结果，也就是说构成有特殊地位的社会集团的、长时间地集中地经历了共同问题的、并力图为此寻找一个有意指的解决方法的一群个人的行动的结果。这就是说，精神结构——或者用句更加抽象的话来说，某种范畴的有意

指的结构 —— 不是个人的现象，而是社会的现象。

（3）上面提及过的一个社会集团的意识结构和决定作品中的世界的结构之间的关系，在对研究者最有利的情况下构成或多或少是严密的同源关系，但在经常的情况下，也构成一种简单的有意指的关系。

在这个角度上，甚至可能最经常地出现这样的情况：完全异质甚至对立的内容在结构上一一对应，或者在不同范畴的结构方面处于同一种功能关系中。

一个表面看来与经验的感受完全无异的想象世界，比方说一个童话，可能在结构上和一个特定的社会集团的经验同构，或者至少同它有一种有意指的联系。在文学创作与社会及历史现实的密切关系和最有力的创造性想象之间，不再有任何矛盾。

（4）从这样一个角度上说，文学创造的顶峰之作不仅能够和中等作品一样被研究，而且它们甚至特别显得容易得到实证研究的理解。另一方面，这种文学社会学依据的不同范畴的结构恰好构成使作品得到统一性的因素，也就是说，构成它的特定美学性质的两个基本因素之一，对我们所关心的问题来说，就是构成文学本身的质量的两个因素之一。

（5）按照弗洛伊德的见解，决定集体意识的，被搬移到艺术家的创造性想象世界中的不同类别的结构既不是有意识的，也不是无意识的，他设想它是一种压抑 —— 是在某些方面上支配肉体或者神经结构，并且决定从这个意义上说既非意识也非压抑的我们的动作和姿态特征的东西相同的非意识的过程。

所以，在大多数情况下，使这些结构 —— 包含对作品的理解 —— 明朗化的做法既不会得到内在论文学研究法的理解，也不会受到着重于作家意识倾向或深层心理的研究法的承认，而只能被结构主义的和社会学的研究法所接受。

可是，以上验证有个很重要的方法问题。这些问题意味着，人文科学上的实证研究永远必须从肢解它所研究的对象开始，以使这个对象作为一系列有意指的状态，并且，其结构能使人理解研究者面前的局部经验面貌的大部分。

对文学社会学来说，这意味着，为了理解所研究的作品，研究者必须首先致力于研究能根据一种基本规则来理解作品绝大部分结构的研究 —— 可惜文学专家们很少尊重这个基本规则 —— 这就是：研究者必须重视作品的全部，而又不在其中增加任何东西；他还必须解释作品的源起，力求指出他在作品中阐明的结构制作是怎样的，以及是在什么样的范畴内具有一种功能特征的，也就是说，是怎样和在什么样的范畴内，为特定环境中的个人和集团主体构成一种有意指的行为的。

这种提出问题的方法导致了很多彻底改变研究社会现象特别是文学现象的传统方法的后果，我们列举其中最重要的几种：

（1）在对作品的理解上，不对个人意图予以特别的注意；在文学作品中，不对其作者的意图予以特别的注意。

意识事实上只构成人类行为的局部因素，它经常具有一种和人类行为的客观状态不相符的内容。

相反，与相当数量的哲学家如笛卡尔或萨特的论文相反[1]，意指并不和意识一起出现，它和意识不同一。一只追捕老鼠的猫的行为完全是有意指的，但它并不必然地甚至可能地具有意识，哪怕是初步的意识。

无疑，当伴随着象征功能的人和思维出现在生物层次时，行为就变得不可理解地复杂，问题、冲突和困难的根源以及解决它们的

---

① 笛卡尔也曾不得不将猫降到机器的地位，也就是说取消它作为神的实在性；而萨特在《存在与虚无》中也没有给猫留下任何地位，他只承认无自动力的"自在者"和有意识的"自为者"。——原注

可能性变得更多、更混乱，但是，没有任何东西表明意识经常或往往掩盖了行为的全部客观意义。对作家来说，这可以用更加简单的话来说：他对美学统一性的关注常常会使他写一部作品，这部被批评家翻译成概念语言的总体结构组成了同他的思维、同他的信念、同他撰写这部作品时激励他的那种意图不同甚至对立的景象。

所以，文学社会学（通常也包括批评）应该把作家的意图作为诸多别的迹象中的一种来探讨，把给他带来对作品的思考的一种暗示作为随便一种别的批评著作来探讨，但他必须在不给作品以任何优待的同时明晰地评判作品。

（2）在解释中不过高地估计。这种解释首先是对个人的和集团的研究，对这种研究来说，决定作品的精神结构有一种功能的和有意指的特征和个人的重要性。

对作者来说，作品无疑几乎总有一种个人的有意指的功能，但最经常的是——就像我们将谈到的——这种个人的功能不是，或很少和决定作品的纯文学特征的精神结构有关，总之，这种个人功能没有以任何方式创造作品。

写剧本，更加确切地说就是写他确实写过了的那些剧本这个事实，对拉辛这个个人来说无疑是有一种意指的，从他在王家埠①度过的少年时代起，从他以后和戏剧界人士的关系以及和宫廷的关系开始，从他和冉森教派以及和冉森教派思想的关系开始，也从我们或多或少地了解的他的生活中的许多事件起，写作剧本的行动就具有一种意指了。可是，悲剧景象的存在已经是组成各种情节的素材，当拉辛的写作构思受到王家埠和圣－西兰的冉森教派的思想家集团的影响，并作为穿袍贵族对一定历史境遇的功能的和有意指的回答时，他就是基于这些素材来写作他的剧本的。正是相对这个集团和

---

① 巴黎蒙巴斯区的一个古老的修道院。拉辛幼年丧父，在此度过很长的艰苦岁月。——译者注

它那或多或少是被加工过的意识形态，随后才有某些实践和精神问题出现在作为个人的拉辛面前。这些问题创造了由具有极高的严密性的悲剧景象构成的一部作品。

（3）被人们常称为"影响"的事实没有任何解释性价值，而最多只构成一个已知数和研究者必须解释的一个问题。

一个作家每时每刻都受到相当多的影响。应该解释的是，为什么这些影响中只有少数几种甚至只有一种真正地起作用；也要解释为什么对这种受过影响的作品的接收带着某种失真，确切地说，在接收者的头脑里，这种接收是些特定的失真。这就是问题之所在。这些问题的答案在被研究的作者的作品中，而不是——正如人们习惯说的那样——在被认为影响了作家的作品的那种作品中。

简言之，理解就是作品内在的一致性问题，就是一字不差地理解作品，作品的全部和不谈该作品以外的东西①；理解，就是在作品内部揭示出总的有意指的结构；解释则是探寻个人或集团主体（根据我们先前指出过的理由②，当涉及文化作品时，这总是与集团主体有关的）的问题，相对这个问题而言，决定作品的精神结构便具有一种功能特征，并由此又具有一种意指特征。

让我们补充一点，关于解释法和阐明法（interpretation）③各自的地位，对我们来说是两个重要的东西，它们被发生学结构主义社会学的研究法揭示出来了。这种研究工作是和精神分析法相对立的：

（1）这两种研究方法在两个角度上的地位是不同的。

当涉及力比多时，就不可能将阐明法和解释法区分开，不但在

————
① 戈德曼在这里借用了证人在法庭上作证前的誓言格式："讲真话，讲真话的全部，不讲真话以外的话。"——译者注

② 见吕西安·戈德曼：《隐匿的上帝》，伽利玛出版社，1956年版；《人文科学与哲学》，巴黎，贡蒂埃出版社，1966年版；《辩证研究》，巴黎，伽利玛出版社，1959年版；《文艺创作的主体》，在文学社会学第二次国际学术会上的报告，1965年。——原注

③ 阐明法即理解法，戈德曼在修辞上用了另一个词说明同一种意思。——译者注

研究中分不开，而且在完成研究后也分不开；然而社会学分析却能在完成研究后将它们区分开。对梦、癫狂或神经错乱[①]是无所谓内在阐明的，这很可能仅仅由于，在力比多的层次上，也就是说，在直接意欲占有客体的个人主体的行为上，没有相对的独立性。反之，当主体是超个人的时候，意识就具有更大的重要性——在组成主体的个人之间，如果没有有意识的交流，就不会产生劳动的分工，因此也不可能有所谓的行动——和企图组成有意指的结构。

发生学和精神分析学的社会学至少有三种共同因素：

a. 肯定人类的任何行为都至少是一种有意指结构的组成部分；

b. 为了理解上述行为，应该将它归入上述结构——研究者则应该阐明上述行为；

c. 肯定这种结构只在当人们将它各自放在个人的或历史的渊源中，才是真正可以理解的。

简言之，和我们提倡的社会学一样，精神分析学也是一种发生学结构主义。

对立首先是在一个点上：精神分析学试图将所有人类行为归结为一种个人主体和一种纯情感的或升华后的对客体的欲望的表现形式。发生学社会学则将精神分析学研究的力比多行为同超个人的、具历史特征的、只有经过协调愿望的中介才能通向客体的行为（任何文艺创作都属于这一类）区别开来。由此可知，即使任何人类行为同时属于一种力比多结构和一种历史的结构，在这两种情况下，它的意指也不是相同的，对主体的划分也将不一样。一部文艺著作或文学创作（但不是泛指一切著作或创作）的某些因素能够归入一种力比多结构，这就使精神分析学家们能在将它们和个人的无意识

① 所以弗洛伊德的《释梦》在法国以《梦的科学》出版后，又过了好几年，某些精神分析学者才弄明白Deutung是"阐明"的意思。实际上，在很长时间里，这本书的题目都没能揭示出这个问题，但它仍具有和原书题目同样的价值。事实上，在弗洛伊德式分析中，阐明和解释是不能区别开的，它们都求助于无意识。——原注

相联系的同时理解并解释它们。尽管如此，在这种情况下揭示出的意指仍和任何图画、任何创作以及神经错乱的地位相同。另一方面，就是这些归入一种历史结构中的文学或艺术的作品将构成几乎是一致和统一的有限结构，并同时享有一种很大的有限独立性。这就是它们的纯文学和纯艺术价值的构成性成分中的一种。

事实上，人类的所有行为和表现在不同程度上都是各种范畴的意指的混合。然而，要是力比多式满足的优势大到足以几乎能完全摧毁独立的统一性的程度，或者与此相反，这种满足几乎原封不动地归入这种统一性，我们就得和一部神经质作品或一部杰作打交道。不过，人类表现的大部分都处于离这两个极端不远的地方。

（2）尽管在大学里特别是在德国的大学里，对理解和解释进行了大量的讨论，这两种方法仍然是完全不对立的，甚至相互之间并无区别。

在这一点上，为了理解一部作品，我们首先应该将浩瀚的浪漫主义文学中的同情、情感同化或必然认同排除出去。我们觉得理解是一个严格的理智的方法，它包括对有意指结构尽可能精确的描写。和所有的理智的方法一样，它当然是研究者首先对其主题感兴趣的，这就是说，研究的对象使研究者产生了同情或反感，或者相反地产生了冷漠。可是，一方面，反感和同情是完全同样有助于理解的要素（没有人比追逼冉森教徒的迫害者们更懂得冉森教派并对其下定义，他们起草了著名的"五点建议"是对那个悲剧场景最精密严格的定义）；另一方面，大量的其他因素对研究都是有影响的——有利的或不利的，比如，一种良好的精神禀性，健康的身体，或反之，一种虚弱消沉的状态或牙痛。这一切与逻辑或认识论是毫不相干的。

然而仍应该看得更远。理解和解释不是两种不同的智力方法，而是一种、同样的一种指示不同坐标的方法。我们刚才说，理解就是在确定的情况下阐明这样或那样的文学作品中的被研究的客体的

内在的有意指的结构。解释只不过将作为构成和功能因素的结构
归入研究者的结构中，并非以细致地、但却在足以使被研究的作品
的起源清晰地出现的程度上发掘出直接的总体。然而，这仍需将总
体结构作为研究对象，使解释变成理解，使解释式研究不得不与一
种更加浩瀚的新结构相协调。举例如下：理解拉辛的《思想录》或
悲剧，就是阐明构成决定这些作品中的任何一部的有意指的整体结
构的悲剧景象；然而理解极端冉森教派的结构，则是解释拉辛的
《思想录》和悲剧的源起；理解 17 世纪穿袍贵族的历史，就是解释
冉森教派的起源；理解 17 世纪法国社会的阶级关系，就是解释穿袍
贵族的演变；等等。

　　由此可知结论之一，所有人文科学的实证研究必然应该处于两
个不同的层次上：被研究的客体的层次和及时地合并的结构的层次
上。这两个研究层次的区别主要在于人们推进到各方面的探究的程
度的不同。

　　事实上，人们不能将对一个给定的客体（文本、社会现实，等
等）的研究看成是足够的，除非在它们中挖掘出一种足以使一批可
观的特别是表现为特殊重要性的 [1] 内在论据清晰地展现出来的结构，
以便使给定的客体即使不被排除，至少那种研究不太可能提出旨在
达到同样的或更优的研究结果。

　　当涉及总体的结构时，情境就不同了。只是由于被研究客体的
解释性功能，这种结构才使研究者感兴趣；此外，正是阐明这样一
种功能性的可能性，在决定研究伊始可能出现的一定数量的合并结
构中选择这种解释性功能。当研究者充分阐明了研究过的结构和总
体结构之间的关系，以便指出作为总体结构的功能的研究过的功能

---

　　[1] 我们已经说过，在涉及文学作品的情况下，问题就更加简单。因为，根据研究所依据的
客体提供的构造和有限数量的已知条件（作品的全部，不包括作品外的任何东西），人们即使
不能在理论上，至少在实践上能最经常地用一种数量标准足够大的作品的一部分来代替这种
质量标准。——原注

起源时，其研究便将停止。当然，他毫无疑问能够将研究更深入下去，但是在这种情况下，研究的对象在某种时刻将会改变。这样，比方说对帕斯卡尔的研究就能变成对冉森教派、对穿袍贵族等的研究。

这样，如果是在研究的实践中，内在的阐明和总体性解释是不可分开的；如果研究只能通过在这两者之间的经常的摇摆才能获得进展，那么在它们的性质和结果的表述上严格地将它们加以区分也是很重要的事。同样，脑子里不仅仅应该牢牢记住这样一个事实：当对被研究的作品的解释是外在的时，对它们的阐明则是内在的。而且还应牢记：一切使作品与作品的外部事实发生联系的东西——无论涉及社会集团、作者心理还是太阳黑子——都是解释性的特征，都应该从这个角度上去评判。[①]

然而，虽然这项原则似乎很容易遵守，可是顽固的偏见却在实践中经常使它受到侵犯，我们和文学研究专家们的接触表明，要使他们在被研究的作品面前具有一种即使不是相同的，至少也是近似于物理学家或化学家们记载实验结果时的态度，那是不容易的。这里仅顺便举个例子。有那么一位文学史专家，一天他向我们解释说赫克托耳不能在《安德洛玛克》中说话，因为他已经死了，所以应

[①] 我们坚持这一点。因为我们在和文学专家们的讨论中经常见到他们企图拒绝解释而只满足于理解。而实际上，他们的主张和我们一样，也完全是解释型的。他们拒绝的是社会学的解释，以便有利于被传统地接受的、已变得几乎是不言而喻的精神分析式解释。

事实上，要阐明一部作品，就应该从文学方面懂得作品的全部，它的有效性则唯一地、排除一切地在于它成功地归并了的这部作品的重要性。这是一项特别重要的原则。解释法应该重视同一部作品的源起，同时还在于是否可能唯一地、排除一切地建立一种至少是严密的关联，就是尽可能地在将对世界的观察以及在这种观察形成的作品的起源和作品的某些外部现象之间建立起一种联系。

研究中最普遍危险的两种偏见是：一是认为一部作品应该是"合乎情理的"，也就是说，是可以被批评者的思想所接受的；二是苛求一种解释成为批评者本人的和他所属的社会集团的、符合普遍观念的解释。在这两种情况下，人们都苛求这些解释符合研究者的观念，而不是相反地去找一找和可能意外地出现的、与被接受的观念明显地唱反调的难点和论据。——原注

该有一个女人的幻觉，这种幻觉是一种奇特而没有出路的境遇发展到极端时产生的。可惜这一切都没有出现在拉辛的剧本中，他仅仅两次让我们听说死后的赫克托耳曾说过话。

同样，还有一位文学家向我们解释说唐璜不可能每月结一次婚，因为在17世纪，这实际上是不可能的，他因此认为应该肯定莫里哀的这出戏具有一种讽刺和假想的意义。无须讨论人们是不是支持上述原则。就一部作品随便说上几句是很容易的事，甚至可以说些与作品明确地肯定的东西相反的东西。①

如果一位物理学家仅仅因为他似乎觉得实验结果不像真实的，就将它否定掉，而用另一些自己所相信的结果，那将会怎样？

同样，要使精神分析阐明法的支持者们接受这样一个基本事实是很困难的：无论人们对这种解释的价值持怎样的看法，也不管人们将这种价值放到怎样高的地位，人们都不会谈论俄瑞斯忒斯②（Orest，亦译作"奥赖斯特"）的下意识或俄狄浦斯③娶母的欲念，因为无论俄瑞斯忒斯还是俄狄浦斯都不是活人而是作品中的人，人们没有权利毫无根据地在一部既没有讲下意识也没有乱伦欲念的作品中加入任何东西。

即使是在认真的精神分析的解释中，解释的原则也只能存在于索福克勒斯④和埃斯库罗斯⑤式的无意识中，而绝不会存在于只是通过被明确肯定过的东西里产生出来的文学形象中。

在解释性研究方面，文学家中有一种令人气愤的偏重于心理分

---

① 同样，在一部研究帕斯卡尔的相当有名的著作里，作者指出帕斯卡尔的断言，并依此断言"所有的事物，将会由于人们观察角度的不同而变成真实的或虚假的"，并像一位笛卡尔的好弟子那样补充说帕斯卡尔无疑没有很好地表达出自己的思想，他的意思是说所有的事物将会由于人们观察角度的不同而"显得"真实或虚假。——原注

② 拉辛的悲剧《安德洛玛克》中的人物。——译者注

③ 高乃依的悲剧《俄狄浦斯王》主人公。——译者注

④ 索福克勒斯（前496—前406），雅典奴隶主民主政治极盛时期的悲剧作家。——译者注

⑤ 埃斯库罗斯（前525—前456），雅典民主政治初期悲剧作家。——译者注

析的倾向，这倾向既不依赖分析的有效性，也不是依赖其研究结果，而仅仅因为他们觉得它最容易接受；因而很明显，真正科学的唯一态度是尽可能不偏不倚地检查所有的、甚至从表面看来很荒诞（正因为此，我们才在前面提到了太阳黑子，尽管没有任何人严肃地提到这个）的，但却是唯一地、排除别的一切地根据自己的研究结果而做出的解释，还要检查所有人们能借助其中任何一种解释便能弄懂作品的某一部分。

从一部被文学社会学家当作和其他任何社会学研究的内在条件相同的作品出发，文学社会学家遇到的第一个问题是：知道这些已知条件在什么样的程度上构成一个有意指的客体和实证研究可能在其中卓有成效地进行研究的一种结构。

让我们补充：相对其他领域的研究者而言，在这个问题面前，文学和艺术社会学家有一个优越的形势，因为人们会承认，在大多数情况下，所有在其产生时代之后仍能保存生命力的作品构成一种相同的意指结构[1]，而日常意识的切割甚至流行的社会学理论却完全不可能在其他领域内与有意指的客体相吻合。比如，诸如研究客体中的"丑闻""专政""烹饪行为"等，完全不能肯定它们能构成相同的客体。不管怎样，文学社会学必须——和其他任何社会学一样——监督这个事实，不是一上来就承认他研究的这样一部作品或这样一批作品构成了一种统一的结构。

在这一点上，研究方法在人文科学的任何领域都是一样的：研究者应该取得一个由有限制量的成分和关系构成的一个提纲和一个示例；研究者从这些成分和关系出发，必定能够弄清构成被研究对象的大部分内在已知数。

让我们补充：由于文艺创作的特殊环境被当作研究对象，文学社会学者的要求能够比他的同行们的高得多。要求他的研究范畴至

_____

① 这个事实自身构成这种继续存活的认识论和社会心理学的条件。——原注

少弄明白作品的四分之三或五分之四，在实践中，这种要求并不是太苛刻，已经有了一些似乎已达到这种要求的研究。我们用"似乎"这个词，是因为——仅仅由于物质条件的不足——我们从来没能在一部作品中用神经错乱来研究神经错乱，或者用从方法论角度上看来并无争议①的复制品（拟指对作品的"结构主义"分析——译者注）来检查复制品（拟指被研究的作品——译者注）。

很明显，当研究涉及好几部作品时，研究者将出于这种苛求，把一系列最初似乎属于被研究对象的经验的材料排除掉，而相反地在其中补充一些不是事先想过的东西。这在一般社会学中是最经常发生的，在文学社会学中也经常发生。

仅提及一例：当我们对帕斯卡尔的作品开始进行社会学研究时，很快就将《致外省人信札》和《思想录》区别对待，并将它们与对世界的两种看法相对应，也可以说是两种具有不同社会学基础的不同的认识论的典型：其一，著名的代表人物阿尔诺②和尼古拉③为首的冉森教派中间派与半笛卡尔派；其二，尚不出名的极端冉森教派，我们不得不在这一派的主要神学家、圣－西兰的巴尔戈神父的身上找到这一派别，与此人相近的人中有帕斯卡尔的神师桑格兰④、拉辛

---

① 让我们在这一点上做个补充：我们在布鲁塞尔对让·热内（法国当代戏剧家——译者注）的《黑奴》做的第一次尝试使我们在作品的前面部分就出乎意料地弄明白了剧本中的世界和一系列作品形式成分的结构。见吕西安·戈德曼：《精神结构与文化创作》，昂特罗波出版社，巴黎版。——原注
② 阿尔诺（1624—1684），法国王家埠修道院修女，人称"圣·让的天使之母"。——译者注
③ 尼古拉（1625—1695），法国思想家，曾在王家埠修道院教会学校教书。——译者注
④ 桑格兰（1604—1664），法国教士，王家埠修道院的忏悔神甫。——译者注

和天使之母①（即阿尔诺——译者注）的导师之一朗瑟罗②。给巴尔各和帕斯卡尔的思想打上烙印的悲剧结构的阐明从另一方面使我们将拉辛的四个主要剧本归入研究对象，即《安德洛玛克》《布里塔尼居斯》《贝蕾妮丝》《费德尔》；同样出人意料的结果是，直到此时，由于被作品的表面现象所迷惑，试图在王家埠修道院与拉辛的作品之间找到一些联系的文学史家们从内容上去寻找这些联系，并且主要倾向于基督教戏剧《爱丝苔尔》和《阿塔莉》，而不是倾向于其结构范畴严格地与极端冉森派思想相吻合的无神论剧本。

在理论上，这种研究样板几乎使人弄清了作品的全部，所以这种研究的第一阶段是成功的，这种研究样板无疑是有效的。然而在实践中，仍有另一种标准——不是出于权利而是出于事实——是一种能为人们指点迷津的相当可靠的标志：作品的某些至今丝毫没有引起研究者注意的细节，突然显得既重要又有意义了。

这里我们也举三例：

---

① 对帕斯卡尔的研究的最大困难乃在于进行这些研究的人从明确的或隐含的心理解释出发，甚至没有想到帕斯卡尔曾得以在几个月，甚至在几周内，从一个哲学立场转向另一个与此完全对立的、而且是他第一个在西欧思想中以极为严密的方法提出的哲学立场，却自然而然地认为在《致外省人信札》和《思想录》之间存在一种亲源关系。

然而，由于这两部作品过去不适合、现在仍不适合于一种一致的阐明，所以他们不得不求助于各种途径，断言问题在于风格的夸张，在于研究为不信教者写的作品，在于那些其中说话的是不信教者而非帕斯卡尔的作品，以便得出这样的解释：帕斯卡尔说，至少是想说同他事实上写了的东西相反的东西。我们却从相反的方法出发，首先指出这两部作品各自严格地首尾一致的特性和它们几乎完全的对立，然后则提出问题以便知道一个个人——是这样的才华横溢——何以如此迅速地从一种立场转向另一种不同的甚至对立的立场。这使我们发现了巴尔戈和极端冉森教派，突然使问题一目了然了。

实际上，当帕斯卡尔写作《致外省人信札》的同时，在自己的对立面上发现一种批判自己的，恰好是拒绝这些书简的神学和道德思想，这种思想产生于冉森派教徒中并在其中有很高的威望，以至于他不得不在一年多时间里向自己提问，以便弄清究竟是自己有理还是批评他的那些极端派有理。于是，转变立场的决心渐渐地成熟了。而承认一个像帕斯卡尔那样的思想家在对某种思想做了长时间的思考后加入到其中，能比它以前的主要理论家更加深刻地一下子使它形成，这并不是件奇怪的事。——原注

② 朗瑟罗（1615—1695），冉森教派神甫和法语语法学家。修道院小学的创始人之一。有神学和法语语法学著述多种。——译者注

　　在真实性是几乎唯一被承认的规则的时代，拉辛在《安德洛玛克》中让死人说话。怎样理解这样一个表面看来是不恰当的描写呢？

　　只需找到决定极端冉森教派的观点的格局，就可看出，对极端冉森教派来说，上帝的沉默和上帝只是旁观者这样一个事实，必定是与另一事实——世俗世界内部任何能使对道德标准的忠诚得到保障和任何在世界上有价值地生活的可能性都不存在，任何这样做的企图都与不可能实现的、事实上未为人感受过的神性的苛求，即最经常表现为相互矛盾的神性的苛求相抵触。在拉辛的剧本中，这种立场的无神论的转移是通过两个哑角或两种表现为相互矛盾的苛求的沉默力量的出现而达到的：要求安德洛玛克的忠贞的赫克托耳；要求安德洛玛克保护的阿斯提阿纳克斯①；朱妮对布里塔尼居斯②的爱情，而布里塔尼居斯要求朱妮的庇护，朱妮的纯洁要求自己不和尼禄有任何和解；罗马人民和爱情之于贝蕾妮丝③；后来则是《费德尔》中的太阳神和维纳斯。

　　然而，如果体现了这些专横的要求力量或这些人的沉默和世俗世界内部矛盾的不可解决性有关联，那么在安德洛玛克相反地认为可能找到一种答应和庇吕斯结婚以保全阿斯特阿纳克斯，在成为庇吕斯的妻子前自杀以保全对赫克托耳的忠贞的可能性作为解决矛盾方法时，赫克托耳和阿斯提阿纳克斯的沉默自然就不再适合于剧本的结构了，比外部规则更为强烈的美学要求达到了极端的不真实，要求死者讲话，指出克服矛盾的可能性。

　　我们将把歌德的《浮士德》中著名的唤魔的那个场面作为第二

---

　　① 阿斯提阿纳克斯：赫克托耳和安德洛玛克的儿子，庇吕斯杀死赫克托耳，并要挟其妻安德洛玛克嫁他，否则要杀死她的儿子。——译者注

　　② 拉辛悲剧《布里塔尼居斯》中的主人公。朱妮不顾尼禄皇帝命令，爱着被皇帝迫害的布里塔尼居斯。——译者注

　　③ 拉辛悲剧《贝蕾妮丝》主人公，她为顾全皇帝的声誉，离宫出走。——译者注

个例子。在那个场面中，浮士德对着宇宙和大地精神讲话，这是和斯宾诺莎和黑格尔的哲学相通的。宇宙的回答可说是剧本的精华，也是对第一部分的概括：探索理想的启蒙哲学和以行动为中心的辩证哲学之间的对立。大地精神回驳道："你像你所理解的那种精神，而不是像我。"这不仅仅是拒绝，而且还是一种证实。说明浮士德仍处于"理解"阶段，也就是说处于他想超越的宇宙精神的阶段，他只能在他找到了对圣·让福音书的"开端便是行动"这句话的释义和接受了摩菲斯特①的条约时，才能获得大地的精神。

同样，在萨特的《恶心》中，如果说那位"自学者"②——他也代表启蒙精神——按照书目一本本地读图书馆里的书，是因为作者有意识或无意识地对启蒙思想的最重要的特点的讽刺：借助字典中按照字母顺序排列成的知识来传播学问（只需想想贝尔③的《字典》④、伏尔泰的《哲学辞典》，特别是《百科全书》）。

一旦研究者在作品的内在统一性和典型结构研究上尽可能地深入了，他就应该转向解释。

然而这里，我们仍必须在这一点上添一段我们已经提及的离题话。事实上——我们已经说过——在研究过程中的阐明与解释之间有一种根本的区别，在研究结束时，这种区别还有一种借以表现的方式。实际上，在研究过程中，解释与理解相互加强，以至于研究者被引得在两者之间游动，而当他停止探寻，提出结果时，他能够并且必须相当严格地将自己对作品的内在阐明性假设同对作品的超验的解释性假设分离开。

---

① 摩菲斯特：《浮士德》中的魔鬼，和浮士德立约，帮他解除苦闷，一旦浮士德感到满足，魔鬼就算赢了。——译者注

② "自学者"：《恶心》的主人公洛根丁在波城图书馆认识的一个执达员，叫奥义耶·普。——译者注

③ 皮埃尔·贝尔（1647—1706），法国启蒙主义思想家。——译者注

④ 《字典》：即贝尔最重要的论著《历史批评字典》，内容涉及文、哲、史、地理、语言、神学、宗教史等。——译者注

可是在强调这两种方法的区别的同时，我们将对借助内在分析并且接着就转入作品解释提前进行阐明的虚构性假设加以说明。

寻求一种解释，意味着探索作品的外部现实，这种现实至少和作品的结构有着一种相随而行的关系（这在文学社会学中极罕见），或者，由于在一种同源关系或一种简单的功能（在这个词的生命科学或人文科学的意义上）关系中，这是最经常出现的情况，也就是说完成一种功能的结构。

先验地说出作品能够完成与其特别的文学特征相同的解释性功能的外部现实是不可能的。直到现在，当文学史家和批评家对解释发生兴趣的时候，他们都首先参考作者的个人心理，在比较少的情况下，特别是近一段时间以来，他们首先参考某些社会集团的思想结构。因此眼下考虑别的解释性假设是无益的，尽管人们没有任何权利先验地将这些解释性假设排除。

然而，在心理解释的对立面，出现了——一旦人们比较严肃地思考这个问题——好几种不容置辩的异义。

第一种，也是最不重要的一种，就是：我们对我们不曾认识的，在经常的情况下已经去世多年的作者的心理知之甚少，以至于大多数自命的心理解释只不过是一种想象出的心理，或多或少是智力的和心理的构造，而且在经常的情况下，是根据书面的，特别是作品本身提供的证据而创造出来的。在这种情况下，就不仅出现了循环，而且会产生恶性循环，因为自命的解释性心理分析只不过是这种分析自认为在对之进行解释的那部作品的恣意发挥而已。

另一种——严重得多的——反对心理解释的论据是：就我们所知，那些心理解释从来没有成功地使作品的高尚的部分得到阐明；它们涉及的常常是作品局部的成分或极为普通的面貌。然而，我们已经说过，任何仅仅只阐明作品的百分之五十到百分之六十的解释都不会得出任何重大的科学成果，因为，人们随时都能创造出另外的心理解释，来解释作品另外一半同样重要的部分，尽管不是同一部分。如果人们满足于这类结果，人们就在不管什么时候都能将帕斯卡尔制造成神秘主义者、笛卡尔主义者或托马斯主义者；把拉辛制造成高乃依主义者，把莫里哀制造成存在主义者；等等。于是在几种阐明法中间做选择，就成为这样或那样的批评家相对另一个批评家而言的、引人注目的个性和心智标准；不用说，这是和科学毫无关系的。

最后，第三种异议——也许是最重要的一种——是反对心理解释的，即如果说心理解释阐明了——的确是这种情形——作品的某些面貌和某些特点，那也总是——当涉及文学作品时不具文学特点，涉及艺术作品时不具美学特征，当涉及哲学著作时不具哲学特点的那些面貌和特征，等等。即使是对一部作品的最出色最成功的心理解释，也永远无法告诉我们，这样的著作何以区别于一篇精神分析也能在同样的程度上，甚至用精神分析法分析得更出色的精神病者的文字或一幅图画。

我们觉得这种状况的原因首先来自这样一种事实：作品既是一种个别结构的表达又是集团的结构的表达。作为个别的表达，主要表现为：

（1）对一种占有客体的欲念的经过升华的满足（见弗洛伊德式分析或弗洛伊德式灵感）；

（2）一些能在写作的某些特征中表现的特殊的心理蒙太奇；

（3）某些后天性知识或亲身经历的再现。

然而，这三种表现中没有任何一种能构成一个文学、美学或哲学的意指，简言之，都不能构成文化意指。

从文学方面来看，一部作品的意义不是由这样或那样的文字构成的——我们在埃斯库罗斯的《俄瑞斯忒斯》、吉罗杜①的《埃莱克

---

① 吉罗杜（1882—1944），法国现代小说家、剧作家和评论家。——译者注

特》①和萨特的《苍蝇》②中发现了同样的事件，这三部作品明显没有共同的要点——不是由这样或那样的人物心理，也不是由这样或那样相当经常地重复的风格特征构成的。作为文学作品的意义总存在同样的特征：人物的心理处于一个表现着各种事件的统一协调的世界内部；作者风格的规律性融合在这个世界协调一致的表达中。然而，将一部艺术作品和一篇精神病者的文字分离开的正是这样一个事实：精神病者的文字只讲其欲念而不讲世界、世界的法则和世界中出现的问题。

正好与此相反，卢卡奇派的社会学解释——尽管其数量有限——明确地提出作为统一性结构的作品的问题，还提出决定作品中的世界的法则及这个有一定结构的世界和表现这个世界的形式之间的联系。也正巧，这些分析——当它们成功时——阐明了作品的大部分而且经常是接近作品的全部。最后还发现，这些分析不仅使人看到了允许在上述成分和作品其余部分之间建立联系的同时，还完全地离开了批评的那些成分的重要性和意义，而且还看到了它们（卢卡奇派的社会学分析法）也将目前仍未发现的、未研究过的事实和许多其他至今既未被批评家也未被历史家想到过的现象之间的关系弄清楚了。这里，我们也乐意举几个例子：

人们历来就知道，帕斯卡尔于晚年回到了科学和世俗世界，他甚至组织过关于车轮问题的公开竞争和第一批公共交通：五轮马车。然而却没有人将这种个人行为和《思想录》的撰写，特别是和这部作品的中心段落《巴黎》联系起来。仅仅在我们的阐述中，当我们将冉森教派教义中认为上帝是沉默的，但的确存在的观点和宗教战争后法国穿袍贵族的处境以及他（指穿袍贵族——译者注）为自己

---

① 《埃莱克特》是吉罗杜于1937年写的剧本，主要说明幸福的概念和正义的概念是对立的。——译者注

② 《苍蝇》是萨特于1942年写的剧本，主要提出责任感的问题。——译者注

所遇到的问题寻找一个满意的世俗解决方法的不可能性联系起来时，帕斯卡尔这种以最过激的言词表达对神的意志直至神性的存在本身的怀疑的极端的思想外表和他并未拒绝世俗世界、超脱于世俗世界，而是在给世俗世界一个世俗的①特征的同时，在世俗世界的内部对之采取否定态度这个事实之间的联系，才出现在我们面前。

　　同样，我们一旦将冉森教派在穿袍者中间的源起和君主政治的改变以及君主专制的产生联系起来，就有可能指出，于格诺②派贵族和天主教的对话只是同一块圣牌的另一面而已，这两种演变组成了唯一的同一个过程。

　　最后一个例子是涉及直至文学形式的问题。只需读一读莫里哀的《唐璜》，便可知这个剧本有一种和同一位作者的其他剧本不同的结构。事实上，如果在奥尔贡③、阿尔诺耳弗④、阿巴贡⑤的面前，有一个人与人之间关系的世界、一个社会，对前面三个人物来说，每一个都表达了世俗的良知和决定着剧本中世界的价值（克雷昂特、费兰特、克利查尔德⑥），《唐璜》中则没有类似的情形。斯加纳莱尔⑦只是我们在莫里哀的其他剧本中可以看到的、几乎所有仆人和侍者等下层人民都有的那种卑屈的聪明；以至于《唐璜》的对话实际上只是一些独白，在这些独白中，一些相互之间毫无关系的不同人

① 他回到科学上这一事实，是一个完全彻底的行为，它当然地使另一些对自相矛盾的上帝存在论持坚信态度的冉森教徒大为吃惊，他们很不喜欢《巴黎》（《思想录》中的一篇——译者注）：这一篇中有个童话，说牙痛引出了旋轮线的发现。——原注

② 于格诺（亦译作"胡格诺"）是16至17世纪法国基督教的新教徒中形成的派别，多属喀尔文宗。成员多为新教封建显贵和地方小贵族。——译者注

③ 奥尔贡是莫里哀喜剧《达尔杜弗》中人物，迷信宗教而被骗。——译者注

④ 阿尔诺耳弗是莫里哀喜剧《太太学堂》中人物，想在修道院中为自己培养愚昧驯顺的妻子。——译者注

⑤ 阿巴贡是莫里哀喜剧《吝啬鬼》中人物，爱钱如命，他令儿子娶有钱的寡妇，要女儿嫁有钱的老头儿，自己打算不花钱娶少女。——译者注

⑥ 克雷昂特、费兰特、克利查尔德分别是莫里哀喜剧《女博士》《恨世者》中的人物。——译者注

⑦ 斯加纳莱尔是莫里哀喜剧《斯加纳莱尔》《丈夫学堂》《爱情医生》《屈打成医》中都出现过但代表不同典型的人物。——译者注

物如爱尔维尔①、上帝、鬼魂都在批评唐璜的行为，说他终将惹怒上天；可是唐璜却不为自己做半点辩护。此外，这个剧包含着一种绝对不可能性：唐璜每月结一次婚。很明显，这在当时的真实生活中是完全不可能的。然而，社会学的解释很容易地弄清了所有这些特殊性。莫里哀的剧本是以宫廷贵族为背景写成的。最具特色的伟大喜剧不是由抽象描写和心理分析组成，而是对真实社会集团的讽刺组成的。这些社会集团的形象是集中在一个心理的或特殊性格的人物身上：它们是针对资产者的，资产者爱钱，只想赚钱而不认为钱首先是用来花的，他一心想在家庭里主宰一切，他想成为贵族；也是针对混入别人的生活圈子、打击宫廷里的自由思想的那些虔信者和神圣同盟的成员②；还是针对拒绝任何调和与折中的冉森教徒——无疑是可敬的，但太僵化。

　　莫里哀能用自己眼中的社会现实、自己的自由和伊壁鸠鲁式道德观，即妇女的自由、折中的倾向、对一切事物的有分寸的态度和所有这些社会典型相对照。相反，《唐璜》则不是涉及不同的社会集团，莫里哀这部作品表现的是同一个社会集团内部的一些个人，并过分夸张了。因此作者不可能用一种不同于自己精神状态的精神状态来和唐璜对峙。所有需要对作者说的，就是他有理由写他所写的东西，而不能苛求他，以致达到荒诞的地步。并且，只是在这个宫廷道德——至少在理论上——接受这种趋向极端夸张的勇敢无畏的环境里，唐璜才成为一个完全地实在的人物。人们可以说他有理由给乞丐施舍，但不应该用亵渎神明的方式行此善举。他并不绝对地必须还债，但不应该过分奚落迪茫希先生（仍在这一点上，唐璜的这种行为并非真正令人反感）。最后是涉及与妇女之间的关系

----

　　① 爱尔维尔是莫里哀《唐璜》中的人物，她是一位进了修道院的贵族小姐，被唐璜所骗。——译者注

　　② 神圣同盟：根据法王亨利·德·勒维斯的计划而建立的秘密宗教组织，专门对付"异端"分子。——译者注

的自由精神，这是虚构的主要问题。莫里哀也许是想让人们明白唐璜有理由做他所做的一切，但是太过分了些。然而，在这种他在甚至诱惑农妇和不尊重自己的身份的同时明白地表现出的事实之外，这种分寸就不能得到确切的掌握。莫里哀不能说唐璜不该每月都诱惑妇女，而本该满足于每两个月或每六个月诱惑一个，由此引出这个问题的解决办法：让唐璜结婚。这当然是无可指摘的，这样做甚至是很好的；然而，可惜他仍每月结婚，这的确太夸张！

　　在这篇文章中，主要谈论了文学结构主义社会学同精神分析解释法和传统的文学史之间的不同点后，我们还愿意用一点篇幅讲一讲将发生学结构主义和形式结构主义，以及经验论的而非社会学的历史区分开时会碰到的附加困难。

　　发生学结构主义认为，整个人类行为（我们是在最广义上使用这个词，它也包含心理行为、思维、想象，等等）有一种结构特点。与此相反，形式结构主义在结构中看到了主要的领域，但这个领域仅属于整个人类行为的一部分，这种结构主义把与一定历史环境或确切的生平时代紧密相连的东西扔在一边，于是达到了将这种行为的形式上的结构和特别的内容分开的目的。发生学结构主义原则上假设结构分析必须在历史的和个人的意义上更深入一步。这样，有朝一日，当这种方法更加成熟的时候，它就将构成历史实证方法的要素。

　　然而，在特别重视个人即时特点事实的历史家面前，发生学结构主义就碰到一种将它区别于形式的那种困难相反的困难；因为，尽管历史家和形式主义者之间存在着对立，它们却都承认一点，即结构分析和具体历史事实之间的不可调和性。

　　这说明，即时事实很明显没有一种结构的特点。它们只是在科学语言上能被称为相当数量的结构和分解过程的混合体，任何科学家都不会在它们（结构和分解过程 —— 译者注）被即时地给定的形式中研究这样的过程。人们知道，精密科学的可观进步恰恰应该归功于在实验室里创造情境的可能性；在这种情境中，日常生活现实构成的混合体和支配性因素的互相影响被人们能称为"纯情境"的东西取代了，在这种纯情境中，比方说在承认所有的其他不变因素之后，人们就能让一种成分产生变化并研究其行动。不幸的是，在历史上，一种这样的情境却是不可能实现的。在这里，和在其他任何研究领域里一样，即时的外表和现象的实质不相吻合了（正如马克思曾说过的，没有这种实质，科学就将无用），所以社会的和历史的主要的方法论问题恰好就是：将能使其混合和相互影响而构成内在现实的主要成分弄明白的技巧提出来。历史研究的所有重要观点（文艺复兴时期、资本主义、封建主义，也包括冉森主义、基督教、马克思主义，等等）都有这种典型的方法论依据。很容易指出：它们都未能严格地符合特殊的内在现实。今天，发生学结构主义方法的的确确曾使那些已经紧紧扣住并非全部现实但仍在继续保持同一种方法论依据的概念分离出来了。我们这里不能在或然意识的基本概念上多讲，但至少要明确指出，在朝向具体研究的过程中，结构主义研究法永远找不到个体的混合体，而不得不在构成环境的协调的结构上停下来。

也许还有必要指出，由于现实从来不是静止的，甚至可以假设它完全地是由构造的过程构成的，这种假设导致了这样一个结论：这个过程中的任何一个都带有一种附加方面，同时是相当数量的先前结构的分解过程的方面，这个过程是依靠这种先前结构而进行的。在内在现实中，从先前结构占优势到由新结构占优势的转变过程正是辩证思维所指出的从量到质的转变过程。

因此，确切地说，特定时期的历史和社会现实总是呈现为极度交错的混合体；但这种混合体不是结构的混合体，而是结构过程和分解过程的混合体；对这个过程的研究只能在这些过程的主要部分足够严格地分离出来的时候，才会具有科学的特点。

　　然而正是在这一点上，对文艺创造之杰作进行的社会学研究取得了一种对普通社会学来说特别重要的价值。我们已经指出过，在历史的和社会的事实整体中，文艺创造之杰作的特征和特权存在于很早就形成的或贫乏的构思和它们所包含的异质因素中，就是说这些创造比构成这些构造并是这些构造的一部分的历史现实更容易适应结构主义研究法。也就是说，一旦将这种文艺创造和社会的及历史的现实联系起来，它们就构成关系到这些现实的组成因素的宝贵标志。

　　人们看到，将他们的研究纳入社会学研究和普通社会学[①]是多么重要。

　　研究中的另一个重要问题是检验的问题。在涉及这个问题前，我们想先提及我们已设想过但还没有实现的构想。这就是，从个人的和手工艺人般的研究过渡到更加有条理的和更加具有集体特点的研究。我们这种想法是从用穿孔卡片的办法对文学作品进行研究的工作中得到启发而产生的；在大多数情况下，这种研究具有分析研究的特点，并且是从各种因素出发以求达到整体研究之目的；我们总觉得这种方法是最少或然判断的。

　　有一种争论已经很久了，从帕斯卡尔和笛卡尔时代一直到现代，这就是辩证法和实证主义之间的争论。如果整体、结构、组织、社会集团和相对总体性超过了局部的总和，那么无论在研究中使用什么样的技巧，人们想要达到从构成因素中弄懂上述一切的目标就只是一种幻想。然而反之，人们的确不能满足于对整体的研究，因为这个整体也仅仅是作为局部的聚合和连接局部的关系的整体才得以

---

　　① 在趋向于一个时代的人类现实本质的伟大文学作品的范围内，对它们的研究也能给事件的心理-社会学构造带来宝贵的象征。我们觉得，莫里哀就是这样得以抓住和描写了历史现实的主要方面；与此同时，他在写伪善者的阴谋时，在反对新的社会变革和从社会变革，特别是宫廷中诞生的新精神的活力中，将资产阶级组织起来的努力与大贵族的某些重新聚合区别对待。对达尔丢夫来说，取悦奥尔贡的企图是最主要的；对唐璜来说，捉弄有钱人和伪善者的决心只是其他决心中的一种，是和比方说他的放荡和他在《乞丐》一场里的好斗和好走极端的禀性中的一部分一样。——原注

存在的。

事实上，我们的研究总是由整体和局部之间恒定的游移组成的，研究者通过这种游移试图构成一种样板，再用这种样板与局部相对照，以便接着回到整体，明确这个整体，再回到局部，如此往返，直到研究者不但认为得出的结果丰富到可供发表，而且认为他对同一个对象的研究工作的继续需要一种超过他所能希望取得的附加结果的努力的时候。

正是在这种研究的进程中，我们才认为人们能——不是在起初，而是在一个过渡阶段——采用一种更加系统的，特别是集体的研究方法。

一旦研究者事实上做出了一个他认为代表了或然性的某种阶段的样板（模式），我们就认为他能在一组合作者的帮助下，用这样板来对照被研究作品的整体，从而来检验这个样板。如果是一篇散文，就要逐段逐段地检验；如果是诗，则要逐行检验；若是剧本，就要对台词逐句逐句地进行检验，以便证实：

（1）每个分析的单位在整个假设中处于什么范围；

（2）新成分的名单和未见于理想样板中的新关系；

（3）作品内部出现的各种新成分和见于样板中的关系的频率。

这样的检验将使研究者能够：

（1）修改提纲，以便能弄清作品的全部；

（2）使他的结果具有第三方面，即在一定作品中不同成分和总图构成关系的频率。

由于从来未能实行这样一种足够广泛的研究法，我们最近决定用试验的形式采用这种研究方法，将它作为一种典范，和我的布鲁塞尔合作者一道，对热内的《黑奴》①进行了研究；我们已经对这部

————————

① 热内（1910—1986），法国诗人、小说家和剧作家，其作品表现人对荒诞世界的反抗，深受萨特赏识。——译者注

作品的主题有了一个相当深入的[①]假设。当然，进展是很慢的，对一部像《黑奴》这样的作品进行研究需要一个学年以上的时间。然而，对前面10页的分析就已出人意料，以至于我们只通过一个简单的检验，它们（指"前10页"的分析结果——译者注）就使我们能在形式方面在这个意义上的狭窄的领域内获得了主动，而直至此前，我们还一直以为这个领域是留给某些专家的；那时我们还常常为在我们的研究小组中见不到那些专家而大为惋惜呢。

最后，作为这篇入门文章的结束，我们想提及研究范围扩大的可能性，我们还没有运用过这种可能性，但是从朱丽娅·克里斯特娃发表在《批评》杂志上的对巴克蒂娜的研究文章起，我们就已经考虑过这一点了。[②]

不用我们在这篇文章中明确地说，事情很明显，在我们所有的研究的背景上，有一种明确的普通美学价值特别是文学价值概念。将这种价值规定为多样性和丰富性与在协调一致的整体中构成这种多样性的统一性之间的、已被克服的矛盾，正是由德国古典美学发展而成的康德的、通过黑格尔和马克思直到青年卢卡奇而形成的思想；从这个角度上看，一部文学作品中的这种矛盾最强烈同时又被最有效地克服了，它的价值就显得越大越重要，也就是说，它的世界的丰富性和多样性就越大，这个世界就被组织得越严密，就有了一种结构的统一性。

说了这些后，也可明显看出，我几乎所有的工作，甚至所有从青年卢卡奇的文章中得到启发的研究者，都将自己的研究集中于这种矛盾的唯一成分——统一性上，并明确指出，在内在现实中，统一性有一种有意指的协调的历史性结构，这种结构的基础存在于某

---

① 见吕西安·戈德曼：《〈热内的戏剧〉——社会学研究的尝试》，载《雷诺-巴罗手册》，1966年11月。——原注

② 确切地说，我们并不完全同意克里斯特娃的立场，我们在这一节中表示的想法是在读了她的研究文章后的发挥，并不严格地和她的看法相符。——原注

些特权阶层的社会集团中。直到现在，这个学派的一切文学社会学研究都首先倾向于将协调和统一的结构弄清楚，这种结构决定作品的总体世界，这个总体世界又根据作者的意愿而构成所有重要文学作品的含义；我们在上面说过，这些研究仅仅最近才在作品的世界和表现这个世界的形式之间的联系方面走出了第一步。

然而，在所有这一切中，矛盾的另一端，多样性和丰富性仅仅是作为一种已知数而被承认的，刚才我们说过，在涉及文学作品的情况下，这个已知数是由在特殊环境中作为个体的和活跃的多样性构成的，或是由个体的影像构成的，这允许文学区别于在总的观念上表达对世界的同一种看法的哲学（《费德尔》中没有"死亡"，歌德的《浮士德》中也没有"罪恶"，而只有垂死的费德尔和精确地个性化了的人物摩菲斯特。相反，无论对帕斯卡尔还是对黑格尔来说，都不会有个体的人物而只有"罪恶"与"死亡"）。

在继续我们的社会学研究的同时，我们却经常认为费德尔和摩菲斯特的存在是一个社会学研究法还无法掌握的已知数，还认为这两个人物的或多或少是活跃的、具体的和丰富的性格只是首先与作家的才能和心理相关的纯粹创作个性的表现。

正如克里斯特娃指出的那样，巴克蒂娜的思想和她在发挥自己的立场①时赋予这思想的也许是更基本的形式，使我们看到了文学创作的社会学探索方面的一块新的和互相补充的天地。

完全如我们在我们的具体研究中对文学作品中的对世界的看法、作品的协调性和统一性作几乎是专横地强调那样，克里斯特娃正确地②在她的研究提纲中将精神结构当作和风格、集团行动以及最大限

---

① 在将文学作品分为独白和对白的同时，克里斯特娃又加上了一个事实：甚至被巴克蒂娜誉为独白型的文学作品——如果它们具有文学价值——构成了一种对白和批判因素。——原注

② 由于不懂俄语，没能读巴克蒂娜的作品，我们不能明确地评定克里斯特娃的思想的发展过程。因此在这篇文章中将从整体上参考属于克里斯特娃的观点。——原注

度地和教条、压抑相连的特征——特别强调对精神结构的怀疑，特别强调统一性的对立面——按她的说法（我们认为她在这一点上也有理），这种统一性具有一个反习俗和批判性的方面。不过我们觉得，由巴克蒂娜和克里斯特娃研究过的那部文学作品的面貌仅仅与美学价值的古典观念中的丰富性和多样性的那一端相合。

这就是说，根据我们的看法，克里斯特娃——尽管不是专横地——在文学作品中首先研究其有争议的和多样性的功能（用她的术语来说，就是与"独白"对立的"对白"）的同时带着片面性。不过我们认为她所描写的并不是不体现为所有真正重要的文学作品的一个真实的方面。此外，克里斯特娃在指出世界观、一致性的概念性思维和独断主义之间的联系的同时，明确地将注意力不仅放在这些成分的社会学特点上，而且也放在这些成分所拒绝、怀疑和斥责的一切社会学特点上。

在将这些思考归入我们至此阐发过的论述的同时，人们得出这样的结论：几乎所有的伟大的文学作品在以多样的具个性的人物和特殊环境、由结构和世界观组成的协调的世界创造出的一个丰富的世界的范围内，都部分地具有一种批判功能；这些作品也被引向表现它们所斥责的处境，以便使表现这些处境的人物形象变得具体、生动，它们还被引向表达一切人们愿意人道地为了他们的态度和行为而表达的一切。

这说明，这些作品尽管表达了一种特别的世界观，但仍已经由于文学和美学的缘故而为这种世界观的景象划定界限，并写出为保卫这种世界景象而牺牲的人类的价值。

由此可知，在文学分析方面，人们当然可以比我们做过的走得更远，将结构景象必须克服或组织的作品的各种对立矛盾的成分都弄清楚。这些成分中的某些成分是具有本体论性质的，特别是死亡，它作为给予生命一个意义的企图，给世界的一切景象造成了一个很重大的困难。其他的成分都是具有生物学性质的，特别是力比多，一切都是精神分析法研究过的所谓压抑问题；但也有相当大的一部分成分具有社会和历史的性质。因此，在这一点上，社会学能够指出作家在一个特殊的社会环境下，为什么在众多的可能的现象中选择他所斥责的矛盾境况和态度，确切地说，就是选择他觉得特别地重要的几种表现。

拉辛式的悲剧景象彻底地批判被有人称为受欲念控制的"野兽"和在现实中长期不断地自我欺骗的"木偶"。然而这说明一件很显然的事：这提醒我们，在拉辛的悲剧中，俄瑞斯忒斯、爱尔米奥娜、阿格利庇纳、尼禄、布里塔尼居斯、安提奥居斯、希波吕特或忒修斯身上的人的价值被表现到何等的高度，拉辛的作品在怎样的程度上用含义极广远的方式表达了这些人物的渴望和痛苦。

所有这一切都应该成为详尽的文学分析的目标。不过我们觉得，如果说在拉辛的作品中的欲念和政治权力的追求中能找到一种比理解现实的消极和无能的德行更强有力的文学表达法，那么，这种差别就建立在拉辛所处的社会的社会、心理和智力的现实和与冉森教派集团对立的社会力量之中。

我们已经指出了莫里哀笔下的阿巴贡、乔治·达当、达尔丢夫、阿尔赛斯特和唐璜（资产者、神圣同盟、伪善和阴谋家、冉森教徒、胡作非为的宫廷贵族）或歌德的《浮士德》中的瓦格纳（启蒙思想）①所处的社会集团的现实。

我们的研讨到此结束。很明显，这最后一段暂时只具有一种提纲性价值，它的实现得视将来文艺创作方面的社会学研究的发展而定。

---

① 《浮士德》中的《悲剧第一部》里的《夜》一节中，浮士德在忧闷中恍惚看见瓦格纳劝他不要忧郁，而要奋起追求人生的幸福。——译者注

第四章　文化创造的主体

　　我选择了这个题目，是因为我觉得它既能揭示出存在于社会学及辩证法研究与对文化创造的精神分析学研究，这两种研究之间的深层的一致，又能揭示出这两者间的根本分歧。

　　的确，重要的是，即使从一个社会学家的角度上看，既不能将精神分析学能够对人和文化创造的理解所做出的贡献抛在一边，也不能为了达到某种厄瑞涅主义①而低估这两种方法的对立，无论是有选择的还是含糊的厄瑞涅主义都只会损害有实效的研究。

　　首先，共同的因素是什么呢？我想利各尔②已在今天上午指出了。的确，辩证法社会学和精神分析学都从一个共同的断言出发，这就是人的一切都是不可能没有意义的。这就不是像人们经常用黑格尔主义来断言的那样，认为辩证法是一种泛理主义；更有甚者，由于当代形式逻辑的发展，人们很容易给予这个词一个很窄的意义，也许最好创造一个不是基于"逻辑"而是基于"意指"的词和谈论潘式意指③。当然这里有一个条件（这是我在蒙特利尔同保尔·利各尔的讨论中曾有机会阐发过的思想），就是：要清楚地看到这样一个事实——意指不是和人，更不是和思维与语言一同开始的，特别

---

　　① 厄瑞涅：古希腊神话中的和平女神。"厄瑞涅主义"本是基督教在各教派之间争论时采取的一种共同遵守的原则。——译者注

　　② 利各尔（1913—2005），法国哲学家，受现象学和存在主义哲学影响颇深。对古代神话和《圣经》颇有研究，后来又对精神分析学进行研究，著有论文《试论弗洛伊德》。——译者注

　　③ 潘式意指：或译"广泛意义"，这是作者自己造的词，"潘"本是希腊神话中的森林和丛林之神，其意思是"全"。所谓"潘"式意指拟指"广泛的意义"或"全部意义"。——译者注

是，意指并不总是自觉的。

如果这间屋子里有一只饿猫，还有一只老鼠顺着左墙根跑，那么，猫从这一边跑过去抓老鼠的这一事实将完全是一个有意指的行动，是与猫面临的问题（填饱肚子和寻找食物的问题）相应的，也是和当时出现的——一只老鼠沿左墙根而行，一只猫必然冲上去抓它——这一背景相应的。

不过，尽管我们对动物的心理还知之不多，但是，对猫抓鼠这个问题和它用以解决这个问题的方法不能肯定是，甚至很少有可能是有意识的。但如果意指的意思是在特定环境下出现的问题面前的一种生物的、肉体的、朦胧的反应的话，它的行动就是有意义的。

但是，不管这猫的意识是什么样的意识，重要的是这样一个事实：自从出现人类以来，意指总是通过意识（真的或假的）①、交际、言语和语言②传达给人的。因此，每当我们和当代的人类现实发生联系，以及为我们留下了足够的遗迹和证据以使我们能对之进行研究的、过去了的人类现实发生联系时，我们都能发现这种有意指的意识。

然而，对于像黑格尔、马克思、卢卡奇、弗洛伊德（我认为也许还能加上皮亚杰）等思想家来说，有一个共同的东西，就是这样一个肯定：每当我们面对一种人类的行为、一般语言表达、一个书面句子及任何一种交际标记③时，不管这些片段或这个行为造成的即时的印象是怎样的，即使我们没有一下子就看出它的合理性，它能借以解决一个问题的方法事实上仍是一个有意义的片段，如果我们

---

① 弗洛伊德的精神分析学把人的意识分为三个层次："伊迪"（id，亦译作"本我"）、"自我"（ego）、"超我"（Super-ego），他认为"本我"和"自我"是人的本能的"真"意识，而"超我"则是人的本能意识被现实中人类整体原则改变了的"假"意识。——译者注

② 现代语言学认为，语言指一代人传到另一代人的语言系统；言语指包括能表达人的意思的一切音响、图像和符号。——译者注

③ 这种显示也同样出现在生物行为中，因为，在人类层次上，生物本身变成了象征层次上的意指，变成至少像萨特所说的那样，是"自我（的）意识"，接着便变成反思意识。——原注

成功地将它纳入它所属的那个整体中，它将表现为有意指。

同样，无论是马克思的还是弗洛伊德的分析，只要涉及经济、生物研究、政治史、文学史、哲学史、宗教史和科学思想史或者梦分析史、精神病史以及口误史，它们都达到了阐明最初显现为或多或少，有时甚至完全没有意指的人类行为的有意指性——结构性和功能性。

这是他们的第一个共同因素。

第二个共同点存在于黑格尔、马克思、卢卡奇和弗洛伊德用以从一个片段着手恢复意义的方法中——这个片段本身并没有意指，或者乍看起来有一种区别于辩证法和精神分析法研究将能阐明的意指。

对这些思想家来说，达到这个目的的方法就是：将被研究的客体纳入被人称为结构、社会生活、图像网或无意识心理现象的更加广泛的相对总体中。我冒昧补充一点：在这种观点中，大家在这次讨论会上谈论很多的多义性概念成为完全可以接受的，它仅仅意味着以有效的方式将研究对象纳入几种不同结构的可能性，无论在意识方面还是在历史生活，也许也在（作此表态，我还不太有能力）生物生活中均如此。

第三个共同点是：结构不是一成不变的和永衡的，而是构成一种发生源的结果；同样，人们只有基于现时状况的总体才能理解一种结构的意指特点；在这个总体内部，这种结构来源于已经由其先前的生成本身构成的主体改变旧结构以便对这种状况提出的问题做出回答的企图：这种回答的企图将随着外界的影响或主体的行为或对周围世界的行动改变状况和提出新问题，而逐渐改变主体的现时的构成。

简言之，马克思的思想和弗洛伊德（当然，这两个名字在这里具有一种更加普遍的价值，意味着所有辩证和实证的社会学和所有受弗洛伊德启发的精神分析学）的思想一样，都是发生学结构主义。

说了这些后，仍应该也强调区别马克思主义和精神分析学之间的不同之处。

我觉得，这些不同之处首先存在于我今天向自己提出的需要讨论的一点上，这就是人类行为的主体问题，从这又引出意指和有意指言语的主体问题；在这种行为和这种言语内部的力比多行为的主体和历史的及其所属的文化创造行为的主体之间的区别问题。

我认为，所有辩证社会学与弗洛伊德思想之间的主要区别存在于对这个主体的构想方式中。由于两个相联的理由，我认为弗洛伊德确认主体在任何时候和任何地方都是个体。他首先是在自己还处于启蒙思想①——这种哲学在几个世纪里才形成了统治西方世界的思想形态——的延续范围内形成这种主体的，无论其形式如何，都总是从个体出发的范围内形成这种思想的。笛卡尔或胡塞尔的我思、感觉或经验论者的符合礼仪的命题看到的总是个体，它总是将个体看作行动的、思想的和行为的唯一的可能主体。

另一方面，这种现象有时又构成和我在我的一本书中指出的那样——既是自相矛盾又是启示性的形式，在三年级和四年级学习的语法里，人们可以读到——就像关于一种明显的真理那样——"'我'是个没有多数形式的人称代词；'我们'的意思是'我'和'你'。"简言之，对于启蒙思想和后来的弗洛伊德来说，个体是唯一的，主体永远是"我"。

然而，这种个人主义观点在弗洛伊德那里得到加强，他认为，尽管这种观点中存在着他的重大发现特别是对无意识的发现，和通过这些发现，他从根本上超越了启蒙思想，趋向一种个性的辩证观

---

① 这也说明了今天上午利各尔讲的，弗洛伊德对宗教的深深的反抗（这是启蒙思想家的一个最常见的面貌）和理智短路说，借助于这种短路说，他将宗教压缩为幻想和空想。——原注

念，在个性的生物面貌和紧接着从生物学中派生出来的面貌面前，在性欲面前，在人们这里称为欲念的东西面前，他也处于首要地位。但是，为了避免和黑格尔的任何混淆，最好将这东西定名为力比多。

然而，即使力比多或欲念的结构不是特别地与生殖有关——弗洛伊德是第一个发现并指出这种结构肯定不是与生殖有关的——我想人们能够用这样一个事实来严格地定义这种结构，就是：这种结构是唯一地包含冲动的。从生物学角度看，这种冲动的主体是一个个体，对这个个体来说，其余的个体就只能是对象，更准确地说是获得满足的对象或对获得这种满足的阻碍，就像所谓俄狄浦斯情结中的母亲和父亲那样。

说到这儿，毕竟就可明显看出，一旦这种倾向本身被纳入有象征思维和言语能力的个体，就变得更加复杂，就取得了某些新的特性，特别是思考"我"的、将"我"纳入反思意识中的特征，并基于这一点，又取得将这种反思特征变成冲动的对象。这样，人们就达到了人类的特殊性之一的所谓自恋主义，并在个人主体的层次上特别表现出——照我的看法，这种个人主体只是文化创造中的第二性的因素——集体意识顶峰中最重要的特征之一：主体和客体的同一性。

不过，无论这些理由是怎样的，事实仍然是弗洛伊德式文化创造分析是个体行为和个人力比多分析的一种在次要方面稍稍有些变化的严格的转变。

然而，如果说结构主义心理学在某种程度上无可争议地建立起来了——我们自己在这次学术会开始时就指出过——在我们看来，社会生活和文化创造方面的生物和力比多领域的个体主体的转变在最高层次上是成问题的，我们害怕这种转变会怀疑这些分析的实证和科学的所有价值。

不过，在论及这个问题的本质之前，我想提醒一点：弗洛伊德思想的既重要却又有争议的某些特性似乎来自这种立场，我仅提及其中之一——对未来范畴缺乏论述。

的确，个体的未来受到了限制；个人的未来止于个人的死亡，但也很难将个人死亡当作个人主义理论的基本范畴。

况且，个人主义理论中总体范畴的消失作为一种一贯的思想，又引出了一种重要思想，这就是时间概念的消失并代之瞬间和永恒这两个相等的与时间无关的范畴。这种与时间无关性构成了两种理性主义伟大思想的特征，这并不是偶然的，这两种伟大的理性主义思想就是笛卡尔和斯宾诺莎的思想。同样，人们可以指出，如果说启蒙思想家对 18 世纪政治的干涉引导他们为一个更好的未来而斗争，那么建立一种他们在自己的理论体系中经常以非时间性形式所构想的未来观念就不是没有一点困难的了。

同样，并没有什么值得奇怪的是，尽管弗洛伊德的思想有发生学的特点，但他却对未来一无所知，他似乎在两个方面的时间性：现在和过去的概念上有了发展，并明显地对过去这个概念特别重视。如果我没有记错的话，"未来"这个词在他的著作中的文章题目中只出现过一次：《一种幻觉的未来》，这个题目恰好表明这种幻觉没有未来。

让我们仍回到使我们感兴趣的问题上：弗洛伊德自己在《文明中的苦恼》里已提出过，他的确在其中指出，将孩子遇见的第一批人，特别是母亲和父亲——就像在这次会议上人们常论及的那样——作为对象的力比多倾向的自由满足。这种满足将导致一个后果：建立极小的自治集团，阻挠任何更加广泛的社会的形成。

然而，建立了这样的广泛社会的人们因此而在其众多禁忌中禁止最为强烈的力比多冲突式满足：这种冲突正好与俄狄浦斯情结相符。对卑鄙无耻的禁止是我们熟知的最为经常和普遍的社会法规之一。弗洛伊德提出问题，想弄明白是什么将人引向为了创建社会和文明生活而自由地接受如此严重和令人痛苦的剥夺，并证明说这正是人文科学的最重要的问题之一。为了解决这个问题，科学家们至今没有提出任何严肃的假设。然而，这个使一切个人主义成为问题的回答早已提出了这个假设。

随着象征功能、言语和交流理论的发展，满足力比多以外的人的基本需要的新的和革命性的方式，对生命的保护（抗饥饿、寒冷等）都出现了。我们将把符合第二种需要的总的行为称为"征服自然"。

可是，如果说尽管由意识、象征功能和言语理论的出现带来的发展和变化，力比多总是个人的，那么适应于征服自然、改变生活环境的行为却彻底地变了。的确，随着交流和言语的发展，产生了劳动分工的可能性，这种分工又对象征功能产生了反作用——这就是皮亚杰称为"反撞"的东西——并在酿成一些至此全新的和陌生的东西：由多个个体构成的主体的同时，这样继续下去。

正如我昨天说的那样，如果我和我的朋友让共同举起了一张很重的桌子，那么，举起桌子的不是我，也不是让。这个行动的主体——根据这个词的精确的意义——由让和我组成（当然，在另外的行动中，就又应该加上更多的其他的个人），所以让和我的关系不是比方说力比多领域和俄狄浦斯情结那样的主体与客体的关系，也不是将个人看成绝对主体的那些个人主义哲学家所认为的那样的主体之间的关系，而是我建议用一个新词来命名的"内主体的"关系，也就是说，其中的任何一个个人之间的关系都是行动的真正主体的组成因素。

但是，为了使我们能够共同举起桌子，我们就必须能共同选定它和选定其他一系列事物，于是需要有一种理论思想。同样，一切能在理论方面被谈及的都将是在它和将周围的自然环境或其他的人类集团作为对象的行为相联的范畴内的。在这个领域内，它的主体是多个个体形成的，让和我的所有交流都涉及我们正准备举的桌子，这种交流是主体内部的交流，是我们刚才说的"内主体的"交流。

我觉得，辩证社会学和精神分析学之间的分裂就存在于此。因为，发现了无意识冲动和用来满足这些冲动行为的弗洛伊德当然也看到了由社会创造或至少被社会吸收了的冲动的范畴，而这个范畴的冲动的满足则主要是占有意识，它是与直接或直接地趋向征服自然和文化创造的行为相连的。

可惜，弗洛伊德没有记载主体原始状态的变化，这种变化是存在于从一些原始状态到另一些原始状态的过渡之中的，所以他总把它们归到一个个性主体之中。很有特点的是，他为它们起了个总名称"Ichtriebe"，就是说"自我的冲动"，可是，确切地标志着人的出现，文明的出现和与此相连的有意识的出现和劳动分工的出现的东西却正是使生活的一个部门，使可以无限延伸的"内主体"的主体式行为的发展成为可能的那个东西；应该提醒一下，主体不仅面对自然界，同时也面对另外的一些人或其他人类集团行动，所有这些才构成这个主体的思考和行动的对象。

正如弗洛伊德认为的那样，真正的对抗并不在"那个"的冲动和主要是无意识的生物的个体主体以及"我"这个主要是有意识的、社会化了的个体主体之间，而是存在于"那个"的冲动和构成一个人的意识的冲突之间，这个人在生物学意义上继续作为一个个人的同时，作为有意识的和社会化了的人，只表现为一个超越了自我的主体的一个局部因素。

让我们补充一点，在这个角度上，消耗在社会行为中的精力可以在力比多冲动中找到根源，承认这一点是没有任何困难的。这个证明的真实性与谬误性是心理学的一个问题。

我们还需要指出的是，个体的主体和多个体构成的主体的概念不是一个简单的术语问题——在那种情况下，我们将不给予它任何重要性——而是一个对所有人文科学研究的决定性的问题。这里涉及的确实正是弄清即使是部分有意识的任何行为的基本可理解性究竟存在于哪一种主体中。

对于精神分析学来说，这种可理解性总是个人的，可能有的社会可理解性仅仅具有一种从属性的、第二位的特点，只要我们不是处于非理性现象如神经症、梦或口误面前。

当然，这一切都不是说集体意识存在于个体意识之外，也不是说除了个体意识外没有别的意识，而只是说，个体的某些意识不是与主体之间的关系相联，而是和内主体关系相互关联并组成整体思维和具社会及文化特点的整体行动的主体。

简而言之，精神分析学在最初表现为从荒诞的（口误、梦、神经症）人类表现中发现的意义和社会学分析在表面意义或在表面上看不到的文化的和社会历史事实的意义后面所发现的客观意义是相对多种不同的主体而存在的。第一种是与生物主体相吻合的个体主体，第二种是一种跨个体或者叫复数主体。

为了避免误会，让我们补充一点，提出了理论思想和世界观的复数主体在某种条件下，也能提出一种个人主义观，这种个人主义观和其他形式的思想一样是具有集体性质的。孤零零地待在孤岛上的鲁宾逊也和否认一切个人现实的思想形式一样是集体的创造。

当然，这是为了简化两个打算举起一张桌子的两个人之间的关系我才提出来的。这种内主体团体的形式是田园诗式的，与实际社会现实相去甚远。

不过它足以说明问题，因为我没有时间强调马克思和马克思主义思想家以及许多其他社会学家、历史学家特别是阿多诺和人们在这里经常谈及的法兰克福学派首先分析过的社会病理学的许多形式。

在具体研究中，应该分析社会病理学的各种不同的形式，特别应该分析当代西方社会中的物化、量对质和对人道的取代、官僚的和专家治国机构的病理。但是，不管这些社会病理是怎样的，它们都从根本上与力比多的病理形式不同。的确，前一种病理是复数主体的，合作的，劳动分工的病理，后一种是个人的病理。

我由此转入我想向利各尔提的一个问题。我完全同意他所提出的一点，即所有发生学结构主义，无论它涉及精神分析学还是辩证社会学，都受到同一种危险的威胁，它就是还原法，即"只是……"。比如："此图只是力比多欲念的表达""瓦雷里的作品只是小资产阶级思想意识的表达"。

我也同意他认为任何发生学结构主义应该解释的是一个开端是怎样为达到一个高级的复杂创造而完成超越的，而不是解释这个创造是怎样被还原到开端中的。然而我想向他提问题：在最小程度上被还原到自身领域中时，精神分析学思想将一切都引向力比多和个体主体，当它涉及文化创造时，是否就不一定称其为精神分析学了；是不是它并不总是缺乏将文化创造加入集体主体的可能性，是不是社会对它来说仅仅是个体主体借以表现自己的场所？而我认为，这正是这个方面经验论的最不足和最成问题的地方之一。

在格林学术讨论会上，一个和我们讨论的问题相关的问题在会议上不曾被提出，但它重新回到了私人的交谈中。

阐明与解释之间的关系是怎样的？我想我能为你们推荐一个回答。我觉得这是一个以常常是很有争议的方式讨论得最经常的重要问题。人们事实上人为地用解释来反对阐明，就像解释专属于物理化学的因果研究领域，而阐释却专属于归于参与、对话和情感方面的人文科学那样。

对于一种辩证思想来说，这个问题就以不同的形式出现了。理解是一种心智①的过程，是对一种有意指结构之本质和特性的描述。

---

① 在所有的理论态度都同时是理论的和实践的时候，这不意味着一种纯理论的态度。——原注

为阐明一件艺术作品、一部哲学著作或一个社会过程和它们的结构的内在意义，就要指出它们是一些有着自身的一致性的结构，这就是理解它们。解释则是将这些结构作为组成部分放到包含它们在内的更加大的结构中确定其地位。解释总是参照一个包含并超越被研究的结构的结构。

如果我分析帕斯卡尔的《思想录》的内在一致性，我就借助一种严格的心智活动来理解它。然而，如果我在极端冉森教派内部和冉森教派整体中来确定这部作品，那么我就理解这后者，解释《思想录》的发生。同样，如果我将冉森教派的结构放到法国 17 世纪的阶级关系总和中或这个时代的穿袍贵族中，那么我就是理解穿袍贵族的演变；解释冉森教派的诞生；等等。

可是，这就提出了我们或然判断中的一个问题：

为了阐释一个梦，为了找到它的意指（我举这个例子，但我也可以以一种神经症做例子），精神分析学在任何情况下都不能注重一种内在的阐述和对其结构的简单揭示；它应该求助于无意识的冲动，将梦放到更加广泛的、不仅仅是其表面内容的东西中去研究，了解演变。于是问题提出了：为什么人们不能随心所欲地理解和阐释梦，拉辛的《费德尔》或埃斯库罗斯的《俄瑞斯忒斯》呢？昨天我说过，我觉得承认俄瑞斯忒斯的无意识的存在是荒谬的，俄瑞斯忒斯只是一个由作品证实了的文学形象，除此以外，它没有任何存在。然而，我们刚才说过，精神分析法不超越表面内容，也就是说不求助于解释，就不能阐释一个梦。在社会学分析中，我当然也几乎总是超越了作品，但那是为了解释它而不是为了理解它，然而为了找到一个梦的意义，你就不得不去解释。对梦的内在分析是没有的。

理由是，梦自身不构成一种有意指结构，作为意识的表现，它只是同样的结构（生物的或个人的）的一个组成部分，然而社会逻辑却创造具有相对独立和自身意义的有意指的结构。当然，有一种梦的解释，就像有一种有意识结构的解释一样，但是使这两者相区别的是它们在连续性上的各自的环境，这种连续是从纯粹生物性（解释之外的无意指）到伟大的文化作品（原则上可接受的独立理解与解释不同）。的确，在具体研究中，解释总是帮助理解解释，反之亦然。

这就是为什么每次我们想相对于有意识逻辑而去确定梦的地位时，也就是说阐述它、给它一个意义时，我们就应该求助于无意识，将它作为变态的解释性因素，并借助解释社会逻辑时的意义畸变。简而言之，这就将文化创造与梦区别开来，文化创造是存在于与集体主体有关的意指层次上的，并不是说精神分析学在文化创造中找不到力比多意义，因为集体意识是不可能在个人意识之外的，而是说，所有的个体意识是由其主体的个体力比多因素和属于文化创造范畴的、其主体是由多个体组成的有意识因素构成的。

当然，在意识中并没有两个互不相干的部门，但是在这种相互渗透中，集体因素可能成功地保留其自主性和其自身的规律，因此创造了某种相对的行动、工作和构成就文化的多个体组成的主体而言，是完全有意义的东西。在这种情况下，个人满足的因素只有在它们不改变这种逻辑的情况下适合于这种逻辑时才能被考虑在内。他们能够懂得写我们所熟悉的剧本的正是拉辛这个个人而不是别人。然而这些剧本的意义，绝对强求、无声的人物和观众，对于主角来说，都是由不可解决的矛盾的存在而被理解的，区别受害人物和迫害者的界线是冉森教派团体构成范畴的一种演变，只有在下面这个问题上，精神分析学才能提供既有价值又宝贵的情况，这个问题就是：弄清为什么正是由于拉辛这个个人，这些剧本才以一种特别的力量表现出来；这些剧本是怎样和个人的问题相吻合，以至于这个个人成功地写出来了一种与当时倾向特别相符的形式，这种形式或多或少是和冉森教派所有的成员当时的倾向相一致的。如果相反，这种个体和内主体之间的一致性没有产生，如果个体的冲动得以扰乱集体的意指结构的话，我们就将逐渐将拉辛的作品当成一般意识，甚至推向另一极端，当成梦和病理学看待。

然而，当精神分析学试着将意识的全部归入"我"中，归入个体、力比多中时，它就不可避免地在抛弃区别精神病人和天才的一切标准的同时抹杀各种类型的表达之间的区别。

当精神分析学家面对一篇文章或一幅画时，他就会用他自己的方法，将它们放到与任何种类的精神病或疯子的表现方式的同一方面去确定其地位；从他的角度来看，他是有道理的，因为很可能对于作者来说，这部作品具有一种比方说与一幅充满疯子的涂抹相似的功能。同样，精神分析学者也很有理由答辩说，拉辛在写剧本时表达了这样或那样的无意识和力比多意念。

不过问题仍然在于弄明白这种意念与可能只与多个体组成的主体有关的这部作品的总体意指之间的关系是什么。

只有前者在完全没有扰乱后者的情况下得以自我表现的时候——文学在这种情况下才能加强这部作品的文化价值。

始终应该提醒这样一个发生学结构主义社会学的基本肯定：文艺作品有意指的结构性一致（这意思是"集体性"）远不如一般个人的文字和思维更具个性，而相反达到更加高级的社会化。

对于我们来说，每次我们着手研究一部重要文化作品或一个历史事件时，我们就处于一个被研究对象面前，在这个对象中，多个体组成的主体或——如果你们愿意——集体主体是在比一般个人意识，比如说我的或你的意识所达到的层次高得多的一致性层次上，就是说，在一个实证研究能够将个人因素抽象出来的层次上。这不是说力比多式满足在作品的发生中不存在或不构成一个重要环节，而是说这种力比多式满足是难以捕捉的，并只是在很小的程度上有助于理解人们想研究的 ① 对象。

在这一点上，我想回顾一下最近我与人进行过的一次讨论，因为它使我想起了应该避免的误会。在一次社会学美学报告会上，我以 17 世纪的法国戏剧作为例子，我的听众中的几位职业文学史专家提出了一个令人意想不到的异议：

"这一切都很好，我们欣然同意。不过您的社会学范畴也能捕捉美学事实吗？为了这样做，不应该在社会学范畴上加一些专门的文学范畴吗？"

可是，我从来没有用社会学范畴来理解作品的想法。作品的美首先依赖的是作品的丰富性、有意指的一致性、作品自身的世界和它狭义上的形式之间的一致性。只是，为了阐明这种意指，这种内在一致性，我将使用解释的方法，这种方法即意味着将作品纳入更加广泛的结构中也就是说一种社会结构中。但是这样做时，我在任何情况下都没有在作品内部寻找社会学因素的意思。这部作品仅仅是一部有或没有一致性结构的文字。我再一次提及我昨天讲过的话：当涉及阐述《俄瑞斯忒斯》时，人们无疑能够求助于解释性方法。将这部作品放到包括作品在内的结构中，放到比方说埃斯库罗斯的心理或无神论者社会中去，但是人们没有权利在作品中加上哪怕是一行或一个字。俄瑞斯忒斯这个人物于是有可能通过埃斯库罗斯的无意识或雅典的社会结构而得到解释，但是，只要人们没能在作品中找到一句明确地证明这种无意识的话，他就不可能将自己的无意识赋予这部作品，更不能将社会学范畴引入作品。

简言之，在力比多意指占主导地位的情况下，研究者就被迫求助于解释以便能够阐述。在研究文学创造的情况下，阐述和解释是互相补充的，能在研究过程中互相使各自的过程方便地进行。个体

① 比方说这就是我们试着理解拉辛的戏剧，帕斯卡尔的《思想录》和同这两者都有联系的冉森教派运动时的情形。——原注

只在它纳入集体意指的情况下才能进入艺术作品而不削弱它和摧毁它。由此可知，当精神分析学家着手对这部作品的研究，在其中寻找个体意指时，他就无疑能在其中发现这种意指，有时甚至很多，但是，这几乎要同时将作品分割开并将其总体结构和其本质的或然判断抛在一边才能做到。

无论涉及米开朗琪罗的《摩西》①，还是《圣家族》中的圣·安娜和玛丽亚的微笑，重要的不是在奥纳尔②的生活中，在他与教皇或与其父亲的关系中找到促使他画他们的东西——因为在别的时代和别的社会中也有同样的关系——而是要找到使这种个人欲念的表现得以归入一种结构之中，一种在被刻画的东西的方面具有很高层次的有意指的一致性的艺术品之列的东西。兄弟姐妹之间的如帕斯卡尔与雅克琳娜·帕斯卡尔③之间的关系可能数以千计。这种关系只在某种时刻和某种背景下才会特别地显现为有利于在一种极为一致的，在哲学体系的层次上整个表现在王家埠④、在圣·希朗⑤，在此外的一个特定的社会集团即法国穿袍贵族上层集团内部形成的观念上。

这些引导我们提出一个特别重要的问题：美的满足的本质问题，因为这种满足明显地包含着快感因素。刚才有人问我："在一件艺术作品面前，您将怎样对待所感到的快感？无论如何，快感也是和弗洛伊德在力比多方面讲的快感属于同一范畴呀。"

是，又不是，正如每次涉及精神分析学和辩证法之间的关系

---

① 米开朗琪罗于1516年完成的雕像。——译者注

② 米开朗琪罗的姓。——译者注

③ 雅克琳娜是帕斯卡尔的妹妹。她是冉森教派中的主要人物，在当时王家埠的哲学沙龙中颇有影响。——译者注

④ 王家埠：巴黎著名修道院，建于1204年，这里是法国16世纪宗教改革派——冉森教派的主要活动场所。——译者注

⑤ 圣·希朗（1581—1643），法国神学家和冉森（1585—1638）共同创建了冉森教派。——译者注

那样。

其所以是，是因为在艺术作品的社会功能和弗洛伊德描写的想象的个人、梦和疯癫的功能之间存在着密切的亲源关系。这两者事实上都来源于主体愿望和现实的不一致性。为了承受现实强加的剥夺，人就被迫用一种想象的创造来补偿这种剥夺，如果创造者的心理是正常的，而不是病态的，这种想象的创造就能促使他对其周围世界进行干预。

其不是，则因为在个人层次上，这些剥夺几乎总是涉及一个主体没能掌握的对象（最经常的情况下是一个行使对象功能的人）。反之，在跨个体的层次上，愿望不涉及——或至少不是首先涉及——一个对象而是涉及有意指的一致性，因为对这种主体的剥夺是由现实强加在我们中的每一个人身上的，在不一致性和某种数量、某种程度的妥协上的。

这种妥协不仅造成了集体主体与周围世界之间的关系，而且造成了由多个体构成的主体的结构，这些个体是属于许多各种不同的社会集团的，在这些个体的意识中，还出现了（弗洛伊德已经足够地向我们指出过）力比多因素。这些个体就这样构成了一些混合体，构成了一个跨个体的主体集团，这个集团试图达到从来未能有效地达到的一致性意指。

同样，我们觉得，文学和艺术创造的最重要的功能就是将这样的一致性带到想象中去，这种一致性中的人在现实生活中被剥夺，正像在个人方面，梦、谵妄和想象获得的对象或个人未能真实地占有的对象的代用品那样。

不过，在归入一个集体主体的有意识结构的一致性——在明确的意义上不总是可还原的一致性——和归入个体的主体的一个力比多结构的潜在一致性之间，有一种巨大的区别。

我已经说过，在这种或另一种情况下也一样，想象性创造有一种功能，即仅仅为个体的主体补偿一种弗洛伊德研究过的一些力比多式剥夺，这就得绕过意识的指责，偷偷摸摸地将主体拒绝接受的和压抑的因素引入意识。

相反，在文化创造的情况下，一致性意愿构成了一个意识的明确的或暗含的倾向，这是一种完全不被压抑的倾向。这里，创造在其内在倾向中加强了意识，然而弗洛伊德却更经常地使它变形和将同它的本质相反或陌生的因素纳入其中。

另外，这种区别不是为了使我们吃惊而做出的，因为意识是和集体主体紧密相连，或者，如果你们愿意，是和跨个体的主体相联系的；然而，这种区别相反仅仅当力比多出现在人中的情况下，才出现在力比多领域，它被迫接纳这种人类本质的一般因素即一个有意识生命的存在，不过在接纳时试图在同化它或为满足自身的需要①，并在同化它的某些因素的同时保留它自身的结构。

当然，无意识的因素几乎总是进入总体结构的一致性中，或同时将总体结构转变为口误、梦或疯癫，或同时为它保留其明确清晰的结构但加上力比多类型的复因决定②。

在这后一种情况下，可能在艺术作品中获取的跨个体式满足并加上所有的人所共有的个人快感和满足（我将这些人称为普遍满足的愿望者）。当这种情况产生时，作品就将受到欢迎。但是，为了受到欢迎，上述吻合却不是必不可少的，这应该放到各种特别情况中去研究。

重要的是要指出，事实是，当阐明一部文化作品何以特殊地具

———————
①　当我们谈论跨个体的主体或集体主体时，总是应该提及一点，即涉及的不是杜尔克海姆（法国社会学家，1858—1917）学派用这个名词所指出的所谓弄清在个人意识之外、之上或旁边构成的集体意识的问题，而是相反，涉及的是集体主体，即今天上午巴斯蒂德已赋予特定的集体主体，弄清"我"和别人在一种处境下的关系，在这种处境下，他人不是思维、欲望和行动的对象，而是主体的一部分，并正在和"我"一起取得觉悟和进行共同的行动。——原注

②　心理学名词，意为多种条件下的决定。——译者注

有文化性时，将这部作品归入个体和力比多主体的思想体系只能起第二位的作用，尤其当涉及一部重要作品时，这种思想体系可能被完全地排除。也应该补充一点：由于要了解个人意识，特别是当只能在数月之中研究一位作家或一位已谢世数世纪的作家时，是特别困难的。因此，在社会学得以阐明的情况下，为我们带来对作者的理解的决定性因素的，主要就是作品和作品的跨个体的一致性。在很大的范围内，这就是比方说我们研究帕斯卡尔和拉辛过程中的情况。

让我们补充一点，对冲突和内主体的一致性和力比多一致性之间的相互渗透的研究引出了另一个问题，法兰克福学派特别地强调这个问题（但是我想，这个问题还应该得到更加具体的、放到历史中特别是放到当代社会的背景和这个社会之外去研究），就是：弄清跨个体的主体是在什么样的范围内带着它在实际的、经济的、社会的、政治的和文化的方面所包含的一切，在主体的个人的和力比多生活中构成重要的剥夺的。人们知道，弗洛伊德相当明确地肯定了这一点，他认为，所有的社会生活都包含着对力比多的剥夺，以至于在文化中总有一种苦恼。不过这的确是很普遍的，因为，正如马尔库塞、阿多诺和他们的朋友看出的那样，这些剥夺能有一种或多或少是强烈的特点，尤其是以不规则的方式分散在个人或社会集团中。事实是，它们没有以公平和同质的方式分配到不同的社会阶级中去。

然而，今天的问题是要弄清，如果社会秩序是以有效的方式组成的，工业先进社会达到的高技术水平是在怎样的范畴内不允许最大限度地减少对每个个人的剥夺；当代社会特别是专家治国的社会、组织化资本主义所取得的具体形式在什么样的范畴内不是从大多数当代人应该接受的特别强烈的剥夺中开始的。

无论怎样，我都认为不能只说劳动可以变为乐趣，只说在今天，由于生活水平的提高，人们就能确实地将这个光辉的特征赋予劳动就够了。今天上午巴斯蒂德对我们讲过，目前的社会组织无可争议地具有在组织一种自发的和隐含的洗脑的同时，将个体消灭在跨个体的主体内部的倾向。

同样，我们时代最实际的问题正是弄清在社会变革中指出一个与它似乎正在自发地走向的方向所不相同的方向时，应采取什么样的态度，指出一个能改变这些的一场变革的方向，因而这场变革有可能在大量提高生活水平和个人消费可能性的同时取消质量因素和人的个性，开创一种处境，在这种处境下（我有一次描述过其文化方面的自相矛盾因素的特征），我们有可能造成大量文盲大学毕业生和博士，而用一种趋向能够有效地保证力比多主体（它在今天有权利和可能获得比过去那种处于贫困和物资缺乏压迫下的社会提供的更大更多的满足）的和谐发展，也可以保证内主体化了的和社会化了的个性，一种个人和个性的和谐发展。

但是，这不但在精神分析学中，而且在社会学中，都将我们引到在当代社会和正在呈现的选择面前应取的态度的问题上，你们知道，我丝毫不敢低估它的重要性，然而它却不构成今天讲座的主题。

作为结束，我想对今天上午我们听到的一次漂亮的报告，就是罗歇·巴斯蒂德的报告做一点补充。事实上，当他指出量被质的代替导致古老价值的回潮时，我不认为此话说完整了。我不确信这里面仅仅涉及仿古问题，也不仅是相反仅仅涉及未来和革新。由于人类的需要本质上与对象的质量方面相连，在人的意识中重新出现与物以及与他人的质的关系是可能的事，或至少从形式上看是一种仿古价值的回潮，但同样也是趋向人类未来发展可能性的真实的和本质的方向。

最后，为了结束这个报告，我想使用一个纯属暗示性的例子。

我在弗洛伊德的文章中读到过关于列奥纳多①的文字，说飞行器的结构与精神分析学在治疗活动中与病人的梦中经常发现的力比多象征符号有密切的联系。我不是精神分析学者，不能参加其技术方面的讨论，不过我很愿意承认这个证明的有效性。使我感兴趣的是这样一种假设，根据这种假设，每次我们看到某人真实地或在想象中建造一架飞行器时，那就是一个力比多因素占绝对优势地起了作用，也能说它最终导致了当代的飞行技术的发展。特别是列奥纳多在这种机器于技术上实现之前很早就想象出了这样一个机器。

我觉得，即使我们接受了这种分析的下列三个出发点：

——人经常在梦中梦见他们正在飞行的事实。

——这些梦与某种力比多冲突有联系，构成升华了的满足的事实。

——列奥纳多想象出一架飞行器，从此，飞行技术在人类社会和人的生活中便具有很大的重要性。

人们可能不承认弗洛伊德试着建立的和精神分析学企图建立的联系。

有可能——如果弗洛伊德有理——在任何时刻，任何时代，人都能梦见自己在飞，然而在列奥纳多造了飞行器模型的时代，科学和技术的发展处于一定水平上，对他来说，飞行器只是众多其他企图中的一种。要将也许带有力比多意指的飞行器模型同他的对于科学史家来说是具有绝对同质特点的所有其他企图截然分开是很困难的。

由此可认为，对于所有将这件作品放到科学技术史上来考察的尝试来说，弗洛伊德阐明的事实和他试图建立的联系都有一种第二位的甚至是粗糙的特征，尽管并没有必要否认这种联系的存在；又

———————————

① 列奥纳多指列奥纳多·达·芬奇。达·芬奇不但是天才的画家，而且是杰出的科学家，他设计制造过很多机器，其中包括飞行器设计方面的尝试。——译者注

可认为，如果我们愿意理解这种现象的真实和客观的状态，我们就应该首先将一切放在历史的跨个体的主体的方面。

　　我觉得这个例子可特别贴切地用来描述我在这个会议上打算处理的问题。

　　作为结论，我认为应该既接受又拒绝精神分析学，不管怎样，应该在个人心理研究、临床治疗方面接受它，也在文化创造的心理过程分析方面给它留一个不可忽视的地位，但也避免任何将这种创造的客观意指（当我谈论客观意指时，也许最好说是专门的意义，那事实上涉及的是文学作品的文学意指，绘画作品的绘画意指，哲学体系的哲学意指，神学著作的神学意指）归入一个个人主体，这种方法由于其方法论的理由，将导致一种对这种意指的简化甚至完全地抹去的危险。

第五章　真实的意识和可能的意识
安全的意识和虚假的意识

在开始写作这篇文章时，我们注意到意识是一个不可能确切地为之下定义的关键概念之一，因为意识有一个对象，人们尚未很好地认识它的范围和结构，就是社会学家和心理学家也不会不需要它，他们大胆地使用严肃的却是严重的误解去认识它。简而言之，我们都相当清楚地知道意识为何物，同时却又不可能准确地对它下定义。

困难很可能出自所有证明意识反思特点和一个这样的事实：当我们谈及这问题时，这种证明碰巧是谈话的主体和对象，它使所有既是纯理论又是严密的有效的证明成为不可能的。

我们仍然应该从一个即使非精密但至少是近似的和暂时的定义出发。同样，我们将提出一个在我们看来有双重好处的定义，这双重好处是：弄明白意识和社会生活之间存在的密切联系，同时阐明某些方法论问题。

事实上，我们认为人们能将意识定义为任何暗含劳动分工的人类行为的某种面貌。

不过我们还是来明确一下这个定义的意义和局限。丝毫不能肯定这个意义包含使我们感兴趣的观点的全部范围，这里面，可能包含着纯粹个人的生活经历中的意识的事实；可能还包含着某些动物的——我们尚知不多——有意识的因素。

不过，可相信的是，任何劳动分工的人类形式都至少要以计划性和隐含一种在理论方面定义的人或物，以便在应该对之采取的行动上获得一致意见的可能性。让我们补充一点，由于社会学首要地甚至排斥一切地研究建立在劳动的合作和分工上的人类行动，这个定义便将注意到所有社会学研究的意识观念的基本重要性。

现在，让我们试着从这个暂时的定义出发前进一点。"某种观念"这几个字在一个总是包含一种认识因素的意义上可能得到的明确，就意味着在所有的意识事实中有一种有认识能力的主体的存在，和一种承受认识的对象。这里还提出一个我们仅满足于在这里临时提及的最复杂的认识论问题之一：有认识能力的主体的实质既不是孤独的个人，也不是单一的集团，而是一个包括个人和集团或几个集团的极为易变的结构。

不管怎样，当认识的对象或是个人本身或是任何一种历史或社会事实，主体和对象或全部或局部地相互吻合时，意识就取得了一种或多或少是反思的特点。

但是，即使当认识的对象从物理科学领域中使总是与行为和主体与对象之间表现密切的和结构性的能动关系相连的意识显露出来时，意识也不仅仅像在任何人类行动之外存在时一样是对象的简单反映。

不过另一方面，我们的存在本身证实了人类行动的相对有效性，在这个行动曾总是与某种意识形式相连的情况下，就应该承认意识总的来说向人提供了其对象的一个或多或少是忠实的、或多或少是完全的形象，正如这些对象在这种使主体与作为人类全部历史的对象相吻合的总体以及能动和有意指的结构内部存在时那样。

当涉及研究任何一个意识事实时，应该提出的第一个问题是，在我们刚才明确指出的意义上的意识和其对象的一致程度的问题，这种一致程度永远不会是完全的——为了这，意识应该到达宇宙的和历史的总体——但是仍然应该尽可能严格地建立这种一致性。又由于（我们刚说过）：

（1）任何社会事实都由于其某些本质方面而成为意识的事实；

（2）任何意识都首先是某种现实领域的或多或少的完全的表现。

集中在一致性程度上的认识的差别社会学变成了真正地自愿成为运演式的所有社会学的必不可少的基础。

还应该明确指出，任何对局部的和有限的对象的社会学研究都不可能达到这个对象的有意识面貌，如果不将这种对象纳入无疑不是总体的但无论如何比对象本身更广泛的整体中的话。让我们随便举两个例子，合作与宗教实践。任何社会学研究都不能建立意识事实的理解的和解释的认识论清单，这种意识事实在各种不同的社会集团中达成了合作，或在宗教实践中，或在这两个领域中对社会集团之成员的行为产生影响，但不将这些事实纳入更加广泛的总体中去，特别是不纳入构成总体社会的不同社会集团的成员思考的社会生活的总体和集团的结构之中，或更准确地说，不纳入他们所属的那些集团的社会生活总体和结构之中。

让我们简述我们的第一批结论：

（1）任何社会事实都包含着意识事实，没有对这些事实的理解，这种社会事实就不可能被用运演的方法进行研究；

（2）这种意识事实主要的结构特征就是它们的一致性程度，而其必然结果就是它们实际上的非一致性程度；

（3）对意识事实和其一致性或非一致性程度、真实或虚假的可理解和可解释性的认识只能在它们与相对地更加广泛的社会总体相联系才有可能建立，只有这种联系才使理解它们的意指和必要性成为可能。

知道1933年到1945年期间什么样的德国社会集团相信第三帝国会长久存在，而另一些什么样的社会集团显得不那么相信国家社会主义的形态，或斯大林的思想体系更容易渗透到这样的人民民主国家而不是那样的人民民主国家，仅仅知道这些是不够的；还应该知道：

（1）这些意识形态中的每一种中的幻想成分或真实部分；

（2）为什么这样或那样的社会集团必然失败或者或多或少是轻易地成为这些幻想的牺牲品。

而这个问题由于意识本身就是社会现实的一个因素，其存在有助于使其内容成为一致性的和不一致性的这个情况而变得复杂了。英联邦中的工人思想体系的改良主义特点增加了改良主义的可能性，减少了在英联邦国家里的革命的可能性；反之，某另一个国家中的农民的潜在的革命特征增加了后者，减少了前者。

不过，只能在理解和接受了这种分析后，才出现了所有社会学对意识事实的研究的主要的操作问题，也就是一个集团的可能的意识和真实的意识之间的关系问题。

事实上，在任何时刻，任何社会集团都对向它提出的各种问题和它碰到的现实有某种实在的、真实的意识，这种意识的结构和内容通过大量的各种性质的因素而得到解释，这些因素全都在不同程度上有助于自身之构成。

然而，要将它们放到同一个平面上是有困难的，因为它们中的某一些是过渡性的，另一些或多或少是稳定的，只有少数才与集团的本质本身相联系，以至于如果第一种和第二种能够改变或消失而不一定导致集团本身的消失，最后一种就相反地从本质上与其存在相联系。

作为例子，让我们来看一看 1848 年至 1851 年期间的法国农民的真实意识，它是十二月政变成功的一个特别重要的因素。它是大量历史和社会因素的行动的结果，其成分是极为复杂的。不过其中的大部分都在事后改变或者消失，但其集团不会因此而改变以农民

作为其构成成分；反之，大批农民移居城市，改变了这个集团的性
质，它的部分成员变成了工人、官员、商人，等等；这就不仅导致
了他们的真实意识的结构的变化，而且改变了他们的作为前者基础
的可能意识。这就是说，当我们试图研究集体意识的事实时，更确
切地说研究构成一个社会的各种集团的意识与现实的一致性时，应
该从具有丰富多彩的内容的真实意识和可能意识即集团在不改变其
性质的情况下可能达到的最大限度的一致性之间的主要区别开始。

　　在这一点上，应该指出一个对社会学研究来说显得特别重要的
事实。的确，一个集团的或多或少是大量的成员的真实意识经常是
希望改变其地位或加入另一个集团，此外，构成这个集团的个人从
现在起就部分地力图选定后者的价值。一些年轻的农民愿意到城市
去，资本主义国家的一定数量的工人愿意提高社会等级，试图从现
在起就以小资产阶级的姿态出现。社会学家也不应该忘记这些真实
意识的因素仍停留在农民或工人的各自的集团中的可能意识的范畴
内，只要地位的改变还没有真正实现，它们实际上不可能达到能区
别两个集团的可能意识（实效的和希望里的）的地步。比方说，很
难想象，愿意到城市去的相当数量的小农会致力于保卫生产资料的
国有化，只要他们继续是农村小地主。10 年或 20 年后，当他们一
旦成为工人时，他们也许会这么做，或者，相当数量的希望提高社
会地位的工人在继续作为工人的同时成为高工资的反对者以避免物
价上涨，等等。然而，这些并不是纯粹思辨的论述，而是最重要的
理论和实践问题。没有一个比方说对 1912 年的俄国农民的真实意识
范畴内的分析能够预见到他们在 1917 到 1921 年之间的意识和行为，
而对社会学家和行动者来说都至关重要的是认识一个范畴，在这个
范畴内部，意识的改变在短期内是可能的；在这个范畴之外，所有
非完全过渡性的演变都必须以构成这个集团的成员的社会地位的预
先变化为条件。比方说，当列宁从一个马克思主义的传统完全脱离，

引起同时代大多数热衷于大集体农庄的社会主义思想家们强烈不满，发出这样一个命令："将土地分给农民，只有这样才能争取他们"时，所讲的就是这种可能意识的问题，只要他们还是农民——为了革命事业而在能使工业同化农业的足够先进的技术出现之前的任何集体化尝试必定会遭到农民的抵抗，而如果这种尝试在革命胜利和新国家政权的巩固之前完成，那就会妨碍这种胜利和巩固。

同样，我们觉得极为重要的是验证某些中产阶级的某些个人主义阶层的不太具理性的、主要是情感的思想和行为的特点，这个特点是和它们在使它们成为可能时相联系的——当然，除个人外，生产中的外围地位，和理解经济和社会过程的总体。这就是说，在这些阶层中，特别全面和迅速的思想动荡是可能的，导致这种变化的较少地是通过各种社会和政治纲领的理解，而主要是通过他们的感性行动，也就是说进攻和赢得冲突胜利方面的表达。

于是，正是在特定集团的可能意识中，在和他们的意识能够达到的与现实的最大一致性中，应该接着提出他们的真实意识和理由的问题，对这种理由来说，这种意识是留在第一种意识那边的。

让我们再指出，正如重要的是在大量的具体研究的基础上，建立一种基于一个历史时期的内容的可能意识的类型，在这个历史时期，这种内容达到了最大的一致性；同样重要的是建立一种趋向相对一个时代的集团的可能意识来说是第二性的和表面失真的真正一致性的方式的（而不是内容的）结构类型。在这个具体时代里，可能意识和虚假意识之间达到了最大限度的一致。不过，这种类型想必没有现象学的描述性特点，想必它试图从社会学方面阐述这类虚假意识。我们觉得，只有通过这个范畴的概念性外表，特别是一种具实证特点的政治社会学，社会现象的具体分析才成为可能的。这就是说，所有的纯粹描述方法，如专题论文、调查报告等有用的工具——没人能否定这一点，这些工具本身是不够的，一种哲学的和历史的社会学才是进入对社会事实进行实证理解的唯一方法。

　　请允许我提出一个希望，希望这种讨论引导我们阐明我刚才向你们建议的可能是太理论化的观点。

第六章　青年马克思著作中的哲学和社会学

在论及对青年马克思的思想的思考这一真正主题之前，我们认为有利的是明确指出，一般地说哲学和社会学之间的关系的问题是怎样提出的。

这里，我们用社会学来定义一切企图建立人类事实的客观的关系，甚至建立一些客观地支配这些事实的规律的对人类事实的理论分析，这是与研究者取得的所有被十分看重的立场——道德的和政治的——不相干的。

我们明确地说，哲学就是明确地和暗含地进行观察的评判和对现在是的东西和应该是的东西以及想象创造的性质和价值的更被人重视的价值评判的严密的整体（用更通俗的话来说，就是真、善、美。可能还有某种哲学，比方说在理性主义中，不一定给美一个位置）。

哲学和社会学之间的关系问题在这方面成为相对自律或相反成为理论分析的不可分割性和更有价值的立场——政治的和道德的——取得的问题。

人们能够研究人类事实，就是说，人们能够客观地从外部开始以便找出社会和历史事实中的某种规律性吗？即使为了伦理或政治的目的而利用这种认识，价值的评判和事实，理论与实践是不可分割地溶合于这些事实和历史活动中的吗？

在第一种情况下，社会学是一种和数学、物理、自然科学同类型的科学，它与哲学和那些使其更受重视的观念之间的关系只能是偶然的。正如在数学和物理科学中那样，哲学无疑能够在科学构成中和其发展初期扮演一个重要角色；但是，当社会学将限定其范围和以或多或少是明确的方法建立起研究的实证方法时，它将必然地很快被引向在社会学思想的内部发展中丧失其情感。

在第二种可能发生的情况下则相反，哲学和社会学，世界观和对人类事实的实证认识表现为不可分割；和自然科学的发展相反，人文科学应该成为哲学的，以使它们足以达到对它们打算研究的对象的更加实证和精密的认识。

最后我们应该加上第三种假设，表面上，它是我们刚提到过的两个极端之间的中间环节，照我们看来，也许实际上只有这种假设才的的确确是科学的和实证的。在同样的范畴内，它集合了两个对立面，这两个对立面的另两个概念只构成了抽象的和片面的推论。根据这种立场，无疑不可能将对事实的评判和对价值的评判分开，将世界观和实证的探究分开，将哲学与科学分开、理论与实践分开，然而同样是根据这种立场，探究和行动这两极不在经常和长久的关系中，而是在为了永远存在而根据对象和被研究的时代而改变了性质的有一定结构和中介的关系总体中，以至于实证的探究必须以严格的甚至科学的名义来要求这样或那样的研究，就是说要求用一种或多或少是客观的（但永远不陷入完全客观的幻想中的），或相反，要求一种更加有倾向性的（但永远不陷入无论理论还是实践上都是危险的思想对行动的完全从属的错误中）态度。

这样形成的问题似乎是明朗的，人们只会在一开始对这样一个事实感到奇怪，即围绕着理论与行动之间的关系问题的争论持续了一个多世纪，人们却不能说在方法论方面的理论大有进展。不过社会学家知道，这种辩论没有纯理论的特点，在对这个所有社会历史和政治研究的基本问题所取的立场后面，有一种精神的结构并即将取得一种实用的立场，这种立场解释长期被批判、表面上被驳倒的方法的永恒复苏。让我们也补充：这种观察本身指出，当涉及人文科学时，是很难接受特别是客观地建立上面述及的立场中的第一种立场的，即我们将定义为唯科学主义的、肯定一种客观的、实践和价值评判之外的客观科学的存在的立场。

　　这个开场白可能显得与我的文章的主题不符，但它是必要的，它解释了为什么我们不仅在对社会学方法论的总的讨论中，而且在对马克思的思想探索这个专门得多的范畴内，发现了我们刚才述及的三种立场。

　　尽管这种思想很明显是集中在理论与实践的统一的思想上的，人们还是能在从沃尔拉因代尔①、马克·阿德莱尔②和维尔纳尔·松巴尔③一直到当代马克思学者如鲁贝尔等这些肯定了马克思社会学说的作家们那儿发现，在这位思想家的著作中，存在着一种分别由一种伦理学或是一种无疑建立在这种社会学之上，但又相对独立的政治思想加以补充的实证主义社会学。

　　同样，另一极的一些重要的思想家如青年卢卡奇或卡尔·科尔兹，在他们的前期著作中，肯定马克思的思想中严格的哲学特点——这只是一种不完全的方法——和拒绝将其哲学特点和其实践思想割裂开。

　　由于这种形势，能表现为最合适的解决方法将是试图证明马克思事实上采取了第三种立场，我们觉得这种立场确实既和马克思的思想也和人文科学研究的真实形势相符合。不过这可能是一种简化，因为马克思的思想不是一下子诞生的，就像密涅瓦不是一下子就从

①　沃尔拉因代尔（1860—1928），德国哲学家，他企图从伦理学方面解释马克思主义。——译者注

②　马克·阿德莱尔（1873—1937），奥地利政治家，奥地利社会民主党左派领导人。——译者注

③　维尔纳尔·松巴尔（1863—1941），德国社会学和经济学家。——译者注

丘比特的头上生出来那样，而是通过我们在青年马克思的著作中发现的表达法："变异"，而逐渐形成的。也许重要的是将来有一天做一个严格的马克思研究方法论的研究，这个使我们感兴趣的问题断断续续地出现在从 1842 年到 1845 年甚至 1847 年期间的不同的著作中，在马克思提出他的基本立场前出现的他的各种特别的研究的实施模态中，这种基本立场本身包含了某种数量的多样性。

简言之，对青年马克思著作中的哲学与社会学之间关系问题的发生学研究向未来马克思学说研究提出了一项重要的任务。当然，我们并不企图在我这篇文字中全面地处理这个问题。我们最多能暂时就马克思青年时代的著作中的社会学和哲学之间的关系提出两个思考，这两个思考将能引出一定数量的问题，为我们无疑也想有朝一日自己来完成的未来的研究做出一些贡献，不过，这也可能由别的研究者在我们之前完成。

这里应该补充一个本质性意见。如果说一种哲学立场明确地肯定完全地将验证与评价分开，那么认为将事实评判和价值评判分开是不可能的哲学则不是一般的哲学，而是一种被我们叫作辩证法的特定的哲学；同样，如果我们相信这一点，这种辩证法思想是和现实相关联的。然而，所有的哲学甚至明确肯定将理论与实践分开。明确肯定将指明性验证和命令性或绝对性假设分开的可能性甚至必然性的那种哲学事实上含有密切地和深刻地互相联系的验证和评价的总体性。

这是为了说明，即使在青年马克思的所有著作中既能发现验证和科学的分析，也能发现评价、政治和实际的立场的取得，那也丝毫不意味着马克思的著作从一开始就有一种辩证的特点。这种特点事实上就是提出这两种态度的不可分割性的意识，即人们看到只是在《德意志意识形态》特别是在《论费尔巴哈》中明确地表达出来了这一种意识。其特点有，仅仅当这种辩证法思想的核心意识被马克思取得时，我们才发现他的著作中明确地提出了理论与实践之间的联系的问题，也提出了社会条件和由社会条件规定的东西之间的循环关系问题。

　　这就说明对马克思思想的研究，确定理论和实践之间，在人文科学方面的对社会的认识和其演变之间的不可分割的联系这样一种意识的获得的渐进阶段，是一项多么重要的任务。

　　在人文科学上，术语无疑是一种特别难以确定的东西，这是由于人文科学研究的现实的能动特征和一切非发生学定义的不可能性造成的。不过，如果我们出于这种谨慎而将一切愿意成为客观的和不依赖研究者所采取的实用立场的研究社会的科学称为社会学，将肯定这两类人文活动的不可分割性的辩证概念称为历史唯物主义（人们同样能说"历史社会学"或"社会学历史"，但"社会学"这同一个词的双重用法有可能使理解变得更困难），人们便能够说有一种极为重要的研究要做，这就是研究从形成青年马克思的思想的各种著作直到《德意志意识形态》和《关于费尔巴哈的提纲》等这些著作中社会学、道德或自然权利、政治与历史唯物主义之间的关系。

　　正如我们在上面讲的，本文不打算给读者提出一份对这个问题的足够深入的研究，而仅仅冒昧指明这种演变的四个重要的假设标志，更准确地说，就是指出与这个问题有关的、特别地支配着下列四部著作或论文集的基本立场，这四部著作或论文集是：《莱茵报》上的一组文章，《黑格尔法哲学批判》《黑格尔法哲学批判·导言》以及《关于费尔巴哈的提纲》。

　　让我们先多说几句。正是在《莱茵报》的一组论文中，马克思显得最接近二元论立场，而许多表述者却以为在他的整个著作中发现了包含两种实际上独立存在的分析的立场，虽然这两种分析紧密相连，即一方面是纯粹社会学的分析，另一方面是带政治或道德性质的标准发展的分析。事实上，在主编《莱茵报》期间，马克思和许多年轻的黑格尔信徒一样，已离开黑格尔的辩证法立场很远，而接近了一种近似启蒙哲学的理性主义思想。乔治·卢卡奇和他之后的其他一些历史学家都已经分析过左翼黑格尔信徒的这种趋向理性主义辩证法的演变，或者根据卢卡奇的说法，是一种从黑格尔向费希特的回潮。解释这种演变的最重要的历史原因可能是这样一个事实：任何辩证法思想的立场的获得都必须依赖于现实，而当时的德国现实尚未革命到足以说明出现一种激进立场的理由。那只不过是一种真实的革命力量的发现，即使马克思和黑格尔（也许直到在某种程度上的莫塞斯·黑塞①，但这一点应更详细地分析）得以从英国和法国无产阶级的革命力量回到一种辩证的立场。

无论如何应该坦率地说，《莱茵报》上发表的一组论文表现出来的青年马克思的政治立场的取得并不太新颖；它只不过引人注目地表达了激进民主派和个人理性主义的思想：国家应该代表整个社会而这种代表只能在言论自由——这里意思是新闻自由——能得到保证时才是可能的。国家、个人利益和特权的勾结是一种真正的恶迹，永远应该作为最危险的流弊受到指控。

相反，我们觉得，马克思的这几篇著作的真正不寻常之处是在它们包含着的特别细致和深刻的社会学分析，这些分析无疑深深地混入政治立场中但却完全有权力不依赖这种立场，如果人们注意到《莱茵报》上的这些文章写于1842年，而且其中不少分析仍有其价值，就说明人们无疑已经注意到马克思是一个特殊阶级的思想家这一事实了。

他的第一个系列文章就已经致力于莱茵省议会关于新闻自由的辩论，这些辩论结果的发表构成了最细致的分析之一，它们对不同的演说家的论据的结构和他们代表的社会集团之间的关系的研究，

---

① 莫塞斯·黑塞（1812—1875），德国作家和哲学家。——译者注

具有很大的方法论的价值。事实上，马克思并不满足于指出这些演说家为新闻自由或很有限的自由而讲话，也不满足于以其民主理性主义的名义批判这种立场。他还指出，这些论文至今还保留着的巨大价值正在于此，这些演说家中的每一个引以支持其论文的论据显示了他们代表的集团特有的思想范畴；因此，从那个以国王的命令般的名义说话的演说者开头，马克思指出，那个演说者是以现存事物的状态的名义而为新闻检查制度辩护的，这也许是个特别的论据，但完全是以这种秩序的观念为特点的，也就是以加上这样一个事实为条件的，即对于这位演说家和他代表的集团来讲，"这种现存事物的状态"不是普遍的价值原则，而只有当它用以建立政治的权力和限制人民的自由时才是有用的。所以，这位演说家指出新闻检查制度是好的，因为它已经存在了，而且在日耳曼联邦内发展着；接着他还认为必须补充说明，正像在英国、荷兰和瑞士存在的新闻自由一样，无论它在哪里存在，当它是"从特殊的环境下产生"的，或有一种有害的后果时，新闻自由就远远不是一种有利于这种自由的论据，而相反是一种增加负担的论据。

这位代表贵族的演说者一开头就申明自己赞成发表省议会辩论的自由，但有一个条件，即人们同意决定发表的东西于省议会本身有利，使它保证这些辩论的最大自由，避免任何"外部的"影响。马克思正确地指出，在所有这些论据中，自由的概念远远不是一般理性主义的，自由的概念变成了"说自由"的概念，这是一个佩剑贵族或穿袍贵族的用语，他们从来都是为了显示其特权而使用这个词的。那些演说者没有将省议会作为受全省监督的省的代表会议，而是作为法国旧议会①那样看待，作为一个和他自己代表的那个团体相同的，应该保卫自己的自由，也就是说自由行使其特权的团体

---

① 法国大革命前的"议会"（Parlement）实际上相当于法院，上对君主负责，并非现在议会（Assemblée）意义上的对下负责。——译者注

来对待的。在谈到新闻自由问题时，这位演说者表示反对，其理由
既特别又貌似有理，在他看来，由于人的本性是坏的，任何既允许
"好"也允许"坏"自由出现的言论自由将导致保证恶的胜利，使
恶以比"好"更有效的方式左右人们的思想。不言而喻，对他来说，
"好"的新闻就是保证为特权辩护的新闻；他事实上将"坏思想"定
义为"不承认宗教和国家的权力的那种傲气"和"鼓吹取消被下等
人称为贵族政治的东西的一种嫉妒心"。

正如马克思所言，这些先生不是将自由当作理性的普遍真理赋
予的自然赠品，而是仅仅作为一种特别受上天宠爱的某一些优等者
的超自然的礼物来认识的，由于他们只愿将自由作为某些人的或某
些社会等级的个人的标志，他们因此不得不将理性和普遍的自由纳
入坏思想和"合乎逻辑的，有秩序的制度"的幻觉的范围内。为了
保持特殊的自由和特权，他们竟然将普遍的自由从人性中驱除出去。

最后，马克思以一句出色地表达了贵族政治观点及其局限性的
话结束了自己的分析，这就是上述那位演说者在其论据上加的一个
看法："会讲和会写是纯粹机械性的才干。"人们事实上知道，对于
贵族来说，会讲和会写是在何等程度上只是一些附加的活动。

最后是第三位演说者，他是资产阶级的代表，他发言赞成新闻
自由，但他的赞成是很特别的，因为他解释说，新闻工作者是一种
职业，和其他的职业一样，应该保障它的职业自由，就像保障其他
职业的自由一样；此外他还建议像对其他的职业活动那样对这种职
业予以同样的限制，也就是说，对被认为有此能力的某些个人发执
照，承认其新闻工作者的权利。

我们相信，马克思的这种研究是普通社会学的历史上第一个示
差社会学认识论的分析，不能低估它的方法论方面的重要性，这样
说是不过分的。它的确触及了所有对人类事实的社会学研究的核心，
触及了许多不同的社会集团特有的思想的总范畴，不但触及了许多

19 世纪而且触及了不少当代的社会学研究令人遗憾地未认识和忽视了的核心。

在《179 号科伦日报社论》的一组论文中，马克思提出了普遍的思想意义上的特别是哲学思想上的整个社会学的原则。让我们举出下列我们觉得是非常引人注目的一个片段："哲学家不可能像地上的蘑菇一样长出来，他们是他们的时代和他们的人民哺育出来的。他们的时代和人民的最精华、最宝贵、但却不易看到的汁液流入哲学思想中。使哲学家头脑中建立哲学体系的精神和使工人的手建筑铁路的精神是同样的。哲学不是处于世界之外的，就像人的大脑不在人体之外那样，尽管人脑不是放在肚子里的。"

在关于林木盗窃的一组文章中，马克思第一次[1]在指出人类关系作为客体怎样在以私有制为基础的社会中演变的同时，构思出了关于物化理论的首批要素；当然这些要素还是不完善的，而这正是因为它们还没有辩证的特点；这些文章在这个特殊案件分析中，指出林木是怎样变得比人更重要，是怎样压抑人和摧毁人的。

还是在这一批文章中，出现了一个对最新社会演变的法律进行辩解的出色的社会学分析，这个分析借用了罗马法的措辞，阐述了从中世纪到一个占有或所有权的概念包含着一种完全不同的社会内容的时代的继承关系。在这里我们不强调后两种分析。理由很简单：无论是物化理论还是被表述为绝对所有权的封建君主权对农民习惯的征用权理论，在今天都为社会学文献所广泛熟悉。

最后一组在报上发表的是关于为涉及摩塞尔的一位葡萄农辩护[2]的文章。文章发表后，官方要求做出解释。这篇文章构成了一个对

---

① 指1842年10月《莱茵报》附刊上发表的《第六届莱茵省议会的辩论中关于林木盗窃案的辩论》。——译者注

② 1843年1月，马克思写《摩塞尔记者的辩护》一文。为此，马克思研究了有关摩塞尔河沿岸酿造葡萄酒的农民情况的材料和文件。文章载于同年1月15日至20日《莱茵报》。这篇文章的续文被政府禁止发表。——译者注

官僚政权精神状态的社会学分析和结构性的论证，根据这种论证，官僚政权的精神状态必然倾向于轻视任何对行政措施的抗议的性质，并为官方反对这种抗议提供理由。让我们再举出一个看法，根据这种看法，在官方愿意客观地审查所有怨言的情况下，它就会将训令的事托付给一个熟悉该问题的官员，最经常地是托给一个参加了被指责政权的官员，尽管在今天，这种官员已不再属于政权的一部分。然而，在习惯上，这种官员毕竟是等级高的人；其结果是，应该评判这些怨言的人不仅仅是政府的成员——并因此有一种赞成政府的措施的倾向——而且在许多情况下，也是或根据自己的看法或根据自己接近的或不接近的上级的看法来评判这种措施的人。

所有这些表明马克思的思想在那个时代里还很少用辩证法，而是接近启蒙思想的理性主义，所以被有人认作二元论。某些表述者在对马克思后来的思想的研究中，经常以为看到了马克思在这个时代就已经在什么样的程度上显得不仅是激进民主派的积极分子和启蒙哲学的信徒，而且也是一个引人注目的经验论社会学家。

结束这一段时，让我们补充一点：我们刚才提及的所有社会学分析的价值存在于这样一个事实中，即它们是对集中在不同社会集团的特定的精神范畴上的认识的社会学研究；并通过这个事实本身，这些分析在很大程度上是适合于在后来被纳入辩证法的观念中的。正是从这方面看，即使在马克思的思想离辩证法最远的时候，它也已经由于对意识的结构和社会现实之间的关系的集中注意而预示了未来的演变。

《莱茵报》中的社会学研究的地位也许差不多是以这样一种研究手法为特征的：对马克思来说，有一种自然权利和自然道德，他的政治评判就是建立在这两个基础上的，他以这两个基础的名义来进行战斗。不过在这种自然道德和权利对面，耸立着充满恶习和谬误的社会现实，应该从社会学角度解释的这种社会现实，马克思却用决定论的和非发生学的方式在把对构成不同社会集团的意识的精神范畴的研究集中在因果解释上的同时也研究过这种社会现实。

可是，不管马克思主义是否意识到了这一点，和当时大多数年轻的黑格尔信徒的立场一样，他的这种立场甚至处于和辩证思维相对立的地位。

正是他后来的著作《黑格尔法哲学批判》才将他重新置于这种思维的基本立场上。这部著作是极为丰富的。这里不可能对这部著作做一个细致的分析，尤其是对这时候使我们感兴趣的理论和实践，社会学与政治，事实的评判和价值的评判之间的关系的问题。

可是，在触及黑格尔的思想时，无论对他的批评是什么样的（我们下面再做讨论），马克思都处于这种思想面前，这种思想不是以自然道德和权利的名义，而是以它认为是现实的那种东西的名义而提高了自己的身价，即使这种现实不是那种即时地面向经验论方式提供的现实，而是面向客观的精神生成和它的趋向自由之实现的步伐。然而，重要的是（这在很大程度上也许是通过时代背景而显示出来的，在这个时代里，整个激进派或多或少都愿意成为黑格尔派），马克思不是以建立在自然道德和权利基础上的政治名义来批判黑格尔，而是寻思一种制度的缺陷究竟何在，这种不是将其价值评判建立在应该成为的东西上，而是建立在已存现实上的方法导致了黑格尔的国家哲学中的一个与民主理性主义的结论非常对立的结论；而实际上，这种方法只导致了和对德国当时已存的社会和政治现实的简单的赞颂相对立的结论。所有这些细节分析之外的这本著作的核心问题是对黑格尔体系的内在论分析的问题，正是由此，马克思从启蒙理性主义向辩证法跨出了重要一步。

的确，从这部著作的前几页起，马克思就涉及了区别黑格尔唯心主义辩证法和未来马克思与恩格斯的唯物主义辩证法的中心点，这个中心点指出黑格尔的辩证法是对已存国家的赞颂，这第二种辩证法构成革命的意识形态。马克思对黑格尔的主要责难是颠倒了主次的实际关系，将主要处于次要地位的精神作为历史的主体，而压缩了真实的人和在这些人之间的关系（家庭、社会、国家）上产生的制度，将它们降为次要的地位。而由于内在的原因，即使这种方法最具批判性，其用意是世界上最好的，它也将引出一种保守主义的结果。事实上，没有任何手段能直接和即时地认识客观精神和它或短期或长期的演变倾向（思想家只认识他的演变的最终目的）。同样，哲学家只有通过所谓的次要因素，即已存体制，绕一个圈子，才能建立其政治立场。所以，任何对这样的唯心主义辩证法的直率的运用——如果它打算自视甚高和避免"已足的"和"应该足的"二元论——都将导致保守主义立场和对已存社会和政治秩序的赞颂。如果对价值的评判事实上应该建立在历史的真实主体之上，如果这种真实主体只能通过它的缺乏任何固有能动性的经验论次要因素才能被认识，那么对价值的评判就只能是对人们在绝对精神中确实地认识到的东西的赞颂，也就是说在排除任何未来变化的增值的同时，赞颂已存的东西。

我们认为对黑格尔体系的这个基本批判是有价值的，我们没有看到任何可能对此发表的异议。充其量应该补充，当已存真实明显地是这种真实本身时，即已存真实能够是进步的甚至是革命的，就像比方这种真实以雅各宾专政或拿破仑王朝的形式而出现时一样。然而，在保守的稳定时期如黑格尔写作《法哲学原理》和马克思撰写我们正在研究的这部著作的手稿的时期，这种真实就必然地成为反动的了。

与黑格尔将主次关系位置颠倒的错误相反，马克思强调一种既显实证的又是激进的思维，这种思维将在真实的人和社会组织（家庭、社会、国家）中看到历史行动的真正主体。而已经达到如此程度的这种推向其最后限度的强调已将马克思从在《莱茵报》的一组文章中表现出来的社会政治学的二元论引向辩证唯物主义。对在真实的人中发现历史的主体这种要求的精确的理解事实上包含着：

（1）对社会事实和社会组织的发生学研究的要求；

（2）将理论本身作为人的历史性行动的部分因素来构想的要求，和将人们研究的人和人类组织作为或多或少是即时地建立人们正在建立的理论的参加者来构想的要求，简言之，建立主次之间关系的要求包含着建立一种围绕集中在理论和实践之间的关系和思想与行动的主体与客体的完全或部分的同一性上的，既是辩证的又是实证的思维的要求。

在一种理论立场发展的内在要求和这种发展在历史变化及一个思想家的生平中的实际的实现之间，仍经常甚至几乎总是有或大或小的距离。《黑格尔法哲学批判》已经要求在其内在推论中构想一种辩证思维。

但是，和大多数年轻的黑格尔信徒一样，马克思是一个与他的激进的、民主的和对立的立场连得很紧的思想家，只要他没有在这些结构中找到一种能使辩证思维的要求和年轻的黑格尔信徒的政治态度之间协调一致的客观的革命的力量，便不能够接受一种辩证思维的要求，特别是唯一地，在已存的历史结构的客观意向上给予评价的要求。简言之，在对黑格尔哲学的批判中包含的要求和辩证唯物主义的设计之间必然地出现作为革命力量的法国和英国无产阶级。

说到这里，我们想提醒一下，即使发现无产阶级是社会主义革命的主体和动力，这还没能马上导致一种一元论的和彻底的辩证法思想。人们经常认为历史的和辩证的唯物主义形成的开端体现在马克思写于1843年和1844年初，发表在《德法年鉴》上特别是收进《黑格尔法哲学批判·导言》的一些文章中。不过，在这个说明中有一错误，这个错误的历史条件也许对后来马克思主义的演变有一些益处；因为如果这个《黑格尔法哲学批判·导言》无可争议地是马克思著作中第一篇显示出将无产阶级作为实现社会主义革命的主导阶级的思想的文章，它仍然远非辩证法的，而是仍然还有完全的二元论立场[①]。实际上，这是1842年写的旨在依靠自然道德和权利的理性力量来更新社会与政治的文章和企图在社会的真实结构而不是在意识的天空找到历史与进步的活动主体的《黑格尔法哲学批判·导言》的辩证法要求的尝试。《黑格尔法哲学批判·导言》的基本立场概括地表明了这样一种二元论：一方面构成历史的活动力量只要未成功地归于一个物质的现实中就只能是无力的和无效的理性主义思想；另一方面，这种自在的和孤立消极的物质现实通过和借助其理性主义的洞察力成为或正在成为积极的；这里只需举出几个片段："革命需要一种消极因素，需要一种物质基础，理论从来只在它能实现人民的需要的时候才能在人民中得到实现。""思想企图实践自己，这是不够的，现实本来应该有助于思想。""真的，批判的武器不能代替武器的批判，物质的力量将被一种物质的力量推翻。""德国的解放是人的解放。这种解放的头脑便是哲学，其身躯就是无产阶级。没有无产阶级的消亡与超越，解放就不可能得以实现，这种哲学就不能实现，没有这种哲学的实现，无产阶级就不可能自行消亡和超越。"

　　尽管有我们刚才举出的片段和这篇文章相当明显的二元论结构，仍还有待我们思考为什么这篇文章的过渡性的、二元论的和非辩证的特征并不明显地通过后来的马克思主义的文献而表现出来。我们认为原因首先在于这样一个事实：这种文献本身就带有二元论的和非辩证的特点，人们称为马克思主义的东西实际上更多地接近《黑格尔法哲学批判·导言》的立场而不是《关于费尔巴哈的提纲》的立场。事实上，只消在《黑格尔法哲学批判·导言》中将"哲学"

　　[①] 请参阅尚未发表的米歇尔·罗维的论文《青年马克思著作中的共产主义革命和无产阶级自我解放》。——原注

一词换成"政党"一词就（实际上在这两种情况下均涉及形成此意识形态的集团）能具有一种接近列宁在其著作《怎么办？》中提出的立场，它们既和德国的社会民主派，也和布尔什维克的有效的和积极的实践相吻合。

在马克思的著作中，《关于费尔巴哈的提纲》严格地构成了第一篇一元论的和辩证法的文章。我们认为，在欧洲哲学史上，这两三页文字具有与所有最著名的哲学著作相同的重要性。我们毫不犹豫地将它与《方法论》①《纯粹理性批判》②《精神现象学》③相提并论。我们明白，深入分析这三页也许需要不止一本书的篇幅。这不是这里所能达到的。为了结束这篇文章，我们仅指出，《关于费尔巴哈的提纲》果断地提出了理论与实践的联系问题，人类事实的观察、评价及认识，和世界的演变问题。这次，马克思对这些问题的回答是严格地一元论的和发生学的，它肯定历史的真实主体不是个人，而是趋向全人类同一的社会集团，这已是得到后来的实验研究，特别是让·皮亚杰的实验研究确认了的第一个论断，它是理论与实践，认识与行动之统一的最彻底的证明，因为它将这种统一不仅放在意识和思维的层次上，而且已经放在了感觉与认识的最基本的层次上。"过去所有唯物主义的主要缺陷——包括费尔巴哈的唯物主义——是只将对象、现实、感觉世界放在对象的和直觉的形式下来理解，而不是作为感性的人类活动和客观地当作实践的活动来理解。"

第三条提纲肯定了所有甚至是简单客观的社会现实的决定论观点的构想的不可能性，因为这样的立场总是导致愿意通过社会条件来解释人的思维和行为，而这些条件本身就是由这种思维和行为创

---

① 笛卡尔著于1637年的哲学著作，全名是《更好地引导理性和在科学中探索真理的方法论》。——译者注

② 康德发表于1781年的哲学著作，主要内容是研究独立于经验之外的理性的力量的广度与局限。——译者注

③ 黑格尔发表于1807年的哲学著作。——译者注

造的。所有的思维和理论都位于历史生成的内部,既构成一种理解的尝试也构成一种介入。至于客观社会学的抱负,则是与"将社会分为两部分,其中一部分是处于社会之上的"① 的尝试相吻合的。第六条提纲责备费尔巴哈,其中包含指责客观社会学缺乏发生学观念。

最后,同样是这第六条提纲以及第九和第十条提纲还指出这样一个事实:静止的和二元论的立场必然导致将孤立的个人当作实践之主体的根本性错误,这个错误导致掩盖实践主体的历史特点。真正的主体,是集体,是全人类;这个肯定无疑还很空泛,但它很快会以同样具体的内在现实 —— 即社会阶级的集体 —— 代替还相当抽象的一般集体而呈具体化。

---

① 人们看到社会学客观主义和将社会或政党分为消极的群众和积极分子或积极的理论家两种不同集团的本质区别之间的关系。——原注

第七章　《德意志意识形态》和
《关于费尔巴哈的提纲》

　　《德意志意识形态》的手稿是庞大的八开本六百余页的著作，而《关于费尔巴哈的提纲》却只是包括十一个著名提纲的三页纸。

　　这两部著作的重要性是与它们的篇幅成反比的。我们深知这样说会引起某些批评，我们也认为重要的是一开始就指出，我们只不过是认可马克思和恩格斯本人的一篇在他们生前未发表的手稿中提出的评价，这篇手稿中除了一个片段外，在他们去世很久后的1932年才由莫斯科马、恩、列学院发表在巨大的《马克思恩格思列宁全集》上。让我们回想一下斯大林时代很有争议的风尚，并据此特点指出，利阿加罗夫在德国社会民主党的马克思恩格斯资料馆发现和整理了这篇手稿，并与其他大量文章一齐发表——这也颂扬了利阿加罗夫卓越的工作成绩，此后1932年版中署名为阿多拉斯基的序言里却没有提及这些发现和整理出版工作。不用说，那时在斯大林清洗运动后，利阿加罗夫已经不再是学院的首脑了。

　　说到这里，我们有两个具体明确的证据，证明马克思和恩格斯是怎样评价这篇手稿的。第一个证据是在《政治经济学批判·序言》（1859）中，马克思在快速地描述他的思想演变时这样写道：

　　"自从弗里德里希·恩格斯批判经济学范畴的天才大纲在《德法年鉴》上发表以后，我同他不断通信交换意见，他从另一条道路（参看他的《英国工人阶级状况》）得出同我一样的结果；当1845

年春他也住在布鲁塞尔时，我们决定共同钻研我们的见解与德国思想体系的见解之间的对立，实际上是把我们从前的哲学意识清算一下。这个心愿是以批判后黑格尔派哲学的形式来实现的。八开本两厚册的原稿早已送到威斯特伐里亚的出版所，后来我们才接到通知说，由于情况有变不能付印。既然我们已经达到了我们的主要目的——弄清自己的问题，我们就情愿让原稿留给老鼠的牙齿去批判了。"[1]

另一个证据来自恩格斯，他于1888年写作他著名的《路德维希·费尔巴哈和德国古典哲学的终结》时举出了马克思过去的证据，并加上了以下批语：

"把这几行文字送去付印以前，我又把1845—1846年的旧稿找出来重读了一遍。其中关于费尔巴哈的一章没有写完。已写好的一部分是对唯物主义历史观的阐述；这个阐述仅仅表明当时我们在经济史方面的知识还多么不够。在旧稿里面对于费尔巴哈的学说本身没有批判；所以，我不能为我现在这一目的而使用它。可是我在马克思的一本旧笔记中却找到了十一条关于费尔巴哈的提纲，拿来作为本书的附录。这是一份供进一步研究用的匆匆写成的笔记，根本没有打算付印。但是这些笔记作为包含着新世界观的天才萌芽的第一个是非常宝贵的。"[2]

因此，恩格斯在一个不是没有任何困难就可以出版一部作品的时代，认为《德意志意识形态》并不代表这次出版的最大价值，而他却一下子就认定《关于费尔巴哈的提纲》具有"非常宝贵的"价值，并构成了一个"天才的"文件。

无疑，恩格斯不是一个醉心于哲学的细枝末节的学者，但他在

---

[1] 引自卡尔·马克思《政治经济学批判·序言》，巴黎，社会出版社1957年版，第5页。——原注

[2] 卡尔·马克思、弗里德里希·恩格斯《哲学研究》，巴黎社会出版社1951年版，《作者序》第14页。——原注

谈到对费尔巴哈的批评中的不足时，可以很轻易地指出这篇文章中少数肯定费尔巴哈思想的特点的片段。不过总的来看，恩格斯的评价是正确的，我们只能是完全地赞同的。简言之，庞大的《德意志意识形态》手稿对于打算探寻这两位科学社会主义创始者思想的发生的人来说，具有很重要的价值，但对于打算在里面找到理论和科学真理的人来说，其价值就小得多。

这部稿子实际上分为两个相当不同的部分：将近八分之一的篇幅是关于"费尔巴哈"的，正像恩格斯说的，在这一部分里，很少是谈论这位思想家的，而是历史唯物主义的基本思想的雏形，而第二部分要大得多，它是用来反对新黑格尔派左翼布鲁诺·博尔①、格鲁恩·卡尔②、马克·斯蒂尔奈③和库尔曼④博士的"真正的社会主义"的，在这整个部分中，和马克·斯蒂尔奈的论战占了一个不成比例的地位，1958 年版的这一部分占了整部著作的一半多。

这部著作的相当大的用于当时论战的部分力图丑化马克思的对手（其中有一部分是他的老朋友），抓住他们的风格的特点，抓住某些或多或少是不受欢迎的表达法，抓住他们对历史知识的缺乏，与《圣经》人物、《福音书》的片段做些或多或少是可笑的比较。这些论战一方面表明 1840 年到 1844 年之间的新黑格尔派极左派在德国精神生活中的重要性，还表明了推动这种生活的幻想强度，另一方面则表明了从费尔巴哈到唯物人道主义的过渡，和紧接着的从马克思到实证的和辩证的唯物主义——在今天具有更高层的意义——的过渡的转折性的重要性。所以马克思的这部著作对当代读者来说显得很枯燥乏味，而且好像在 19 世纪末就是那样了，就像恩格斯于 1888 年对这部著作的反应一样。让我们也指出，马克思

---

① 布鲁诺·博尔（1809—1882），德国文艺理论家和哲学家。——译者注
② 格鲁恩·卡尔（1817—1887），德国政治家。——译者注
③ 马克·斯蒂尔奈（1806—1856），德国哲学家。——译者注
④ 库尔曼·卢德维格（1830—1902），德国医生，社会主义者。——译者注

的这篇论战文章有的地方是不公正的，比方说《莱茵年鉴》中的文章中关于"共产主义、社会主义、人道主义"的那个片段，他在利用这篇文章攻击这份杂志的同时，忘记了告诉读者，文章发表时带着一个注，在其中，作者既以自己的名义，也以作者所敬仰的莫塞斯·黑塞的名义表达了他和后者的思想之间的不同点。

说到这里 —— 而这在数量上远远不具有这部著作的大部分价值 —— 只剩下一个问题，即在这次论战中，当马克思和恩格斯指出斯蒂尔奈用以对抗抽象概念和跨个体价值的利己主义个人本身也只是其他抽象概念中的一个，与介入实际社会生活中的真正的人毫无共同之处时，他们在质量上和本质上是有道理的。

斯蒂尔奈和所有"真正的社会主义者"一样，仍停留在意识批判的水平上。这种意识批判无疑是真实生活的一部分，但是它用真实生活只构成了一个相对有限的领域，而新黑格尔主义者 —— 包括斯蒂尔奈和"真正的社会主义者"们甚至费尔巴哈 —— 都将真实生活和总体现实相混淆，而且以真实生活代替反对总体现实的斗争的全部。和所有其他的观念学者一样，斯蒂尔奈认为在批判基督教的同时，社会主义思想就能成为主导思想，就足以使读者相信这种思想的价值，并用一种不同的和具体的现实：无政府主义个人取而代之。然而实际上，他处的位置和他所反对的人的位置相同，只要他所否定的观念不被经济、社会、政治和思想的总体斗争即以他所否定的那些观念为基础的社会现实所改变，他反对的这些观念就不会不继续存在。

马克思和恩格斯对历史唯物主义的发现，也就是说各种形式的思想和在现代社会中大大地促进了劳动分工及经济生活的社会现象之间的已存的密切联系，在对人类现实的理解上前进了一大步，这种人类现实使他们能够正确地批判他们的德国激进左派老朋友们尚未摆脱的理想主义幻想。

说到这里，同样不错的是，这个批判本来完全可以用七十到八十页的篇幅既精确又完整地形成，大可不必花此五百页来进行这枯燥乏味的发挥，来证明马克思和恩格斯与之论战的那些理论家对情况的不了解、天真幼稚和风格上的笨拙。

关于马克思和费尔巴哈的关系问题，重要的是补充：维尔奈尔·史芳汉奥新近发表了马克思给费尔巴哈的一封很重要的信，使他对上述两个人物之间关系的发展更加清楚了。由于这封信意味着读费尔巴哈的著作和读 1845 年的《关于费尔巴哈的提纲》有着本质的不同，故我们应该在上面花一点时间。

让我们将它再现出来：

1844年8月11日巴黎瓦诺街38号

尊敬的先生：

我趁此机会，冒昧将我的一篇文章寄给您；在我这篇文章中指明了我对法学的哲学批判的几种因素，我已经写完这篇批判文字，但我马上对它进行重审和重写以使它能为广大读者所接受。我没有赋予这篇文字以特别的价值，但我高兴的是有了一个向您表示我对您的特别敬重和——请允许我斗胆用一个词——我对您的爱的机会。您的《未来的哲学》和《信仰的本质》尽管篇幅不大，但无论如何它们比整个当今德国文献全加起来的分量还要重。不管是有意还是无意——我不知道——您在这些文字中为社会主义提供了一些哲学基础，共产主义者们一出现就很理解这些工作：建立在人与人之间的真实区别之上的人的统一、从抽象的天空回到真实土地上的人类观念、社会观念以外的观念。

有人正在准备翻译您的《基督教的本质》，一是译成英文，一是译成法文，这两种译本都快要付印了。由恩格斯督促的英译本将在曼彻斯特出版，法译本将在巴黎问世（是法国的格利埃博士和德国共产主义者艾维贝克在一位法国修辞艺术家的帮助下翻译的）。今天，法国读者们立刻一齐涌向这部书，因为有两大部分人——教权主义者、伏尔泰的信徒和唯物主义者——都在寻找一种外来的帮助。这是一种值得注意的奇怪现象：与18世纪发生的事相反，宗教狂进入中等阶层和上层阶层中；而反宗教热——真正感觉到自己是人的人们的反宗教热——进入德国无产阶级中。您也许本该能参加法国工人的一个会议以便能够相信不假思索的纯真和从劳累的人们身上发出的高贵。英国无产阶级也做出了巨大的进步，但他们总是缺乏法国人的有修养的特点。然而我不应该忘记指出瑞士的、伦敦的和巴黎的德国手工业者的理论长处。然而却只有德国手工业者才仍是手工业者。

不过无论如何，历史正是在我们这个文明社会的这些"野蛮人"中备下了解放人类的实践因素。

和我们的精神——德国精神相反的法国精神从来没有在我面前以如此惊人的方式显得如此明显，除了在一个傅立叶式宣言中，这个宣言以这样的话开头："人完全存在于其欲望中""您从来没有遇见过一个为思考而思考、为回忆而回忆、为想象而想象、为愿意而愿意的人吗？您也从来没有这样做过吗？没有，显然没有！"①自然的主要动力和社会的主要动力一样，是神奇的范畴中显现的富有激情的而非思辨的吸引力，"所有的存在：人、植物、动物或地球接收了与它在共同秩序中的使命有关的一些力量"②。由此，随之而来的是，"相应来说吸引力是对命运而言的"③：所有这些话是否有意使其欲望与德国思想的表现行动相对峙？人们不是为思考而思考，如此等等。

德国人碰到的从片面对立的方法中解脱出来的困难，这就是我的老朋友——不过分手很久了——布鲁诺·博尔在其柏林的《文学日记》（《文学和一般情况的日记》）中提出的新证据。我不知您是

---

①②③ 原文为法文，德译文随后。——原注

否读过它。这里暗含许多反对您的论战文字。

　　这个《文学日记》的特点大约可以这样简述："批评"被改为一种超验的存在。这些柏林人不自认为是一些进行批判的人，而自认为是辅助性地不幸作为人的批评者。他们因此只承认理论的批评的需要是唯一的需要。所以他们责备一些人如普鲁东将自己的出发点放在一种实践的需要中。这种批评因而陷入了可悲和做作的唯灵论中。意识或自我意识被他们当作人类的唯一的优点，比方说爱被否定，因为对人来说，被爱者只不过是"对象"打倒①对象！这种批评自认为是历史的唯一积极因素。在这种批评面前，整个人类只不过是群氓，迟滞的、只在反理智方面有价值的群氓。在他们看来，对那种批评者来说，最大的罪过就是情感和欲望；相反，他只能应该是一位爱嘲弄和冷峻的智者。②博尔一字一句地宣称：批评者既不分担也不分享社会的痛苦和乐趣；他既不认识友谊也不了解爱情，不了解恨也不知道厌恶；他高居于孤独之中，有时任他的嘴唇向世界的荒诞撒下一个奥林匹亚③式的微笑。博尔的《文学日记》的笔调散发着没有欲望的蔑视，这种蔑视很容易使人认为博尔将您本人取得的、由时代带来的成果扔到别人头上。他满足于揭露矛盾，由于他对这部作品感到很满足，他带着蔑视，和一个"男人"一起退下了。他补充说，批评什么也不提供，因为它太精神化了。他甚至发展到直接表达了这样的希望：时代不是遥远的，整个堕落的人类都将集中到批评的面前——而批评就是他和他的朋友们；于是他们将群氓分成两个不同的组，并把穷人的抗议分配给他们全体。似乎博尔是通过争雄的方式和基督作斗争的。我将发表一本小册子反对这种批评的迷途。如果您能提前将您对此的意见告诉我，这对我来说将有不可估

---

① 原文是法文，德译文随后。——原注
② 原文是希腊文。——原注
③ 奥林匹亚山是希腊神话中的天帝宙斯的居住地。——译者注

量的价值；无论如何，如果我很快能得到您的一点表示，我都将很
高兴。

　　这里的德国手工业者，也就是说，他们中的共产主义者——数
百人——今年夏天每周举行两次讨论会，讨论由他们的秘密领导人
介绍的您的《基督教的本质》显得意外地易于接受。这个德国太太
发表在《前进报》64号专刊上的一封信的一个小片段，是到特雷维
母亲家去玩的我的妻子写信告诉我的；这个片段是在作者不知道的
情况下付印的。

　　衷心祝愿您身体健康

　　　　　　　　　　　　　　　　　　您的　卡尔·马克思①

　　怎样使这种将费尔巴哈评价为"为社会主义提供了哲学基础"
的思想家和《关于费尔巴哈的提纲》中出现的首先甚至几乎是不容
争辩地被看作一个机械唯物主义者的评价一致起来呢？在这一点上，
我们完全地赞成史芳汉奥的解释（尽管我们不同意他对辩证唯物主
义的看法）。

　　马克思从来不曾是严格意义上的费尔巴哈信徒。他的思想的演
变是在一个明确的和相当有限的精神潮流内部完成的：成员大多为
新黑格尔信徒的激进派，是一个由于费尔巴哈的贡献而有了重大转
变的运动。这个贡献可概括为下面两种基本思想：

　　（1）宗教思想和哲学思辨的批判，将意识和世界的描述的形
式引回它们真实的和脚踏实地的基础上：具体的人的情感、需要和
愿望。

　　（2）这个需要他人的具体的人的定义是，他只能处于"我"和

————————

　　① 出处：慕尼黑大学图书馆，微缩胶片编码：4·9354/50.2，转引自W.史芳汉
哈·荣格·马克思》。——原注

"你"的关系中才能存在，费尔巴哈设计的这种关系很大程度上是建立在其对爱情的真诚性的家庭模式上的。

对这两种思想，马克思只能赞同第一种，同时又以为，只要它局限在对宗教和哲学的批判上，而不是将这两者在一个对历史、社会和政治的批判中联系起来的话，它就是不足 ① 的。

至于第二种涉及个人的真实地位和与他人的关系 —— 今天人们可用一个过时的名词：人际关系的地位的思想 —— 马克思对这种思想有两种不同的对立然而并不矛盾的反应。

我们在上述信中发现的第一种思想将被视为建立被经验论地给定的真实的人的地位的神学和哲学异化的思想的决定性的一步。可是马克思在采纳这种说法的同时，有意在其中加上了许多费尔巴哈本人没有加上的东西，从他的下面这些话中可清楚地看出这一点："建立在人与人之间的真实区别之上的人的统一……人类的观念，社会观念以外的观念。"以及当马克思谈到布鲁诺·博尔和他的《文学日记》时，特别强调其理智主义的态度和对普鲁东的书的否定，博尔责备普鲁东将其"起点放在实际需要中"，还强调这样一个事实：博尔否定爱，因为这种爱仅仅将爱的人看成"对象"，并在否定情感和欲念的同时指出这个批评在这种思想中看到了"历史的唯一积极因素"。

很明显，马克思试图将费尔巴哈的思想推得比费尔巴哈从来没有想到过的更远。"我"和"你"以及爱并不就已是社会了，尤其已经是马克思所想的那种社会了；爱、情感、欲念不是共同实践，也不是跨个体主体。同样，马克思在费尔巴哈的著作中看到了趋向研究具体的人的决定性的一步，将能够和应该在他自己的思想方向

---

① 正如他在1843年3月13日给鲁格的一封信中写的："只在一点上，费尔巴哈的这个警句不适于我，即他太多趋向于自然，而太少趋向政治。而政治是能使当代哲学成为真理的唯一纽带。但是，事情可能会像16世纪那样，在对自然的狂热之上，连接着另一系列对国家的狂热。"——原注

上得到延展的一步。而马克思肯定不是以这封信拔高这篇文章，因为他说明写这封信是希望说服费尔巴哈相信共产主义是其思想的结果，以此将他引向自己的立场。

但是，马克思和费尔巴哈之间的区别是根本性的。同样，尽管费尔巴哈能够对他的通信者有好感，但费尔巴哈却仍断然拒绝追随马克思，拒绝任马克思引导和仅仅在宗教和哲学上对集中在感性的直觉上和一般的爱之上的具体的、跨主体的人进行批判，费尔巴哈的上述被当作"共产主义的"①立场的确是他自己选定的；但是，马克思的让步纯粹是口头上的；费尔巴哈很喜欢这几句话，但不喜欢其意图。

当然，人们能够用心理因素（费尔巴哈的心智兴趣）或社会学的（德国思想的局限）来解释这些缄默。但是，人们不愿意给这些解释以一种打折扣的特点——马克思的思想从来不是打了折扣的——很明显，尤其当涉及一个具有这样的重要性的思想家时，这些解释在它们经历了一种总体和一致②的哲学立场时才有价值。

同样，马克思在将费尔巴哈的思想体系引到自己的思想方向上的企图受挫后，他对自己提出问题以便弄清是什么哲学分歧使他们分开，使任何接近都成为不可能。由此，他看到费尔巴哈哲学中的具体的人仍是古典和机械唯物主义的个人主体，同时也是——尽管

---

① 参看《费尔巴哈的哲学宣言》（《选集》）1839—1845，由L.阿尔都塞译，法国巴黎大学出版社1960年版。——原注

② 马克思在撰写博士论文时期写的一篇引人注目的文章中就所谓重要思想家个人的弱点和折中及历史学研究过的这些思想家所用的方法的问题写道：

"然而他（哲学家L·G——拟指勒维·古斯达夫Levy Gustave——译者注）没有意识到的是，这种表面的采纳的可能性的第一源泉是在他的原则的不足或一种不足的观念中。那么如果一个哲学家真正地被承认，他的信徒们将从他的内在本质意识中解释究竟什么对他自己来说只是外部意识的表现。这样，表现为思想进步的东西就同时成了一种知识的进步。人们不怀疑哲学家的特别意识，但人们规定了这种意识的主要发展阶段，使它上升到一种形式和一种确定的意指，并由此超越它。

此外，我认为这种很大程度上属于黑格尔学派的非哲学方向构成了一种总是伴随着从纪律到自己的过渡现象。"（《马克思恩格斯列宁全集》第1卷、1/1; 64页）。——原注

他的所谓爱和内主体性——一种根本的和完全的消极和静修型主体。这种不同于费尔巴哈立场的立场界限，使他第一次——正如马克思所说——以"天才的"方式，在这篇文章中"以不可估量的价值"形成了他自己的哲学核心思想。

让我们补充：在《关于费尔巴哈的提纲》中，马克思径直抓住了本质，并事实上以不仅相对费尔巴哈，而且相对古典的机械唯物主义和一切未来的马克思主义的机械的和辩证的解释来说都是有用的方法，建立了自己的思想。

《关于费尔巴哈的提纲》里十一条提纲引人注目地、简洁明了地、决定性地第一次表现出了辩证唯物主义，完全没有丧失其现实性。每一条提纲都仍是有价值的，都是解决一些关于至今还是哲学和人文科学的主要理论讨论中心议题的根本性问题。同样，这篇文章构成了西方思想的主要转折点之一，我们认为有充分理由肯定这篇文章中的具有历史重要性与《方法论》《纯粹理性批判》或者《精神现象学》具有相同的等级。

我们在前面说过，《德意志意识形态》中的《费尔巴哈》部分包含了历史唯物主义的第一批表达，而《关于费尔巴哈的提纲》则是辩证唯物主义的首次提出。我们来明确一下这种肯定的意义：

题为《费尔巴哈》的第一章集中在对意识、经济和社会现实之间的密切关系的发现以及这样一个事实上：任何思想，任何理论体系，任何思维方式都不可能独立存在，都只能在与历史的特定条件密切相连时才会被理解为有价值的；人类在这种条件下生活，将这种条件作为他们真实和具体存在的重要部分——虽重要，但只是部分的——与自己融为一体。

《关于费尔巴哈的提纲》当然以这种历史唯物主义为前提，但它们走得更远，它们展示了辩证唯物主义的五个基本思想中的两个：

（1）思想与行动之间的密切结合，实践的就是说直接地纳入到或降格到实际中的一切人类事实的和人类表现的特点；

（2）跨个体或集体主体的思想，由此又非常地接近了辩证唯物主义的另外两个基本论点，尽管这是隐含地表达出的，即理论与评价①不可分离的特点；认识与行动的主体和对象全部的和局部的一致性。

如果说这些思想不是在《关于费尔巴哈的提纲》中明确地表现出来，至少是暗含在其中的。作为辩证唯物主义的总形式，这里面仅仅缺乏总体概念，这明显是一个不可忽视的缺陷。

同样真实的是，就相对总体概念来说，那时的形势也和我们在《反杜林论》和后马克思主义的大多数理论著作中发现的形势不一样。《关于费尔巴哈的提纲》明确地表达了集体主体和理论与实践不可分割的思想，暗示了考察与评价、主体和对象的总体或局部一致性之间的不可分割，已经离其中的总体概念很近了，可以说是填补了空白，而《反杜林论》尤其是大多数后马克思主义理论著作，除了与克朗兹②和卢卡奇的名字相连的小部分之外，都脱离了总体的概念，接近于实证主义，或排除了主体与客体一致性的概念，或甚至排除了所有认识过程的实践特征。

在着手分析《关于费尔巴哈的提纲》前，我们还想再对一个特别的马克思主义学派提出的一个观点说几句：这就是阿尔都塞小组提出的观点，它已经开始不仅在法国，而且已经在我们的国界之外产生影响。这就是，任何严肃的普通哲学思想特别是辩证思想都必然在斯宾诺莎和费尔巴哈之间做出选择，并根据阿尔都塞和阿尔都塞信徒的观点选择斯宾诺莎。

从表面和完全浅薄地看，人们能够认为阿尔都塞在这里是和

---

　　① 我们试图避免"事实的评判"和"价值的评判"这样的词，因为这两个词本身恰好意味着两种评判的分离。——原注

　　② 克朗兹（1891—1937），意大利政治家，社会主义者。——译者注

马克思主义站在一条线上的，因为完全和马克思一样，他批判和否定费尔巴哈的思想。实际上，他是站在《关于费尔巴哈的提纲》和《德意志意识形态》的对立面上的，因为，马克思用辩证的观点批评费尔巴哈"太唯物和太机械"，而阿尔都塞——他本身就代表最过激的机械主义者的形式之一，取得了一种从来没有倚仗过马克思的思想——相反地责备费尔巴哈保留了主体和意指的观念和——尽管被马克思称为机械主义——成为不仅太靠近黑格尔和理想主义，而且甚至太靠近被马克思或卢卡奇称为辩证法的那种东西。

简言之，对于马克思来说，费尔巴哈破除了基督教的幻梦，试图将宗教思想压缩到人在日常生活的憧憬和世俗意指中。但这样一来，他完全地将真实的人的经验存在的最重要方面即实践、思想与行动的集体特征排除出了自己的观点。对于费尔巴哈来说，神学思想只不过是神秘化了的世俗思想特别是感觉的一种形式，不过这种感觉是外部环境对不具行动者而是旁观者身份的消极者的影响的产物。这就是马克思称作枯萎的和静修的唯物主义，被我们称为机械的和非辩证的唯物主义。

相反，对于阿尔都塞来说，费尔巴哈并没有在这种唯物主义的方向上走得足够远，因为他还为他的真实的个人保留了一种相对消极但有意指的意识和感觉的观念。照他的看法，这不是有关将一种主体和一种使异化的和错误的意义简化为一种主体和真正的意义的问题，而是有关放弃主体和意义的问题，作为这样的主体和意义，对其产生的方式来说，它们是一些理想主义的观念。当然——马克思在"提纲"之三里预见到了这一点——和所有的机械唯物主义一样，阿尔都塞派最终将发展到自相矛盾，因为它在否定了人类生活的一切意指特点后，将一种没有任何意识因素、没有任何错误的过激的含义赋予一个特殊的小集团和构成一种彻底地排除了任何思想的"实践理论"的那些人（由阿尔都塞赋予理论家们的这种特权后来在某些与这个学派有某种关联的理论家那里，被认为是行动方面的一小批革命精华的特权）。

为了明确这种分析，让我们补充一点，当阿尔都塞信徒们谈论在费尔巴哈和斯宾诺莎的哲学之间的必需的不可避免的选择时，他们最经常地明确参照第二种认识方式（因为人们还能企图在第三种方式中找到不少为意指观点辩护的成分）；同样，阿尔都塞派信奉的斯宾诺莎有可能更多地与启蒙哲学家的机械唯物论相似，而较少像 17 世纪的泛神论思想家。

同样，如果我们今天以信奉马克思的思想的两个对立的立场，阿尔都塞派的立场和革命改良主义为例，它们中没有任何一个是能一直忠于马克思的这封信的思想的。对于马克思来说，今天已在现代世界中显示了意识的最高形式的集体意识，或更确切地说，无产者的阶级意识应该在技术发达社会里达到革命的意识和对已存社会秩序的革命的转变。尽管有各种区别，但在阿尔都塞和革命改良主义理论家们的思想后面，仍有一种共同的观点（也就像在马尔库塞、阿多诺、今天的卢卡奇和所有曾信奉或仍信奉马克思主义的重要思想家们的思想后面的一种共同的观点一样）：对无论在西方的还是在尚未工业化的现代世界的变革做出的马克思主义分析的不足性。这种变革以这样一个事实表现出来：革命是有的，但这些革命从来不是专一的无产阶级革命；在工业化社会中，领工资者和无产者构成居民的重要部分，但很难说后者就是特别地革命的或者或多或少明显地易于取得革命意识的。这样，就应该 —— 如果人们不愿使理论与实践失去一切联系 —— 放弃马克思式分析中的某些成分。

为了保持革命意识，在经济变革前夺取政权的理论中，阿尔都塞想必放弃了集体主体、所有实践（理论的、实际的、政治的）和集体意识之间的紧密联系的概念。他们已经放弃了马克思哲学的基本立场，离开了辩证法，回到机械唯物主义，以便接近对马克思式革命描述的某种忠实。

革命改良主义者小组仍然是非常 —— 尽管涉及一些社会 – 政治学著作 —— 忠于马克思的哲学思想的，特别是忠于在《关于费尔巴哈的提纲》和《德意志意识形态》中表达出的思想。但是，他们的代表人物由此想必放弃了马克思关于通向社会主义的道路的政治观念，用一种将来达到暴烈的或非暴烈的政治变革的经济总体变革的思想来代替 —— 至少是在工业发达的社会 —— 经济变革前的暴烈的政治革命的思想。

人们还可以用另一种方式来表示这种看法：在马克思的思想中，无产阶级有着特殊的地位，它构成了历史上唯一能使朝着自行消灭的方向行动的阶级，并以和过去的大的变革相当不同的一些规律来支配自己的行动。无产阶级的这种地位未能在最近 80 年的经济中得到确认，无论是阿尔都塞派还是革命改良主义者都试图回到对未来的展望中，重新使用他们用以在更加普遍的方面设想一条通向社会主义的道路的方法。这条道路是机械的、在一种情况下和"先进分子"观点相连的，在另一种情况下也是辩证的、对过去的特别是从封建的欧洲到资本主义的欧洲的变革的历史大变革所进行的马克思主义分析的概括相连。

在所有上述内容中，要提出一个正统的问题是完全徒劳的。这两种立场中的任何一种以及许多其他的折中立场，都能正确地依仗他们或多或少是严密地保持着的马克思思想的某些因素，同时或多或少是不声不响地转入他们放弃了的其他的方面。问题提出了，并且，想必应该在卡尔·马克思的思想的基本原则的层次上提出，这个问题就是，当理论分析处在与历史和现实的冲突中时，思想家就总是应修改这种理论分析的。

正巧，我们的立场使我们离开了马克思的政治观点，但几乎完全地保留了他的总的哲学立场，特别是在《德意志意识形态》的

《费尔巴哈》那章中，尤其是《关于费尔巴哈的提纲》中表达的立场。这就使我们得以希望能够对这篇文章做出甚至从历史角度来看或多或少是有价值的表述。

关于费尔巴哈的提纲①

1

　　从前的一切唯物主义——包括费尔巴哈的唯物主义——的主要缺点是：对事物、现象、感性，只是从客体的或者直观的形式去理解，而不是把它们当作人的感性活动，当作实践去理解，不是从主观方面去理解。所以，结果竟是这样，和唯物主义相反，唯心主义却发展了能动的方面，但只是抽象地发展了，因为唯心主义当然是不知道真正现实的、感性的活动本身的。费尔巴哈想要研究和思想对象确实不相同的感性对象，但是他没有把人的活动本身理解为客体的活动。所以，他在《基督教的本质》一书中仅仅把理论的活动看作是真正人的活动，而对于实践则只是从它的卑污的犹太人活动的表现形式去理解和确定。所以，他不了解"革命的""实践批判的"活动的意义。②

　　这第一条提纲已经明确地规定了马克思的立场；阿尔都塞学派将费尔巴哈看成了一个理想主义者，即使是涉及最小程度上的理想主义；和阿尔都塞学派相反，马克思在其中看到的是一个唯物主义者；在写"其中包括费尔巴哈的唯物主义"时，他可能还参考了这种还存在于他思想中的这同一种最小限度的意义。总的来说，马克思和阿尔都塞派都同意费尔巴哈是理想主义中具唯物主义特点者和

---

　　① 卡尔·马克思和弗里德里希·恩格斯《哲学研究》，社会出版社1951年版，第61—64页。这些提纲的文字与恩格斯在《费尔巴哈》里的附录相同。——原注
　　② 此译文转录自《马克思恩格斯选集》第一卷，人民出版社1975年版。以下《关于费尔巴哈的提纲》的其余10个提纲均采用该书汉译。——译者注

唯物主义中最具理想主义特点者。对立开始于对费尔巴哈思想的评价上：对阿尔都塞来说，费尔巴哈仍太多理想主义，而对马克思来说，费尔巴哈又太少理想主义；说太少理想主义，是因为理想主义这个意义在费尔巴哈那里纯粹是静修式的，与实践没有联系，是处于人类现实的积极方面之外的，当马克思说费尔巴哈在《基督教的本质》中只将理论表现当作人类的真实表现时，他当然知道——他在这同一个"提纲"中写过这一点——这不仅仅涉及已成的理论思想，而且与其感性直觉的起点有关。

但是，在这种感性直觉是以认识的模式构思时，对马克思来说，作为对外部世界的印象，它仍然停留在与实践相对立的理论的范围内，或至少与实践相脱离。让我们补充：人们将这种理论称为"实践理论"，但它并没有任何改变，只是换了一个术语而已。马克思和费尔巴哈知道，理论之所以为理论，已经包含着某种程度上的行动：问题是要弄清感知的或设想的有意识因素与人的总体实践——其中当然包括个人的实践和在个人内部将个人实践构成一个组成部分但仅仅是一部分的精神系统的活动——之间联系和中介是什么样的。让我们还补充一点：马克思任何时候都没有参照脱离环境的精神系统的活动，他只讲过个人的活动以便指出这种活动只在作为集体实践的构成部分才被理解为有价值。

这第一条提纲，只有当它构成也许是第一个既是一元的又是辩证的立场的明显的哲学形式时，才是特别重要的。过去也有一些一元论哲学，但它们或发展到否定物质，或否定精神的特殊地位。大多数哲学家仍然是二元论者，他们无疑或偏重精神，或偏重物质，比方笛卡尔、康德甚至黑格尔。我们认为，马克思之前的唯一的严格意义上的一元论哲学似乎实在只有斯宾诺莎的哲学，但是尽管如此，它与一种机械唯物主义接近，因为它不给时间以地位，不给主体的活动以历史地位（它正是在这一点上吸引了阿尔都塞派，不过阿尔都塞派排除了其中仍然停留在第三种认识模式中的最有限的意义）。

《关于费尔巴哈的提纲》的第一篇在肯定应该用感知的活动来代替感性直觉的同时，第一次提出了——据我们所知——真正地严格地辩证的一元论。在个人的层次上，感性的认识的确显现为与外部世界接触的最基本的形式。然而，如果我们纯粹以认识和静修的方式将这种形式设想为外部世界的消极的反映，那我们就会一下子站到二元论之中。因为，由于感知是意识和理论思想的发展起点的原始精神因素，就应该或者将处于相对独立地位的实践与认识结构相对照，或者在认识和一种仅在发展的高级层次上的理论的实践因素之间建立联系；这就必须以一种分裂、一种奇迹为前提。如果人们想避免任何过分的介入、任何奇迹、任何难以理解的变化，或者如果人们认为尽管有各种中介，理论在其性质上仍是与实践密切相连的，那么，就应该从一开始就确定这种联系在认识中的地位。

让我们指出，这不是一个不再对现代思考提出的过时的历史问题。几乎所有当代结构主义者都——这里仅举一例——设想理论是独立于实践之外的，认为实践仅在物理－化学科学所认识的那样的技术实施模式上才与理论相联。此外，将事实评判和价值评判相区别的观点在人文科学方面仍统治着几乎大学思想界的全部。这里说的是第一条提纲的主要的重要性。

当然，这种基本的立场带来了一个结果：至少在人文科学上，人们将不在意识形态和科学之间想象一种彻底的分裂，一种用阿尔都塞的术语来说叫作认识论的剪口，按照阿尔都塞的看法，意识形态在其自身的形式中独立于实践的价值评判，因为科学是相对独立的。

补充一点作为对第一条提纲的评论的结尾。马克思的特别的直觉曾在后来得到实验家的实证研究特别是皮亚杰的实证研究的证实，完全没有受马克思影响的皮亚杰达到了——部分地借助于对认识幻觉的研究——这样一个结论：只有人们在其最内在的本质中参照认识的构成活动，这些认识的幻觉才能得到单一的解释。我们冒昧在这里提及皮亚杰的一个出色的表达法，有一天，这位极为严格和谨慎的学者和研究者告诉我们："我不会和马克思走得同样远，不会否认感知的存在；我能说的一切就是，在实验室里，在我的研究过程中，我从来不是只碰到感性的活动。"我们觉得，这段话是放弃评论，表明一种严肃的哲学思考能在什么样的程度上至少大致上侵害实证科学的发现。当然，"侵害"不是代替，因为第一个提纲只是一个极普通的范畴，只会代替比方说知识幻觉的普通理论；但是，哲学能够提供这种范畴，帮助研究者。当然，具体的研究者不只满足于填满这个范畴，而是明确它，改变它。此外，在马克思那里，如果这种范畴显示为有价值，那是因为它诞生于一种对人类的经济、社会和政治生活进行的带经验论特征的反思。

2

> 人的思维是否具有客观的真理性，这并不是一个理论的问题，而是一个实践的问题。人应该在实践中证明自己思维的真理性，即自己思维的现实性和力量，亦即自己思维的此岸性。关于离开实践的思维是否具有现实性，是一个纯粹经院哲学的问题。

第二条提纲提出真理的标准问题。它极简短但构成了辩证法的立场；对这种立场来说，一种思想的真理标准是在实践和变革社会和自然的可能性中的。

在这一点上，实证思维和辩证思维之间的基本区别是在弄清思维在什么样的程度上直接地和非技术性地介入社会现实的变革这个问题被提出时才显示出来的。可是，这是一个马克思在这篇文章中没有涉及的问题。所以，这是一个首先是为反对一种情感的直觉主义而提出的，但用于反对任何只能在内在一致性中才能看到真理标准的激进理性主义的也是有价值的提纲，我们对此就不多讲了。

3

　　有一种唯物主义学说，认为人是环境和教育的产物，因而认为改变了人的是另一种环境和改变了的教育的产物。这种学说忘记了：环境正是由人类改变的，而教育者本人一定是受教育的。因此，这种学说必然会把社会分成两部分，其中一部分高出于社会之上（例如在罗伯特·欧文那里就是如此）。

　　环境的改变和人的活动的一致，只能被看作是并合理地理解为革命的实践。

　　第三条提纲提出了辩证思维的一个最重要的原则，这个原则将辩证思维明显地与理想主义和机械主义相区别，即主体与客体、社会环境与人的作用的转换性。

　　从德谟克利特或斯宾诺莎起，通过霍尔巴赫和爱尔维修，直到费尔巴哈和阿尔都塞，机械唯物主义都将人及其精神结构设想为环境、动机或先存结构的产物。当然，在这种共同因素内部，在设想这些动机和充满德谟克利特思想的、以阿尔都塞及其信徒的生产方式造出的原子说的道路是漫长的，但有了很大的进步；尽管如此，由所有这些体系提出的方法论问题都是同一个问题，即马克思在这三个提纲中明确地看到和提出的问题。如果人类的精神没有任何独立性，如果它仅仅是动机、环境（或结构）的简单产物，那么就随之出现了两个基本问题，而且不可能在人际关系的运转内部设想出答案：

　　（1）社会结构和人类行为怎样会有一种应变的和有意指的特点？

　　（2）是什么能引起——无论是好是坏——已存社会关系向一

个给定的计划变化?

　　启蒙时期机械唯物主义思想碰到过这个问题，无论在宇宙论方面还是在政治方面都碰到过。当然，这个问题在政治方面又正出现在机械论马克思主义的各种不同形式的中心。

　　在宇宙论方面，启蒙主义思想家们曾被迫运用自然神论，这种自然神论不像人们认为的那样是一种折中的立场，而是将一种用严格的机械论的方法来设想的世界和社会，它不承认任何内在规律性原则。而显然，世界并非一种偶然的简单混合体，一种人们拒绝将其置于宇宙之内的有条理的意识想必存于别处，这就能解释为什么这些反对实证宗教的一切形式的思想家仍被迫承认一种创世神力的存在。

　　在社会实践方面，问题也一样。由于不确信他们所在的社会是坏的、是需要改变和改善的，启蒙主义思想家们在其人类生活的机械系统中没有发现任何阐明已存秩序的不足和改变这种秩序的可能性。他们还在社会和宇宙论方面接受好或者坏的外部介入的观点，接受教士和君王的介入以解释渐变，接受智者或者开明君王的介入以便树立改良的希望。不过，由于君王或教士、智者或开明君主都是人，这种理论就不得不明确地或暗含地承认一种二重性和人的根本上不相同的两种范畴的存在：一些人是消极的、是环境的产物，对历史的变革没有任何影响；另一些人是极少数，他们是自由的，对社会现象采取行动，或将它变好，或将它变坏。

　　所以马克思对过去或未来的机械主义哲学做了一个深入的和严密的分析，他写道："有一种唯物主义学说，认为人是环境和教育的产物……这种学说必然会把社会分成两部分，其中一部分高出于社会之上……"

　　于是，这种分割明确地出现，也就是说形成理论或仅仅隐藏在机械论马克思主义的各种形式中，就不是什么怪事了。在列宁的著作如《怎么办?》中，在斯大林时代的无产阶级政党的观念中，在灵魂工程师们的理论中，人们重新发现了这种分割，人们还在德国社会民主党的实践中，当然也在阿尔都塞以及受其影响者的所有的分析中发现这种分割带着一种改良主义特征而不是革命的特征。让我们补充一点：这种分割是以意识形态和科学之间的激进认识论的分裂和阿尔都塞式理论实践的理论为基础的。

相对所有这些立场而言，辩证思维是在人们设想一种内部调节时开始；这也正是在 18 世纪构成如狄德罗那样的思想家优于拉·麦特利、霍尔巴赫、爱尔维修以及他的百科全书的其余作者的东西。并不是狄德罗提出了——也许是初步地——历史唯物主义的基本概念，这是不成问题的；但是，他毕竟在《达兰贝之梦》中在宇宙和自然方面提出了内部调节原则的假设，和没有任何内心智力从外部向生活领域的介入自发过渡的原则的假设。我们觉得，无论是从《哲学思想录》中的自然神论到《新哲学思想录》中的无神论之间的过渡，还是高度的辩证的作品《拉摩的侄儿》，如果没有《达兰贝之梦》的内心调节的假设，都不是那么容易想象的。

不过如果我们从宇宙和精神问题转入社会学和历史哲学的问题，那么从机械唯物主义向辩证立场的过渡就需要以放弃人类精神由环境（如果我们不愿意陷入比方说萨特式自由假设相对立的立场中）和对一种内心调节及一种范畴所采纳的严格规定的观点为前提。在其中，人的精神结构和行为无疑是"环境与教育的产物"，但是不能忘记这些环境甚至教育的性质和内容本身也是人的精神和前行为的产物，人的这种精神和前行为本身又是不同的环境和教育的后果。同样不能忘记，现代人又改变了环境的结构和教育的性质，并将这些交给未来的人。这样，研究就涉及了一个范畴，在这个范畴之内，由于这样那样的特别研究的实用主义理由而不能选择一个非相对的和被唯一地证实过的开端。在这一点上，没有必要说马克思的、卢卡奇的和辩证马克思主义的分析是严格地同所有机械唯物主义相对立的，对于这种机械唯物主义和马克思眼里的费尔巴哈来说，环境——这种情况下指生产关系——构成一种不容人的行动对这些关系进行任何改变的绝对开端。人们由此明白为什么他在其最新形式中得出这样一个结论：变革过程作为这样的过程而构成了对理论思维来说的最难的问题之一。

在这里，最重要的是指出，在提出这种与一切机械唯物主义对立的辩证法立场时，马克思就是很接近完整辩证思想的，但他没有明确提出另一个基本原则：主体与客体、思想与行动的统一。因为，如果所有的人，也就是说这种思想和这种行动的主体，是构成这种思想和行动本身的客体的生产关系的产物，而这些生产关系（也就是客体）本身又是主体（也就是人的实践）的产物，那么就不可能将它们彻底分开和完全地相互对立。这不仅对理论思维是有益处的，而且对实践和它暗含的评价也是有益处的。由此可知，辩证思维的三个基本原则——理论与实践的统一，验证与评价的统一，主体与客体的统一（我们认为是部分地统一）——都是严格地不可分割的。我们也不能认为当代机械主义者有理，他们在为意识形态和科学之间的彻底分离辩护的同时，拒绝承认转换关系，或准确地说实践和生产方式的螺线关系，因为他们知道，在这一点上，微小的让步都会导致他们理论大厦的崩溃。

当阿尔都塞和某些结构主义者向我们解释说变革的问题为他们的思想构成了一个"还没有"阐明[①]的点时，的确不应该在这样一个事实面前视而不见：这的确是一种意识形态的显示。他们的体系作为这样一种体系，由于方法论的缘故排除了变革，它也遇到了特别

---

① "完全像我们说过的，我们只用马克思主义理论描绘了从先前的生产方式到资本主义生产方式的概貌——我们能这样说，甚至，既然这种问题的存在和尤其是在其本身的理论形式中将它提出来的必要性未被普遍地认识——我们应该说，马克思没有将一种生产方式过渡到另一种生产方式的理论，也就是生产方式的形成的理论告诉我们。"（着重点是作者加的）——转引自L.阿尔都塞、E.巴里巴尔、R.艾斯达贝尔《读〈资本论〉》，巴黎，玛斯佩罗出版社，1965年版，第二卷，183页。——原注

是 18 世纪的机械思维经常和到处遇到的同样的局限。在肯定变革的
本质是一种将在未来阐明的问题和肯定这种变革归功于上帝、超人
或智者和其他介入意识形态者有着本质不同的技术人员的问题之间，
没有本质的不同。

当然，这并不是说我们否认杰出人物、觉悟的获得和科学知识
的存在和作用；方法论的根本问题是了解什么是这三种人文事实的
地位。是不是像机械主义者和理想主义者认为的那样，由于在将来
它们将自我超越，特别是，今天的科学是否将成为明天的科学思想
家们的意识，在意识与无意识之间，在科学与意识形态之间有一种
彻底的分离呢？是不是应该承认，群众、无意识、意识形态包含着
使一种科学思想能在某种先进的时代称为科学的意识和思维的潜在
性呢？

4

费尔巴哈是从宗教上的自我异化，从世界被二重化为宗教的、
想象的世界和现实的世界这一事实出发的。他致力于把宗教世界归
结于它的世俗基础。他没有注意到，在做完这一工作之后，主要的事
情还没有做哩。因为，世俗的基础使自己和自己本身分离，并使自己
钻入云霄，成为一个独立王国。这一事实，只能用这个世俗基础的
自我分裂和自我矛盾来说明。因此，对于世俗基础本身首先应当从
它的矛盾中去理解，然后用排除这种矛盾的方法在实践中使之革命
化。因此，例如，自从在世俗家庭中发现了神圣家族的秘密之后，世
俗家庭本身就应当在理论上受到批判，并在实践中受到革命改造。

如果说第一、二、三条提纲是处于哲学基本原则的很普通的层
次上的话，那么第四条提纲则是有关哲学思维和社会 – 历史学研究
之间的联系的问题。人们可以把它当作长达五百页的《德意志意识

形态》的中心思想的简述来读。

正如所有其他新黑格尔派理想主义者一样——在这一点上，他仍然是理想主义者——费尔巴哈认为只需以一种他认为对解决异化提出的基本问题有价值的理论来代替宗教幻想。这是人们在博尔·斯蒂尔奈和"真正的社会主义者"那里发现的一种观点，只有一点不同，这就是人们称为在不同的情况下各不相同的"价值观念"。

马克思在发现历史唯物主义后不久，就看出任何思想意识方面的变化如果同时没有具体的社会变化，就都是不足的和不可实现的。异化和意识形态的矛盾的基础是在应该改变的旧的或同时的社会生活中的。更准确地说，马克思很好地给这种改变的范畴下了定义：通过人的实践发展生产力，部分地改变意识形态，获得觉悟，通过人的实践改变现实，改变上层建筑。我们正是在这里介入了一个范畴——在其中，没有先于意识形态的社会，也没有先于社会的意识形态。

5

费尔巴哈不满意抽象的思维而诉诸感性的直观，但是他把感性不是看作人类实践的、具体的活动。

第五条提纲涉及一个特别的问题，就是从抽象思维到感性直觉的过渡问题。这个提纲的意义纯属文字的，它没有带来比第一条提纲更新的东西。如果我们承认这仍是涉及从抽象过渡到具体的问题，这就允许我们提出一个最重要的认识理论的问题。

古典哲学，无论是理性主义还是经验主义，都承认即时的已知条件、感性的直觉有一种和概念思维的抽象特征对立的具体特征。对于辩证思维来说，这个问题则以不同的甚至对立的方式提出来。

即时的感性经验是局部的，并因此而是抽象的；至于概念的提出，它或许是抽象的，或许是具体的，这就要根据它趋向必然的价值还是相反附在历史的有意指结构而定；这种结构的有意指的一致性是由功能性，也就是说由人类实践的具体条件决定的。

我们觉得，人们正是应该从这种分析的背景来理解这第五条提纲：对"抽象的思维"不满的费尔巴哈认为人们能够在回到现时，回到"感性的直观"的同时在经验论的模特儿上发现具体。不过，就像这种直观所显现的那样，费尔巴哈将它作为对外部世界的即时信息来接受，它仍是完全抽象的，就像在概括和逻辑的类的角度上（相反，这种手术式方法在物理科学中是有价值的）涉及人类事实的认识的那种错误的概念抽象一样地抽象。回到具体的唯一的办法是，必须像设想情感的直观那样，通过这种直观设想一些明显的已知条件作为首先包括主体的具体实践活动的有意指结构的部分面貌，这种观念超过了感性的和即时提供的直观，将构成一种科学—哲学的概念化。

6

费尔巴哈把宗教的本质归结为人的本质。然而，人的本质并不是单个人所固有的抽象物。在其现实性上，它是一切社会关系的总和。

费尔巴哈不是对这种现实的本质进行批判，所以他不得不：

（1）撇开历史的进程，孤立地观察宗教情感，并假定出一种抽象的——孤立的——人类个体；

（2）所以，他只能把人的本质理解为"类"，理解为一种内在的、无声的、把许多人纯粹自然地联系起来的共同性。

第六条提纲提出最重要的问题之一，即思维和实践的主体问题。

我们将在这个问题上停留更长一些时间，因为在阿尔都塞论马克思的著作中，对这个问题进行了专门的研究，这项研究很好地表明了他的立场和马克思的这个提纲是相对立的。我们首先从这个提纲开始：

相对各种形式的古典哲学（理性主义、经验主义、启蒙主义哲学）而言，黑格尔思想带来的新的基本因素是个人主体，笛卡尔的或经验主义的自我被集体的或至少是跨个体的主体所代替。其进步性不亚于马克思的思想在黑格尔思想基础上的发展，马克思的贡献是，给跨个体主体以一个科学的和实证的地位，同时指出这种地位并不是由某种肯定的含糊组成，而是每次都以对经济的、社会的、心智的和情感的关系的具体分析为前提，个人作为这些关系之一部分参与到这些关系中，当然这种关系是随着历史的进程而变化的。

当然，这些提纲没有谈论黑格尔，但它们提出了关于费尔巴哈的马克思主义的立场，费尔巴哈在这里正确地被当作古典个人主义的代表之一。马克思说，人的本质不是某种普遍的东西，不是一种抽象物，不是一种共同的名称，不是对某个必然阶级的理解；孤立的个人构成这个必然阶级的外延，然而这些个人参与到社会的总关系中，即具体的、经济的、社会的、政治的和心智的，互相对立又互相包容的有意指的总结构。

然而，这个问题不是纯粹思辨的，而是一个人文科学的实证研究的性质和发展的最重要的方法论问题之一。人们能从两个互为补充的方面提出这个问题，一个从哲学方面，另一个是从方法论方面，这就清楚地表明了这两个方面的联系。

人们的确可以——这似乎像个纯粹的思辨的问题——在这个词的最广义上，问究竟历史的、社会的和文化的变革的主使能动因素是什么样的。从这个词的最广泛的意义上说，人们可以看到两种断言：倾向于古典个人主义和辩证思维的人将分别把重点放在独立的个人创造力和集体力量以及跨个体主体上。在这个方面提出的问题似乎只容许一个或多或少是任意的、决定于研究者的传统和情感的回答。

不过如果人们从具体研究方面提出这一个问题，问怎样的主体的行为能够使——在科学的足够的层次上，也就是说在量的层次上，同时代的任何别的研究都不可能在同一方向上达到同样远——被研究的现象即时地代表的抽象经验论的总体面貌变成可理解的和心智的；这两种回答的有效性可在经验论的检验中得到评定。然而，在今天已存研究的启示下，我们应该看到：一方面，如果人类生活的即时面貌对个人主体来说显现为心智的，那么这种受精神分析学启发的领域就是局限在被弗洛伊德定名为力比多的范畴里的；另一方面，社会结构即使不是作为统一的核心因素，至少也是作为一种扮演着扭曲角色的已知条件而被安置在这个领域内的。

然而反之，在人类生活的一切社会－历史领域内，也就是说不仅在经济、社会和政治历史中，而且也在似乎最遭社会－历史研究抗拒和厌恶的文学艺术创造的领域内，少数几个将这种创造和集体主体联系起来的研究显得比受传统方式、精神分析法、主题法和结构主义影响的方法更加具有运演的特征。

阿尔都塞虽然与非辩证结构主义和机械主义相近，但他仍是个敏锐严密的思想家，他很好地感觉到，第六条提纲的前四行提出了哲学和方法论的最重要问题中的一个。他也在真正的人道主义上贡献了一个补充概念，他正是用这个补充概念来结束其《为了马克思》（亦译作《保卫马克思》）一书。在这种概念中，他不无道理地承认马克思在《关于费尔巴哈的提纲》中的立场将能被认为是真正的人道主义，并用自己的观点阐明了这个词，他在"真正的"这个词中看到了被他称为马克思以后的科学时代的方向，他在"人道主义"这个词中看到了青年时期的马克思的意识形态的幸存。如果人们对

"真正的"一词赋予由阿尔都塞给的意义，那么这个词就完全地失去
了意义，就只成了简单的语言学的幸存意义。人们可能认为涉及的
仅仅是一个道德的问题和人类的价值问题，这就将导致这样一个问
题：人们是否能将对事实的评判和对价值的评判分开，因而以马克
思主义的名义捍卫一个纯粹的实证主义立场（这就是阿尔都塞在他
的整个著作中所做的）。但是，在这个概念上，阿尔都塞走得更远，
他在理论方面提出了问题。他责怪马克思断言真正的人（他正确地
将马克思著作中的这个词翻译为"人类的本质"）是由"社会关系
的总和"构成的，他说：

"然而，从字面上看，作为一个完全的定义，它毫无意义。即便
人们只给它一个文学的解释，也不能摆脱困境，或至少也得求助于
这样的婉辞法：'如果人们想知道现实是怎样的，不是想知道什么与
人类或人道主义相吻合，而是想知道什么与这些概念间接有关，这
就不是一种抽象本质，而是社会关系的总和。'这个婉辞立刻引出
了人的概念与其定义：社会关系的总和之间的不一致。在这两个词
（人，社会关系的总和）之间，无疑有一种关系，但在上述定义中却
看不出来，这不是一种定义的关系，也不是一种认识的关系。"

"尽管如此，这种不一致仍有一个意义，这种关系也有一个意
义：一个实践的意义。这种明显的不一致指出了一个待完成的行动，
一种待实现的转移。它意味着，为了找到人们在发现抽象的人或真
实的人的同时所暗示的那种现实，就应该到社会中去，并进行社会
关系的总和的分析。在真实的人道主义的说法中，我想说'真实的'
概念是一种实践的概念，它与一种信号，一种'指明'应该在什么
样的方向完成什么样的运动，与不再在抽象的天地里而是在真实的
土地上位移到什么样的地方的指示牌相当。'真实由此去！'我们
跟随向导，我们到达了社会，到达了社会关系和它们的真实可能性
的环境。"

　　"但是，这时出现了使人议论纷纷的悖论：一旦真实地实现了这
种位移，一旦着手对这种真实对象进行科学的研究，我们就将发现，
对具体（真实）的人的认识，也就是说，对社会关系的总和的认识
只能通过这样一个条件才是可能的：它必须完全地放弃在理论上使
用人的概念（当它甚至在其位移前就存在于理论报复中时）。实际
上，从科学的角度上看，我们觉得这种概念是不能使用的，这不是
因为它是抽象的！而是因为它不是科学的。为了思考社会现实、社
会关系的总和，我们应该完成一种彻底的位移，不仅是一种中心的
位移（从抽象到具体），而且是一种概念的位移（我们转移了基本
概念！）。马克思用以思考现实的概念——这种现实由真实的人道
主义暗示——连一次也不再使人或人道主义的概念作为理论概念引
入，而是将完全新的其他概念即生产方式的、生产力的、生产关系
的、上层建筑的、意识形态等的概念作为理论概念。于是悖论出现
了：向我们指明了位移中心的实践概念被消耗在位移本身之中，向
我们指明了研究中心的概念从此在研究本身里面消失。"①

　　人们很容易看出丐词②之所在。对马克思来说，"社会关系的总
和"是与一种观点紧密相连的科学观念，这种观点认为，仅仅是这
个"总体"才能从理论和科学的角度确定社会和历史行动的集体主
体内的个人构成的生物一致性的地位。然而，阿尔都塞的分析中有
两个断言：一个是非常有价值的，根据这个断言，在具体科学研究
中，"社会关系总和"的总概念是在"生产方式、生产关系、上层
建筑、意识形态，等等"的最特别的概念中明确起来的（此外应该
在这一点上面补充一点：这之后，在研究中承认这些概念的历史特
异性的同时，应该明确表达出这些概念）。

---

　　① L.阿尔都塞《为了马克思》，巴黎，玛斯佩罗出版社，1966年版，第254—255页。——
原注

　　② "丐词"在证明中以本身尚待证明的判断作为论据，这是一种逻辑错误。——译者注

阿尔都塞的另一个分析明显地不可靠。根据这种分析，这些概念不再作为理论概念、人和人道主义概念而起作用。很简单，阿尔都塞忘记了，即使在理论方面，无论对马克思来讲还是在现实中，都没有非人与人之间的生产关系、非人类思维的意识形态、非人类素质（比方以工人阶级的职业称号体现的生产力，或作为仅在被人类处理和利用时成为生产力的情况下才存在的不动产如机器原料等人类活动的产品）。至于上层建筑和生产方式的概念，那是一些重要的、普通层次上的概念，但它们包含着我们刚才讲过的更加特异的其他关系，并也指明了人类行动的某些本质方面。

当然，人们能够从科学方面来验证这种断言，并像阿尔都塞那样认为人在经济、社会、政治或意识形态之结构的研究中没有任何地位。他既不是第一个，也不是最后一个这样做的。这将在具体研究的层次上讨论。我们觉得有争议的是，他是否为此而倚仗明显地总是持相反看法的马克思。此外，阿尔都塞完全明白，既然这一整段（和他的研究中的许多其他研究一样）有理由让我们承认马克思没有表达清楚，用了如果从"字面上看"便毫无意义的用语。归根结底，他事实上写的不是他想要写的东西，而是相反，写出了与由拉康、阿尔都塞、福柯等人组成的巴黎小帮的观点很接近的东西。无须问人们是否接受这种方法，总之人们不费多少周折便能够将任何理论安在任何理论家头上。

在他的第六条提纲的第二部分中，马克思还指出了构成费尔巴哈用以设想思维和感性直观的主体的方法的两个限定：第一个限定的价值在于完全地反对非发生学结构主义，在于这个学派的一切理想主义和机械主义立场；这个限定否认历史，否认存在一种抽象和不变的空间，而认为在这个空间中不再有变化；第二个限定是将主体设想为具有某些共同特点的个人构成的必然阶级，这对于古典个人主义哲学来说是有价值的，但对于以结构代替个人，以从自由资

本主义到垄断资本主义的过渡代替同源意识形态变革的当代结构主
义来说已不再有价值。

7

所以，费尔巴哈没有看到，"宗教精神"本身是社会的产物，而
他所分析的抽象的个人，实际上是属于一定的社会形式的。

这第七条提纲是很重要的，尤其是讲到费尔巴哈时，它明显地
肯定主体与客体的统一。

构成费尔巴哈的理论的核心的"宗教精神"和"抽象个人"不
是简单的错误，不是对人类和社会现实之分析的错误分析，它们和
所有关于主体的思考一样，是与一种确切的社会形式相吻合的意识
形态的表达，费尔巴哈就生活在上述社会形式中，然而显然费尔巴
哈没有意识到这一点。

8

社会生活在本质上是实践的。凡是把理论导致神秘主义方面去
的神秘东西，都能在人的实践中以及对这个实践的理解中得到合理
的解决。

9

直观的唯物主义，即不是感性理解为实践活动的唯物主义，至
多也只能做到对"市民社会"的单个人的直观。

10

旧唯物主义的立足点是"市民"社会；新唯物主义的立足点则
是人类社会或社会化了的人类。

　　第八、九、十条提纲划定了将机械唯物主义和辩证唯物主义分开的最重要的界线：（1）作为个人主体，而不是作为跨个体主体或集体主体的观点；（2）这个主体的认识官能，特别是感性直观的纯消极的地位，在实际上，任何人类精神过程都与实践及评价间接或直接地密切相联；（3）形成资产阶级社会的本质的社会观点的反历史观点，而不断认识和行动的跨个体主体的辩证观念则将跨个体主体纳入了历史的总体中，并在人道社会和社会化人道的生动中赋予它一个真正的地位。

　　在这一点上，我们认为第八、九条提纲能使一个重要问题在当代讨论中得到澄清。由于反对他在费尔巴哈著作中发现的古典哲学和经济的个人主义，马克思正确地将两种彻底对立的哲学相吻合的主体的两种观念：建立个人的理性，并将这些个人看作代表某些共同特征的独立一致性的必然阶级的观念和在个人中看到一种跨个体主体的构成因素的辩证观点分开。相对这种跨个体主体而言，只有明确地建立在跨个体主体内部的个人的特殊性上的观念才是唯一可能以实证的和科学的方式建立历史事实（经济、社会、政治和文化的）的合理性。

　　由于与首先建立在否定主体理论上的当代结构主义关系密切，阿尔都塞当然不会太重视这样一个事实：这种主体是作为个人的或集体的而被构想的。这是他最起码的权利，只要有关发展他的理论，这就是一个完全合理的立场。不过，当涉及分析马克思已经在《关于费尔巴哈的提纲》中表达过的关于由个人组成的跨个体主体的历史主体和个体之间关系的观点时，阿尔都塞的这种立场就很值得讨论了，他写道：

　　"应该承认，这种明显性只是古典资产阶级意识形态和资产阶级政治经济的先决条件的明显性。事实上，这种古典意识形态就是以此为起点，不然的话，就正是有关在能动欲求构成中涉及霍布斯和洛克，在一般意愿的形成中涉及卢梭；在一般兴趣的产生中涉及爱尔维修和霍尔巴赫；在原子论行为中涉及斯密特或黎卡尔多（这篇文章起了作用）；这种古典意识形态是以此为起点的么？不然就是以这著名的个人意志的对抗为起点的么？这种个人意志在任何方面都不是现实的起点，而是现实的描述的、注定要在自然中（也就是说对于永衡来说）建立（为了永衡）的资产阶级的目标。"①

不用说，马克思和恩格斯的观点是处于洛克、卢梭和古典经济学观点的对跖点的。

11

哲学家们只是用不同的方式解释世界，而问题在于改变世界。

最后，这第十一条提纲很难从字面上去解释。前面的十条提纲，特别是第一条，明确地告诉我们，对于马克思来说，感性的直观，还有理论与哲学的转化——包括费尔巴哈的贫乏的机械唯物主义——都或多或少是间接地与社会实践相连的，并且，作为这样一种转化，它们或多或少还有一些实践的特点。

怎样使这样一个断言与"哲学只解释世界"这样的断言相一致呢？我们认为，通过这个简洁光辉的句子（这句话从此成为最有名、流传最广的语录之一），马克思想说，到那时候为止，哲学只在其理论的清醒和明确的方面仅仅满足于愿意解释世界，这样说不是歪曲马克思的文章；这些哲学向我们提供了一个不完整的形象并因此将人类现实的错误的甚至经常是保守或反动的形象提供给我们；而一种有价值的和清醒的、达到了像前面十条提纲中发挥马克思的分析达到的水平那样的哲学应该意识到，所有哲学的实践的、革命的、

---

① L.阿尔都塞《为了马克思》，巴黎，玛斯佩罗出版社，1966年版，第124—125页。——原注

进步的或保守的、反动的、人道主义的或反人道主义的特点清醒地、明确地纳入了这种觉悟，由此在深入了解情况的前提下选择一种真实地与有利于进步和革命变化的实践吻合的理论态度。

有人可能会指责我们犯了刚才我们指责阿尔都塞所犯的错误，就是说不坚持马克思这篇文章的字面意义。不过我们不觉得这种指责有充分的理由。问题仅在于将一句话与文章的总体相一致，同时明确"解释"这个词的意义，这个词只能意为在意识的层次上阐述，因为正是马克思本人向我们解释说任何现象都与一种实践相连，当意识是观念的时候，这种实践就包含着相当大的成为保守和反动的危险①。

---

① 让我们补充一点以支持我们的表述：马克思和我们一样赋予"解释"这个词以相同的含义，他同时重复了同一个观点。的确，他在《德意志意识形态》的开头写道：

"既然青年黑格尔派认为观念、思想、概念，即被他们变为某种独立东西的意识的一切产物是人们的真正枷锁，就像老年黑格尔派把它们看作是人类社会的真正羁绊一样，人们明白……青年黑格尔派同意识的这些幻想进行斗争。既然根据青年黑格尔派的幻想，人们之间的关系、他们的一切举止行为、他们受到的束缚和限制，都是他们意识的产物，所以青年黑格尔派完全合乎逻辑地向人们提出一种道德要求，要他们用人的、批判的或利己的意识来代替他们现在的意识，从而消除束缚他们的限制。这种改变意识的要求，归根到底就是要求用一种方式来解释现存的东西。尽管青年黑格尔派思想家们满口讲的都是'震撼世界'的词句，而实际上他们是最大的保守分子。"

卡尔·马克思、弗里德里希·恩格斯，柏林迪兹·维拉格出版社，1958年版，第3卷第20页（据《马克思恩格斯列宁全集》1932年版）。——原注

第八章　经济学与社会学：朗热的《政治经济论》

无论在社会主义世界还是西方世界，奥斯卡·朗热[①]都是政治经济学方面受到一致承认的权威。同样，他的《政治经济论》法文版第一卷的出版也是一件头等大事，这一卷[②]不但致力于"一般问题"，而且也使社会学家甚至本来意义上的历史学家和经济学家感兴趣。

让我们开始指出这部著作的丰富，以及其作者的博学、思维的特独性和他那写作对人文科学感兴趣者颇具吸引力的书的才能。不过，我们打算做的不是一个详细的报告，因为我们认为那是一个最好留给经济问题专家的任务。我们将仅满足于两个具体问题的批评性思考，这两个问题是朗热已涉及过的。尽管我们对这位作者的极大尊敬和深深的诚意，我们各自的立场仍是明显地不同的。

此外，这里还涉及两个相互关联的问题，因为，一个是与历史、社会学规律有关的经济规律的本质及其特征问题，另一个是计划化与分权化之间的关系问题，或者在一个更加根本的层次上说，一个集中的计划化与社会主义社会中的个人自由问题。

在这些问题的第一个问题上，朗热持一种与最重要的后马克思主义理论家们相对立的立场，与罗莎·卢森堡和布哈林相对立的立场，站在一条 —— 他明显地倚仗之 —— 由斯大林在最后一篇文章：

① 卒于1965年。——原注
② 一个专门的《计划的数学依据》附录除外。——原注

《社会主义经济问题》中明确提出的路线上。[①]

　　为了理解和评价他的立场，最好先从对这个问题的历史的几个初步的看法入手，对一种辩证思想来说，这个问题的历史是与历史的问题分不开的。声称倚仗恩格斯的一篇文章的同时，朗热事实上更换了一个极其重要的字："如果弗里德里希·恩格斯这样定义政治经济学……决定人类社会中的生产和生活资料交换的规律的科学，那么这个格式就与我们承认的定义完全一致。我们仅仅将'交换'一词换成'分配'。"接着，他从恩格斯的文章中引出结果，他是将"交换"理解为"分配"的。"在上述定义上，在通常的情况下，'交换'一词仅用于表示分配的某种历史形式；至于我们，在我们对政治经济对象的定义时，我们则用'分配'一词……"

　　当朗热认为人们能从恩格斯的原文中推论出恩格斯不是将经济规律局限在资本主义社会，并在这个片段中承认这种规律存在于一切社会组织形式中时，他是有道理的。此外我们曾在我们自己的著作《辩证研究》中指出，如果说马克思的著作中有很大一部分"能用来支持相反的论点，人们在他的某些文章中可以找到许多，比如《对阿道尔夫·瓦格纳的政治经济学教材附加意见》——在这些章节中，他检查了一种社会主义经济中的价值观念所能有的意义。提出这一点后，我们仍然觉得，恩格斯对"交换"这个词的使用，尤其是朗热在今天——在这个时代这两个词代表两个对立立场——以"分配"一词代替"交换"的必要性并不是偶然的。因为使朗热和斯大林与罗莎·卢森堡和布哈林对立的那个问题不是在马克思和恩格斯写作的那个时代就明确地形成了的——尽管正是这两位思想家的著作使这个问题在以后得以提出。所以马克思和恩格斯曾使用了一些不太准确的格式，间接地求助于"交换"和"分配"这样的词，

　　　　① 补充一点：在1961年，这样的提法是一种知识界的独立性的表现，而非1956年前那种随波逐流主义的表现。——原注

而在今天就不得不进行选择，一个词的选用意味着明显的和在这个已争辩过的问题上持对立态度的立场。

事实上，关于交换经济之外的经济规律的价值的讨论被当代经济学家们引进了一个与马克思和恩格斯进行思维的环境完全不相同的环境中，面对古典经济的延续，他们二人的确这样思考过，他们也的确力图指出资本主义经济规律 —— 目前唯一被研究过的经济规律 —— 不是人类本质的规律，因而具有一种历史的而非永衡的特征。[①]马克思主义分析的任务之一也是功绩之一，正是指出了由古典经济学家指出来、由马克思明确阐明了的规律只构成社会的和历史的面貌特征之一，即这些规律在资本主义社会这个特定社会结构范围表现出的面貌。不过由于热衷于指出这些规律的内容具有历史的特征（所有的马克思主义思想家，其中包括斯大林和朗热都同意这一点），所以无论是马克思还是恩格斯都没有足够明确地思考这些作为经济规律而存在的规律的存在和其形式本身是否与这种内容相联，具有在生产与市场不再相关的社会形式中有价值的不同内容的经济规律可能意味着什么。

简言之，在马克思和恩格斯的时代，这种讨论几乎完全用在经济规律的历史性上，而稍前由孔德提出的社会规律的观点还没有足够地深入到科学思想中，社会规律和经济规律之间的区别还没有明确地提出来。所以我们觉得，人们不会从马克思或恩格斯的文章中找出这两类规律之间关系问题的回答。

但是，如果说马克思没有明确地提出这个问题，至少他对物化的分析的确构成了社会规律和经济规律之区别的科学基础。这种分析指出，经济规律的主要特征在于它们在资本主义社会中支配社会生活的一个领域，在这个领域内，具有意识特征的个人行为表现为受其意愿之外的客观力量的支配并在表面上与自身意愿不相关；这

----

① 恩格斯明确地这样说过，朗热曾引用过有关段落。——原注

就有了一个后果，就是：这个领域构成了一种特别的在人类社会的历史上相对独特的情况，因为它企图摆脱人类生活的其他领域的行动（政治、意识形态、宗教、艺术，等等），同时继续对上述其他领域行动，企图变得更加强大和唯一，将上述其他领域缩减到简单反映的地位。这种现象的另一面是由这样一个事实构成的：继续在经济领域存在的社会的和质量的关系企图从意识中消失，只以商品的客观价值——价值与价格的形式出现在意识面前；这是曾由马克思定义为"商品拜物教"的现象，也是从卢卡奇开始的马克思主义者们称为"物化"的现象。

　　这样，从马克思主义的分析开始，经济事实已在社会的层次上被弗洛伊德和所有精神分析学者（自然，原因不必说了，马克思和恩格斯从来没有提出过这种观点）称为情结，也就是说人类行为的一个领域极为相似，不受物理生命的其他部分的控制，独立地发展，对物理生命越来越起支配作用。

　　这个问题是由大多数后马克思主义理论家，特别是布哈林和罗莎·卢森堡从上述分析的基础上提出来的，它不是在于弄清在资本主义社会外是否存在着支配人类行为的规律（这是任何马克思主义都未怀疑过的），而是在于弄清这些规律是否有一种经济的或社会的特征，或者精确地说，是否有一种历史社会学特征；对这个问题，无论是马克思还是恩格斯都没有表明过立场（所以，在很大程度上，当人们企图在他们的著作中寻找一种他们根本就不熟悉的盖然判断做出回答时，就会觉得马、恩决定论的摇摆不定，就会碰到困难）。这是不是说在所有这些中都只涉及一个表面的问题呢？是不是说斯大林和朗热只是在重操马克思的决定论和决心不理睬和他们分道扬镳的理论家们提出的问题的同时，简单地回到了一个更加古老的时代了呢？我们认为事实并不是那么简单，我们只想弄清，罗莎·卢森堡、布哈林、卢卡奇、卡尔·科尔兹和许多其他马克思主义者是不是认为，无论在资本主义以前的社会还是在未来的社会主义社会中，都没有经济规律，斯大林的小册子①是不是首先致力于现有或未来的社会主义社会中的经济规律之存在。

事实上，这个问题已从经济综合症及其病理特征转向社会主义社会中的客观性和对规律的制约特征的问题，由此又转向在这种社会中的人类自由的问题。这个讨论引起了一种真正的术语混乱，我们觉得它对阐明我们刚才提及的各种立场的内容的分析来说，是很重要的。

（1）让我们从马克思和恩格斯的分析开始。对于他们来说，存在着具历史特征的社会规律，在其中，资本主义社会的规律表现出某种不一般的特点，特别是物化将意识压缩为一种简单的反映的倾向、由生产和商品交换组成的社会生活的特殊领域的自治。

在其他社会结构中，生产、流通和财产的分配不表现出这些特征，并至今没有得到很好的研究。

术语，尤其是对"经济学""社会学"这两个名词的使用并不是严格地精确的，然而肯定的是，对于马克思和恩格斯来说，从资本主义社会到社会主义和共产主义社会的过渡隐含着人类自由的增加和解放，隐含着不是摆脱自然的和责任的法则，而是摆脱人际关系结构将强加在这种自由上的约束。

（2）马克思以后，大多数马克思主义理论家接受了由大学研究界贡献出的社会规律的观点，但同时赋予它一个我们认为是由历史－社会规律表达出的完全不同的意义，他们保留了经济规律这个词，以便指出在生产和以我们称为经济综合症为特征的商品流通构成的领域中人的行为所表现出的属性。在这个角度上，适合于为市场而产生的社会的经济规律变成了历史－社会规律观念的一种特殊情况，

---

① 朗热的确也谈论过资本主义社会，但我们觉得他的重点仍在社会主义社会的经济规律之存在上。——原注

对所有社会组织形式来说，这种观念是最广泛和最有价值的。①

　　最后，在这些社会规律的积极的概念中，在他们的历史哲学中，罗莎·卢森堡和布哈林同意马克思关于存在着在人际关系中朝向一种从意识的功能与作用的变化中产生的不断增长的自由的转变，这就是恩格斯在其著名的所谓从必然王国向自由王国的转变中明确指出过的质的转变。

　　（3）斯大林的小册子，虽然有一些有价值的分析，但在某些方面仍然是很含糊的。我们觉得尤其是第一部分，这部分有关经济规律的本质，是出于降低这种朝着不断增长的自由发展的历史演变的理论的重要性，甚至出于缩小这种理论的现实性而产生的，它尤其致力于将作为从必然王国向自由王国的过渡的社会主义过渡的特征推向次要地位。无论在资本主义社会，还是在几乎从来不是靠某一位重要思想家支持的社会主义社会，都肯定规律的客观性。正是为了达到这个目的，斯大林于 1951 年提出：社会规律与自然规律一样，有着一种完全的强制特点，只能利用它而不能改变它。讨论围绕着社会生活规律的客观性和人类自由的本质。可是在这一点上，显得特别困难的是将斯大林的论点作为正统的马克思主义论点来对待，因为这样是和马克思主义著作的整体明显相矛盾的。所以，由于人们在马克思和恩格斯的文章中多次碰到这样的观点：资本主义社会的经济规律表现出和自然规律有着很大的共同点（如果他们的行动恰好不受意识的控制，并趋向一种机械的和物化的特征），于是，在马克思主义观念中，在谈论经济规律时，比谈论历史－社会问题时更容易为一切社会现实规律的客观特征辩护。斯大林也通过

---

　　① 当然，应该指出，当一个马克思主义者讲社会规律时，当他不承认区别事实评判和价值评判这种相反成为几乎所有大学里的社会学之特征的可能性时，这就在实证主义研究中具有完全另一种意义。如果说这个词不是太累赘，就应该谈论具历史－社会特征的社会规律。所以我们认为任何真正实证的社会学都应该有一种哲学特征，更确切地说，应该最坚决地建立在历史哲学的基础上。——原注

"社会主义中的*经济规律的特征*"①的那个段落介绍了他的陈述，他试图指出这样的规律是存在的，这些规律具有和自然规律同样的特点。当然，他参考了恩格斯论及非资本主义社会特有的经济规律的片段，同时却忘了提醒在这个意义上，无论对恩格斯还是马克思来讲，它们都没有斯大林自己力图赋予的这种特征，对于这些理论家来说，这是*资本主义社会*的经济规律中特有的特点。况且，也许斯大林自己已感到了他的论证的困难，因为在论述《社会主义中的商品生产》的小册子的第二段中，他指出在苏联还继续存在这种生产的同时很出色地分析了这种生产；但是这一段像是作为一篇独立的文章而存在，与第一段没有联系，不需要任何从市场和苏维埃社会中的商品生产的继续中抽出任何补充论据。

（4）现在，让我们来谈谈朗热的立场。朗热是位太有经验和太细腻的理论家，不适宜为斯大林这部著作第一部分中那样的立场辩护，他试图介绍几种可以接受的细节，以便使这种立场变成严密的。

因此，他也在放弃社会规律和经济规律之间的区别的②同时，明显地将他给予"经济"一词的意义的明确定义告诉了我们，但这是一个相当广义的定义，以至于它几乎与所有过去或现在社会中的人类行为相关。

事实上，他将经济规律分为三类：生产计划的技术规律（他告诉我们，这些规律来自生产的技术与物资的需要），人类行为的规律和人类行动的复杂性的规律。很明显，在这三种规律中，建立在物理－化学和技术规律之上的第一种不可能与特别的社会结构相联系，第二种则恰好与被我们称为历史－社会的规律相联；仅第三种

---

① 着重点是我们加的。——原注

② 如果不是翻译技巧上的问题，那么他就似乎故意要将某些含糊引入这些词。实际上（26页），作为历史唯物主义奠定的主要规律之一，即"生产关系和生产力特征之间的必然一致性"规律，参照斯大林的"政治经济的基本特征"而被提了出来。在后面一页（34页）上，又提出了历史唯物主义的一基本规律，即上层建筑与经济基础之间的必然一致性，这被称为"社会学的第二个基本规律"（79页）；这两种规律被称为"社会学的第一条和第二条规律"。——原注

以一个极为含糊的名称与被后马克思主义理论家们狭义地和严格地称为经济规律的东西相吻合。朗热所列举的（市场规律、利润平均率规律、特别利润的出现与消失规律）似乎肯定是第三种。

如果我们承认对这个经济词汇的很泛的定义，任何社会结构中的经济规律的存在和客观性的理论就不会引出任何问题，对这个问题的议论，或更具体地说，至少在朗热那里，保卫斯大林，反对卢森堡和布哈林的辩护将被压缩为简单的术语运用的问题。然而我们似乎并不认为情况就是这样。因为，一旦经济一词的定义被认为构成了上面述及的三组规律的特征，经济规律的永衡性和客观性的论点就更值得为之辩护，斯大林提出的这个问题就将重新或多或少是全面地出现，尽管无论是在表达法更加细腻的格式中，还是在阐述经济规律的自发性和客观性之间关系的文章中均如此。

事实上，斯大林将重点放在经济规律的客观性上，朗热则将自发性和客观性区别开来，自发性表明这些规律的客观行动和人的主观意向之间的不一致：

"经济规律有一种客观特点，它们的存在和行动是不依赖于人的意识和意愿的。相反，经济规律之行动方式可能与人的有意识意向、与人为实现其意向而采取的行动相符，也可能不相符。在第一种情况下，我们说经济规律以一种顺人意的方式行动；在第二种情况下，它们则以自发性方式行动。迄今为止，在社会主义形态出现前的所有社会形态中，大多数经济规律以自发性方式行动着，并仍在这样行动。"①

不过，朗热立刻认识到，这种区别不会扩展到被他称为经济规律的整体中去。所以他自己提出了一系列保留：

"真的，在这些形成中也一样，某些经济规律能够以一种顺人意的方式行动，但是，这不是对社会形态发展的过程起决定性作用的

---

① 和这项研究的其他地方一样，引文中的着重点是我们加的。——原注

经济规律，而经常是来自上层建筑，特别是国家的、也是某些技术规律和生产平衡的经济规律。然而，从生产关系中引出的特殊经济规律，尤其是从社会形态中引出的基本的经济规律都不是顺乎人的意图的；对表现了出自几种社会形态的生产关系公有制的经济关系也是如此。在一般情况下，这些规律均以自发的方式运转，因为经济刺激和对此做出反应的方式——经常是非有意的，最经常是无意识的——来自生产关系和与此相一致的分配关系是历史地构成的这样一个事实；因为各种刺激的运转互相印证，因为人类行动的复杂性导致了任何正在行动的个人和社会集团都未追求过的结果。"（第86—87页）

我们举了这么长一段话，是为了指出，在社会主义社会形态以前的社会形态中的经济规律的客观性和自发性与社会主义社会中的经济规律的客观性之间的区别。事实上既针对被朗热批评过的马克思主义者在严格的词义上称为经济规律的东西，也针对历史－社会学的规律，以至于我们又回到一个问题上，这个问题来自斯大林那个小册子，朗热为这个小册子的基本论点辩护——我们只满足于明确其展开过程和论据，并指出它们之间的细微差别。

和斯大林一样，朗热认为社会主义社会中的社会规律继续具有一种客观的特点，只有一点不同，就是：人具有必要的知识，接受这些经济规律，就能够以或多或少是符合自己心愿的方式来利用这些规律。人的意愿与客观规律之间的关系和化学与自然①之间的关系是同样的。正是在这个范围内，我们觉得朗热的论点是错误的。事实上，斯大林是明确地，而朗热则是含糊地以采取一种错误抉择的形式提出了主观性的问题：要么历史－社会的规律在一个社会主义

<hr>

① 补充一点，朗热在一篇讨论布哈林和罗莎·卢森堡的论点的按语中，又采用了证明在社会主义社会中存在交换价值的分析，同时明确指出——不是斯大林所作的——其中有一种反布哈林和罗莎·卢森堡的论点的论据，即使人们采用他们的定义和他们的术语。——原注

社会中是客观的，在这种情况下，"它们的存在和运转都不依赖于人的意识和意愿"，人仅仅能够去适应它，以便接受它和利用它；要么没有客观性，人是万能的。我们认为，无论从马克思的和马克思主义的观点，还是从简单的实证真理的观点来看，这种取舍都缺乏依据，它完全不必固执于它所暗示的二难推理中。自从卢卡奇的名著《阶级的历史和意识》及受其启发的大量著作问世以来，我们顿时觉得马克思主义的辩证立场相当明晰地形成了，人们不会再跌入或由道德评判或由技术评判来补充的象征性科学真理与完全缺乏客观性之间错误的取舍。社会的规律既不是"主观的随意的，也不是客观的和不依赖于人的意愿的"。即使是在一个为市场而生产的社会中的经济规律也只是接近这种准机械性客观性而永远不会以绝对的方式企及它。社会和历史现实的规律事实上是结构演变的规律，这些结构是由一些有意识的个人构成的，是自行运转的，然而这些个人既不能从外部把握，也不能以纯客观的方式去认识这些结构，因为这些个人本身就是这些结构的组成部分，这就是著名的历史运转的主体与客观之同一性问题；当涉及认识人的现象时，这个同一性会带来一个后果，就是：不可能将事实评判和价值评判分开，这种不可能性使人的行动具有一种建立在社会现实之上的赌注性质；因为这种社会现实本身也是以结构的意指的全部的组合关系连接起来的一群个人：社会集团（尤其指社会阶级）行为的总和。让我们补充一句，这种社会集团是历史运转的真正主体。

马克思本人在著名的《关于费尔巴哈的提纲》[①]中提出了这个问题。在这个提纲中，他解释了现实决定论者的所有观点，肯定了不

---

　　① 第三条提纲："有一种唯物主义学说，认为人是环境和教育的产物，因而认为改变了的人是另一种环境和改变了的教育的产物——这种学说忘记了：环境正是由人来改变的，而教育者本人一定是受教育的。因此，这种学说必然会把社会分成两部分，其中一部分高出于社会之上（例如在罗伯特·欧文那里就是如此）。

　　环境的改变和人的活动的一致，只能被看作是并合理地理解为革命的实践。"（马克思、恩格斯《哲学研究》，社会出版社，1951年版，第62页。）——原注

以人的意志为转移的规律的存在，同时又暗示，人可分为两类：一类消极，受约于这些规律；另一类积极，迫切要求置于这些规律之上，直至他们能够利用它们。相反，辩证的立场在本质上却是一元的。它知道人的行为是社会状况的结果，但是也不应该忘记，社会状况本身又是人的行为的结果。马克思对社会决定论的批判暗示存在着一批以社会技巧支配自己行动的杰出人物，似乎马克思的这个批判既是明确地反对决定论的（这个批判就是为此而作的），也可以用作反对斯大林和朗热。他们用不依赖人的意愿的客观性这个词来代替了决定论这个词。

实际上，辩证法的术语的中心问题每次都将是确定每一种特别的社会结构的主体和客观之间同一性的复杂和特别的关系，并在此基础上，确定客观环境和意识及意愿作用之间的关系。所以，我们在我们的文章中，把卢卡奇于1923年使用的将主体与客体之同一性这个过于笼统的词换成主体与客体之局部的和历史的同一性。我们认为，这个词能更好地突出这种关系的历史的和本质的特点以及每次都确定其特别结构的必要性。

提出这一点后，人们明白了为什么无论在斯大林的小册子还是在朗热的著作中，都没有发现任何对这种结构的具体分析，而相反只有几个笼统的（至少在我们看来）对"自发性""资本主义世界之经济规律的客观性"的典型的图解式用语，"超出了自生性，但在社会主义社会中也是不以人的意愿为转移的客观性"。

我们觉得，放弃对主体与客体的同一性问题的具体研究的后果在于：当朗热谈到在社会主义社会中利用客观经济规律的意愿时，他只使用了"人的意愿"（第96页），"有组织的社会的意愿"等（第92页）典型的笼统用语，而从来没有在使用这些用语时提出属于不同个人和不同的局部集团的特殊结构地位、影响力和功能的具体问题。简言之，就是个人自由的问题，尤其是在一个中央计划经济社会中的官僚主义的问题。①

　　这后一条意见将我们引向奥斯卡·朗热的书领我们涉及过的问题，就是社会主义的计划化和个人自由之间的关系的问题。马克思主义的历史理论和哲学事实上暗示不同社会组织之间有好几种补充性区别，在这些区别中以及在用阶级社会与原始共产主义和未来的共产主义社会相对照的区别（得到马克思主义理论家们的一致承认）之外，有另外两种对照对于我们感兴趣的这个问题是至关重要的：

　　（1）就是，*经济式社会*（或者，如果人们乐意用朗热的定义：受制于近乎机械的和物化的经济规律的社会）和前（还有后）资本主义社会之间的对照；在资本主义社会中，生产的、流通的和公平或不公平、人道或野蛮的分配组织在任何情况下都显示出一种明显的特点，原则上易于被这种社会的所有成员所承认。在这后一种情况下，人们将用罗莎·卢森堡、布哈林或者卢卡奇的语言谈论社会，在这些社会中，财富的生产、流通和分配都具有一种历史–社会学特征，而不是经济特征。这种区别把为市场而生产的社会与财富的生产、流通和分配都服从于财富的性质或*使用价值*的前资本主义或未来的资本主义社会的一切形态相对照。

　　（2）另一个同样重要的补充区别是，以传统的生产、流通和分配组织构成的前资本主义社会与开始于资本主义社会，又与社会主义及共产主义社会继续并存的历史时期的社会相对照。所有这三种社会都是以生产的*合理组织*为特征的，因而又是以生产力的高速发展为特征的。

　　事实上，如果人们将这两种对照综合起来，就能得出在很大程度上以大部分前斯大林社会主义理论为特点的三等分：

─────────
　　① 朗热可以正确地反驳我们说他的著作着重于一般方法论问题而不承担具体的分析。不过，正如我们指出过的那样，当他的基本立场取消了对这个特别重要的一点的具体分析之必要性和未在任何地方——即使是附带地——提及过这种分析的必要性的情况下，我们觉得他的反驳的理由是不够充分的。——原注

（1）传统主义的和非物化前资本主义社会；

（2）资本主义社会，在这个社会的不同阶段，有一个经济的部门在发展，也就是说，一个物化的、部分的理性的社会在发展；

（3）未来的社会主义社会，这个社会应该在完全的理性的和非物化的情况下成为前两个社会中的有实效的价值的综合体。

然而，对这两种区别，朗热的著作中仅提及了第二种。对他来说，在扩大资本主义发展时引入社会生产整体中的私有企业中的合理性的范围内，社会主义社会首先在更高质量上是资本主义社会的继续。

"所以，在资本主义生产方式的范围内，经济'有理'性的原则仅仅只运用到各种不同的企业内部，而不见其运用到社会经济的整体中。为此，生产方式的社会化是必不可少的。"（第198页）

"现在，由于生产力的成熟，可能甚至必须过渡到建立在生产方式社会化基础上的新的生产关系；同时也会出现从局限在私有企业内部的经济合理性过渡到运用到整个社会中的经济有理性的可能性和必要性。这就在运用经济有理性原则的历史上开创了一个新时代。"[①]（第202页）

无疑，朗热部分地、仅仅是部分地继续了将重点首先放在生产方式的社会化和中央计划化之上的大多数社会主义大理论家的传统；这些大理论家确信，取消市场这件事本身便可消灭物化和导致社会的可观的民主化、容纳物化社会的出现和发展带到社会生活中的所有的有效价值。只不过在这种传统中，一种希望真正的民主化、从数量到质量的回复、极端专门化的取消、希望实现人的完整发展，

---

① 在同一个意义上，让我们再引一段："社会经济计划化的方法论是通过改造资本主义企业的会计学范畴和方法和在对生产和分配的社会过程的整体中的运用等等而发展起来的。"（第208页）

"社会主义的生产方式创造了合理化新跃进的条件，无疑也创造了在人类活动等不同领域内的量子化目标的条件。"（第215页）——原注

这些在朗热的这本书里几乎完全没有的成分起着特别重要的作用。简言之，对于传统的马克思主义思想家来说，社会主义社会应当通过市场的取消、生产方式的社会化和计划化生产的实施来实现以下几方面的综合：

（1）从资本主义经济中继承来的财富生产的合理组织；

（2）个人自由和这种自由曾在形式上引入的平等的价值；现在，应该完全地实现这些价值；

（3）精神生活和显示前资本主义社会之特点的人际关系的性质；

（4）显示原始共产主义之特点的无剥削和无社会阶级的划分。

当然，这些因素中的任何一种都应该通过自身同其他因素的关联而出现在一个历史迄今经历过的最高的层次上。

由此，朗热的眼光首先落在合理化的进步上。如果社会阶级的取消被认为是自然而然的，那么，有关质的回复、民主的问题和个人自由的一切都几乎将在其发展中找不到地位。

朗热的书里指出的那种社会主义社会是这样一种社会：在其中，所有的阶级都取消了，总体生产的合理组织通过一些作者并没有更多地进行讨论的方式，使这种生产以符合"社会的意愿"的方式得到发展，但作者对这种意愿借以得到表现的具体方式没有表示出很多兴趣。

然而，我们觉得，我们刚才提及的两种观点（传统马克思主义的观点和朗热－斯大林观点）均显得难以在后几年的经历中站住脚。在这个时期，正是具有以中央集权的政治和经济领导的社会主义特点的社会使人看到了无疑能够寓于传统马克思式的分析中的问题，但是前斯大林时代的马克思主义思想家们完全没有注意到这一点。

即便非完全的但至少是接近完全程度的对市场的取消、过渡到完全的计划化，这无疑在狭义上贬低了经济规律的自发的甚至几乎是机械的运转。它们代表着历史－社会学的和质的回复。而这正是整个一系列的传统的和人道主义文化的重要价值，尤其是自由、平等和博爱等这些资本主义社会越来越仅从形式上实现，但可在理论方面构成马克思、恩格斯和今后的社会主义思想家们希望能够在社会主义社会生活中完全地实现的价值，这些价值相反显示为与市场的存在相联系，但又受到市场之消失的极大威胁。

朗热在《人格崇拜》一文中发生了一种短暂的失真现象，他既未分析其发生，也未究其性质；他把问题过分简化了。无疑，他没有说清什么是：

（1）1917 年俄国落后的、农业的特点；

（2）资本主义的包围；

（3）民主传统之缺乏；

（4）苏联的斯大林主义的发生和演变中的中央计划化。

然而我们觉得无可置疑的是，中央计划化的存在和市场消失削弱了在历史上与市场的发展密切相关的平等、个人自由和博爱的价值，这些价值面临在中央计划化的社会组织中再也找不到根基的危险。

请允许我们在这一点上指出，南斯拉夫的经验用严肃的努力，为了从现在 ① 就实现一个社会主义性质的和反官僚主义倾向的社会；对这个经验的特别关注 —— 即使是在理论上的 —— 是由生产资料私有制的取消与市场的保留不能并存这个狭义的经济领域内的事实的发现所引起的。这是对这种经验的详细研究，甚至是对一个也许将生产力的发展推向南斯拉夫社会至今尚未真正达到的社会的理论样板的深入研究；南斯拉夫社会将帮助我们寻找马克思主义思想的一个特别重要的问题的答案，即弄清与极端的地方分权、与中央计划化的极大减少（但非取消）、与市场的保留并由此与社会生活中保留经济部门结合在一起的生产资料私有制的取消在什么样的范围

---

① 这种努力只能借助于整体形势和社会的，特别是我们无暇在这里多谈的经济的和军事的形势才是可能的。——原注

内能够创建一个取消了物化的一切消极因素，特别是在保持和加强
与市场之存在尤其是与个人自由、平等、博爱相联系的传统价值的
同时又取消了极端的量化的社会主义社会。

目前，我们只能来验证一个悖论，中央计划化的理论家们被关
闭在其中，这中央计划化导致被人们称为经济规律的东西变成历史
和社会学的规律，也就是说导致了经济的取消；正是这些由于念念
不忘保卫支配社会现实之规律的客观性而实则含有保卫保留"能人"
决定权地位之必要性 —— 这经常意味着专家治国论和官僚主义 ——
而使得保守分子的中央计划化理论家们重新回到一种决定论上，这
种决定论赋予经济这个词以广泛的意义，并又包含着社会学的意义
和通过社会组织的演变而肯定其永恒性。与此相反，马克思主义的
流派由于念念不忘反对专家治国与官僚主义的特权（暗含反对中央
集权），导致了以无疑经过改造的新的形式恢复狭义上的经济部门。
然而，他们却没有足够地使这种演变及这种演变有一天可能导致的
后果 —— 应该承认这种后果，以便能以有效的方式控制它 —— 的
蕴涵理论化。

这说明这个问题是多么复杂，马克思主义的决定论和概念化在何
种程度上仍然显得不足以在今天的形势下把握这种问题，我们认为朗
热的书正是在这个具体问题上满足于采取某种片面和简单化的立场。

最后，我们指出，这篇文章的观察集中在这本书中的我们认为
最有争议的最有必要公开也最需毫无保留地讨论的问题上。不过我
们不愿意引起不正确的印象。这里涉及的是朗热的一本重要著作。
尽管像我们指出过的那样，这本书在某些点上保持着斯大林的立场，
但朗热仍肯定不是一个斯大林主义者，他是一位钻得太深的经济学
家，以至于我们没有认真严肃地阅读他的著作，——尽管也有批
评 —— 并推荐给所有对马克思主义思想和理论感兴趣的人。

第九章　提倡用马克思主义的方法研究马克思主义

正是在这个困难和关键的题目上，人们允许我们罗列我们的建议和断言而无须用过分的转换将这些建议和断言硬行联系在一起。这些石头自身会相互粘连得相当好。

定义与方向

（1）马克思主义方法论是一种受整体思想支配的归纳的发生学结构主义①。

（2）这个假设有这样一个含义：在某个时期内，任何人类思想、情感、行为都构成一种有意指的运动的结构②。

（3）对这种结构的实证分析要求有几种互相不可分割的补充方法，尤其是：

a. 一种理解性研究，它假设在纯理论的层次上，对被研究结构的某些特殊平衡状态的内在一致性进行描绘；

b. 一种解释性研究，它假设这种结构纳入另一种包容它并了解它的演变的、更加活跃的、有意指和广泛的结构中；

---

① 让我们回忆一下这个定义——戈德曼同意这个定义——让·皮亚杰（《发生学认识论研究》第二卷第34页）赋予结构这样一个概念："我们说……当各种成分汇集成为一个，作为一个整体并代表某些特性，当各种成分的特性完全或部分地依赖于这个整体的这些特点时，就有了结构（从其最一般的方向来看）。"——原注

② 见吕西安·戈德曼《辩证研究》第108页："结构的一致性不是静态的现实，而是各集团内部的运动的潜在性，是一种有意指的结构，个人的思想、情感和行为都趋向这种结构，是一种大多数个人只在一定的特别环境下才能例外地实现的结构，但如果在某个有限的领域内，当一些特别的个人与其集团的倾向相吻合并将其推向最大的一致性，他们就能企及这种结构。"（有些政治或宗教首领、大作家、大艺术家和大哲学家就是这样。）——原注

c. 因此，理解和解释就是同一个研究的互相关联的两方面。对一个特定结构进行理解的方法是解释组成这个结构的局部的构成成分；对这个特定结构进行解释的方法是理解包容这个结构的更加广泛的其他结构。

（4）对在持续演变中的含义广的结构的研究，不管它是理解性的还是解释性的，都包含了下面三个补充方面：

a. 从某个方面讲，任何演变都表现为朝向一个特殊平衡状态的结构过程；

b. 从另一方面讲，这同一个演变又表现为一种或多种先前存在的结构的解体；

c. 这种结构和解体的过程包括从老结构到新结构之过渡的特殊时期。这种状态被辩证法通常称为由量到质的过渡。对于我们的研究来说，阐明这一点是特别重要的。

（5）在具体研究中，有两个特别重要的步骤是研究对象的切割（应该是恰当的和运演式的）和阐明其基本的内在结构。

（6）当然，无论是这种对对象的第一次切割，还是对最基本的结构之理解性描述，都应当建立在客观现实的基础上，否则研究必然失败。而且，它们都只具有在研究过程中经常得到明确表达和改变的工作性假设的价值。

（7）这种经常在最多样的研究题目中得到成功地运用的方法，在对马克思主义思想本身之历史的研究中却几乎从来未被采用过。

甚至在关于马克思和马克思主义思想方面著书立说的马克思主义者们都只使用被他们自己强烈批判的大学式传统方法。

（8）这一点由于这样一个事实而得到清楚的说明：马克思主义本质上是一种旨在在研究者和被研究的客体之间建立起某种距离的批评方法，而思想史上传统的大学式研究方法则鼓励研究者对其研究的思想抱好感甚至与之同一。

（9）对马克思主义历史进行的马克思主义式研究的可能性构成了辩证唯物主义有效性之最重要的标准。很明显，这种研究将是长期的，它需要大量研究者。

（10）我们进行过的初步的研究使我们想到要在马克思的逝世和俄国革命之间设想一种马克思主义思想的基本构造，一种与以前的大多数研究赖以为基础的研究所不同的构造。

当然，这种构造只有工作性假设的价值，然而我们觉得这种价值不可比拟地比以前进行过的大多数研究更具运演性。

a. 关于对直至 1848 年的青年马克思思想的研究，我们思考传统对精神生活（德国古典哲学、法国社会主义、英国政治经济）、社会现实（无产阶级思想）的插入是否无须加上第三点：趋向西欧的、无产者和马克思主义思想构成其部分因素的资产阶级民主革命运动中，无产阶级的插入是否效仿资产阶级而不是取消它。

b. 对德国 19 世纪马克思主义的研究揭示出了一个社会现实的存在：拉萨尔主义，它奇怪地和 20 世纪的更加广泛的现实中的斯大林主义很相似。

确实，拉萨尔主义的特征是主张工人政党的有纪律的、分等级的组织，是一种工人阶级的突出的国家主义思想，赋予首脑人物个人以很大的重要性，最后它是一种为了和民主资产阶级战斗而和反动势力结盟的政治。

所以，有必要仔细研究拉萨尔式运动，看看在这些不同的成分中有没有一种重新出现在 —— 当然是在更高的层次上 ——20 世纪的斯大林主义之中的结构关系。

c. 在工人运动和后马克思主义思想的传统构造的位置上，在修正主义右派、中间派和自身又分为或多或少有分歧的几种倾向的左派之间，我们设想有一种构造，用在无产者和资本主义社会整体之间建立联系的方法，在这种构造中设想出以下几者间的区别：

第一，一种倾向[①]，这种倾向在无产者看到一个彻底地对抗构成资本主义社会中的所有其他集团的、完全不属于资本主义社会的阶级。

这种倾向的主要理论家很明显是罗莎·卢森堡，不过她或多或少兼有如帕尔乌斯、托洛茨基直到1925年的乔治·卢卡奇、柯茨等政治家和理论家的思想；也有不同形式的工运中心主义倾向。这个小组的政治思想和实践的特点是：拒绝作任何妥协，相对政党来讲，肯定无产者的优先权，要求在工人组织内部实行内部民主，这是唯一能使本阶级改掉干部和知识分子的官僚主义倾向的方式。

这种与20世纪的社会现实不甚适合的方针总是导致政治失败（卢森堡、托洛茨基），或导致他们的代表人物走向另外两种倾向（帕尔乌斯、卢卡奇）。

第二，这另外两种倾向得出的政治结论是完全对立的，但它们有一个共同的理论基础，这就是认为无产者并非反资本主义革命的唯一社会力量，这是因为在发达的西方社会中，无产者部分地或者全部地加入到了现存社会中，又因为在不发达的国家中，无产者只构成一种太弱的社会力量，而且还有走向简单的改良派工联主义的危险。

基于这种看法，这些倾向中的一种便趋向于重实效的改良主义，这种改良主义的思想总倾向将扩展为公开的修正主义直至成为带激进思想和完全实践性的组织（在很多情况下被人们习惯地称为中间派）；而另一种倾向却相反趋向要求进行一种不再唯一地建立在使无产者的自觉性充分发挥，而是建立在争取所有对资本主义不满的和可能持反对观点的阶层共同行动的可能性上。这后一种倾向导致首先肯定一个有严格纪律的、有能力协调和组织不同社会集团的行动和导致旨在使所有这些集团之共同行动作为可能的必要性。

[①] 我们暂时放弃所有这样一些名称：左派、中间派、右派，以便避免在讨论中带来太多感情用事的因素。——原注

这两种倾向——第一个是在西欧，第二个在工业不太发达的国家，尤其是在俄国发展起来的——之间的这种关系说明了许多共同理论发展的存在（希尔费尔丁对列宁的影响，对再生产模式的同样描述，还有对在一些国家中得到伦理标准而在另一些国家中则得到社会活动的技术规则的补充的客观社会科学之可能性的肯定）。

这两种流派由于更能与真实的社会历史相适应并可能表现了它们在其中发展起来的那些社会的重实效的力量的观点，所以真正地为这些社会的构造做出了贡献。

这里涉及的当然是一种完全基本的概括，它将需要大量的详细的特别研究，才能算作对那些具体现象的研究；这些现象最经常表现为复杂然而又首先是这些概括成分中的这些或那些之间的媒介。

让我们补充一点，我们事实上对第一个流派的社会基础知之甚少，而这恰恰对阐述马克思主义历史来说是一个极为重要的问题。

第十章　青年卢卡奇的美学思想

在哲学界，人们知道卢卡奇多年来就在准备一部美学巨著。照他自己的说法，这部作品会为其著作的整体增光。而且，这部著作已有一部分在意大利问世，题目是:《马克思主义美学绪论》[1]。当然，这不是我们今天要讲的。

卢卡奇的著作分为有明显区别的两大部分，这两部分是从1927年到第二次世界大战前几年的那段相当长的沉默分开的。所以，不管卢卡奇后来的演变如何，从1908年到1926年之间发表的著作构成了相对封闭的一组文字，在其中，这位哲学家经历了一种严密和可理解的演变，使他从康德主义走向了正统的马克思主义。今天我们打算检验的就是这一段时期，特别是在第一本用德文写的著作[2]《心灵与形式》[3]中表现出来的美学思想。

在我们看来，青年卢卡奇的著作在西方思想史上所保持的重要性首先在于它在结构主义——卢卡奇曾是其成员——和他后来接受了的马克思主义思想之间建立起了联系。

而《心灵与形式》就已经表现为或多或少是现象学的结构主义和悲剧性的康德主义的综合了。

因为实际上，就我们所知，尽管卢卡奇从来没有承认过现象

---

① 《马克思主义美学绪论》利乌尼蒂出版社，存新文化图书馆。——原注
② 以前用匈牙利文写的著作使西欧读者无法弄懂。——原注
③ 乔治·卢卡奇:《心灵与形式》，柏林，1911年版。——原注

学的明显影响，但我们觉得明显的是，主宰他的前期著作的结构主义立场仍然部分地即使不是直接至少也是暗含地受了胡塞尔思想的影响。

卢卡奇是拉斯克的好友，来源于海德堡新康德学派，这个学派早已转向人文科学了（与将中心放在物理和数学科学方面的马莱堡新康德学派相对立），卢卡奇处在精神界和大学学术界，与弗赖堡－昂－布利斯戈学派的关系密切。人们通常把这两所大学的思想家们称为：德西南哲学学派。

要描绘海德堡新康德派和弗赖堡现象学派的联系，只需提及胡塞尔的著名文章《作为精密科学的哲学》。这篇文章首先是在海德堡的新康德派杂志《罗戈斯》上发表；或者提及：海德格尔的第一、二篇文章受到拉斯克的强烈影响，第二篇《司各特的语义学范畴·序言》明显地参考了拉斯克的思想。

然而，我们觉得，现象学对人类现实的实证理解的巨大贡献不是发现了结构思想，而是明显地将结构思想——如果我们不仅局限于胡塞尔——甚至有意指结构思想明显地主题化了。无疑，一位严格的现象学家不会接受这个肯定。于是应当指出，我们是在科学的和实证的而不是在现象学的观点上提出这种肯定的。

我们要涉及的并非向想把现象学理解为一种哲学系统的人说明什么是现象学的主要思想，而是要弄清，在现象学阐明的观点中，有哪些在辩证思想中仍然有效，尽管人们拒绝承认现象学是一种哲学立场。

无疑，卢卡奇在撰写《心灵与形式》的时期还不是马克思主义者。不过，他那时已是一位希望理解情感创造的美学家和康德式思想家。这本书就是在这样的背景下写成的。所以，当看到他在胡塞尔的著作中选择（当然是无意识地）的不是现象学思想的最重要的东西，而是选择了能掺和到自己思想中的东西时，就不会使人感到惊奇了。当然，他一下子就选中了有意指结构思想，这也不是偶然的（这种有意指结构思想还使来源于现象学的唯一科学的大学派——完形心理学派得以诞生）。

在写作《心灵与形式》一书的时期，卢卡奇和有意指结构的现象学思想的亲姻关系比后来任何时候都紧密，因为现象学的主要特征是非发生学的，是与所有辩证思想相对立的。然而，康德主义也绝不是发生学的。因此，当看到卢卡奇在第一本用德语写的书中综合了完全康德式立场和即使非直接也是间接地受胡塞尔影响的非发生学结构主义时，就不令人感到奇怪了。

还应该补充一点：如果现象学在 20 世纪使有意指的结构思想变得明朗了，那么这种有意指的结构思想已经不明朗地持续出现在从帕斯卡尔、康德直到胡塞尔和马克思的传统哲学中了。

无论如何，不明朗与明朗之间有很大的距离，无论对不明朗地以更加有效的手术式方法来利用这种观点的人，还是对将这种观点作为理论的人来说，这种观点被运用时都是这样。

简言之，卢卡奇的特别运气或最重要的功绩之一——可根据兴趣随便叫什么——就是曾于世纪初处于两个哲学流派的汇合处：他通过新康德主义发现了真正意义上的康德主义和现象学。

正是使他得以写一本书的东西无可争议地构成了西方哲学演变中的一个重要阶段。

刚才我们说过，《心灵与形式》是一部严格的康德主义的著作，不过，如果这是一本最严格意义上的实验作品，如果人们能够正确地思考严格意义上的康德主义与这种实验思想本身是怎样地并存，那么，"严格"二字也许是不合适的。

在卢卡奇与康德思想的真正意义相应和的悲剧性角度上，真理事实上是一个，任何其他思想和表达形式——如果它们与真理有差别——都是完全无价值的。

　　反之，这部实验作品却正是一种表现形式，它提出的问题更多是没有答案的，尤其当涉及答案时，它便概述而不是肯定答案。

　　不过，正是卢卡奇自己在其著作中令人赞叹地定义了这部实验作品的实质，他说这部实验作品是在概念方面表达世界观的哲学和作为与个人人格及特别关系紧密相连的想象世界之创造的文学之间的中介形式。

　　这部实验作品是与哲学有亲姻关系的，因为它是表达概念的，在只在一种特殊现实的情况下才提出问题时，这部著作的确是一种中介形式。因而它是一部两方面的作品。第一方面是对象，这是它的支撑点；第二方面就是它所提出的问题。这部作品"是在×××情况下"写的，自然在问题与对象之间存在着一种复杂而又必然的关系。这就意味着，对于作者来说，对象至少在某些方面具有实证的价值，尽管作者对此还持某种保留态度。

　　卢卡奇这部著作的意图在某些方面和其康德式意向严格地相符。这本书的最后一章中，在发挥它暗含着的对世界的悲剧性的看法和根本的否定时，卢卡奇在这种否定之前对在他看来是最不真实的和不太根本的几种否定做了分析。

　　然而，卢卡奇并不将这些不真实的否定形式的研究表现为一种理论分析，而表现为一组实验作品，同时又将它们作为对象，每次都力图使人将这些实验作品局部地，特别在美学方面有价值的东西当成与人类心灵的表达相符的形式来理解；尤其是，卢卡奇在整个这一章写了一篇与涉及悲剧的空想但又很难与之和谐的最后一章完全同样实证的"实验作品的实验作品"，他将一种因素引进了自己的康德式立场中，这种因素使他的立场成了问题并表明卢卡奇在自己未来的著作走向黑格尔主义的同时，正在超越这种立场。

　　我们刚才说，青年卢卡奇的美学思想是结构主义的，同时我们指出从静止的结构主义和《心灵与形式》中的美学、从《小说理论》

一直到《历史与阶级意识》^①中的发生学的和归纳的结构主义，卢卡奇一直在不断地演变。

当我们打算将这种美学的一般线条抽出来时，我们却一下子碰上了思想史上最重要的方法论问题之一，即弄清对一个思想家或一种思潮的著作的内涵的研究应该局限于追随编年史的顺序，还是相反应该借助未来的光辉以便理解过去。

实证主义总是为这种立场中的第一种辩护，有利于这种立场的论据似乎仅由良知来证实。

当我们研究一部作品时，没有任何权利将被研究的文字、它的结构、内部构造以外的任何内容引进这种研究中，如果不是用现象学家的眼光来看问题，一切经济的、社会的、精神的等等外部因素都能对这种内容和这种结构的发生起作用。

实际上，人们能够说，实证主义或理性主义决定论是用过去来解释现在的，而现象学结构主义则企图首先排除一切地用现在来解释现实。

辩证思维与上述两者都背道而驰，它没有否认过去和现在的重要性，但又在未来中看到一种实证解释的重要因素；它用普遍的发生学结构主义来论证这种观点，这种假设在一切已知数即过去或现在中看到了一种只有通过未来的演变和纳入正在形成的能动结构将会造成的相对平衡取得其真正意指的潜在性的整体。

尽管马克思对达尔文非常钦佩，但他却在《政治经济学批判》

---

① 乔治·卢卡奇：《历史与阶级意识》，卡·阿克罗夫、让·布阿译，子夜出版社，1960年巴黎版。——原注

中明确指出这种区别："人体解剖对于猴体解剖是一把钥匙。"①

我们的研究中自然也出现了这个方法论问题。事实上，人们无须对《历史与阶级意识》进行任何参照就能阐述《心灵与形式》的观点。很难在西方思想的变化中同时建立和指出这些观点的重要性。因为，应该再一次提醒，人体的解剖是猴体解剖的一把钥匙，正是从《历史与阶级意识》中，人们才抓住了卢卡奇此前著作中的重要性和意指。

《心灵与形式》的主要思想已在其题目中表达出来了，就是：一般精神的和文学的特别是哲学的价值是建立在某种数量上的形式和使人类心灵得以表现其不同的可能性的协调的结构中的。

但是，这部著作却一点也没有向我们指明协调的形式的特殊性建立在什么东西上面。（相反，人们清楚地看出在这些形式中，真实性是怎样建立在悲剧观的特殊性上的）

仅仅在《历史与阶级意识》中，我们才看到了建立在一个事实基础上的历史哲学，这个事实就是：人是一种存在者，他总是企图创造越来越广泛的协调的结构，直至对这些结构的美学的、哲学的和宗教的特殊性的证实从涉及人类的行动和创造的简单事实中自然地流露出来。

这样，下面三种思想就是相互紧密联系的：

（1）人是一种企图给自己的生命以一种意指的存在者；

（2）历史，人类的创造是有意指的，它提出进步范畴的有效性；

① "资产阶级社会是历史上最发达的和最复杂的生产组织。因此，那些表现为它的各种关系的范畴以及对它的结构的理解，同时也能使我们透视一切已经覆灭的社会形式的结构和生产关系。资产阶级社会借这些社会形式的残片和因素建立起来，其中一部分是还未克服的遗物，继续在这里存留着，一部分原来只是征兆的东西，发展到具有充分意义，等等。人体解剖对于猴体解剖是一把钥匙。低等动物身上表露的高等动物的征兆，反而只有在高等动物本身已被认识之后才能理解。因此，资产阶级经济为古代经济等等提供了钥匙。但是，绝不是像那些抹杀一切历史差别、把一切社会形式都看成资产阶级社会形式的那些经济学家所理解的那样。人们认识了地租，就能理解代役租、什一税等等。但是不应当把它们等同起来。"（卡尔·马克思《〈政治经济学批判〉序言》）巴黎，1928年版，M.吉哈尔出版社，342页。——原注

（3）精神创造的所有协调的形式自然地构成了一种积极性的特殊形式，在这些特殊形式中，一致性是价值标准的主要标准之一。

最后，本来意义上的美学思想涉及的是不将形式当作构成文学作品主要意指的协调结构，而是从更加狭窄的意义上将它当成这种意指的表达方式来对待[1]。

实际上，卢卡奇在其著作中分析的不同的"形式"在这里有一个共同点，即它们——那部试验作除外——都表达了一种困惑和人与世界之间的不可克服的分离；在这两种形式的任何一种中，卢卡奇都碰到了纯粹属于技术方式的问题，这一技术方式能使诗人和作家创造一部主要是以缺乏和谐意指为根据的单一的作品。

这也正是被人们在更窄的意义上称为"形式"的表达一种意指的方式；当然，由于意指之间的区别和缺乏和谐性——其表达方式已在这部著作中被研究过——的每一种的专门特征，评论者每次都处于向作者提出的、作者决心用专门的方法来解决的特别问题面前。

我们当然不会在这里重提这部著作中包含的各种分析。然而重要的是指出，从这个时期开始，卢卡奇感到了在现代社会中，作品的意指和其形式之间的联系是松弛的，造成这种松弛是由于：在这个社会中，精神创造方面没有变化，主题企图在其即时的形式中自我满足；这就是马克思主义思想家们曾经作为物化过程的后果之一来分析的东西。

在1923年效法于卢卡奇的一种说法中，人们说商品性生产的发展必然带来独立的经济生活的出现（及其结果：经济科学、政治经济学），它服从其自身的规律，越来越不依赖任何伦理的、精神的和艺术的进程。

基础与上层建筑之间、人的真实生活与精神表现之间的关系因

---

① 我们不知道卢卡奇在写作这本书的时期是否确认形式这个词的两种意义是有明显区别的。但无论如何，他毕竟运用过这两种概念中的任何一个。——原注

此变得越来越松弛，这就使上层建筑领域内有了给个人的全部势力
以一种既更加广泛又更加具实验性和非真实性的特点。

　　在如下两个事实之间有着密切的联系。一个事实是：在意识方
面，我们的社会变成了一个想象中的博物馆般的社会，它在其博物
馆或文献中包含和收藏了最原始直到最近的表达法的所有形式，其
中包括文学、儿童或神经错乱者的图画；它同时又是美学创造的各
种不同方面最大胆的实验性社会。另一个事实是：这个社会也许是
这样一个社会——在其中，真正的创造性是弱小的，无论如何，由
于没有一个受到普遍承认的标准，这种创造性是最难觉察的。

　　这就是卢卡奇于1923年进行的，以及后来的马克思主义者们经
常进行的分析①。不过，1908年，卢卡奇是在对马克思主义还完全不
了解的时候用现象学观点来描绘这种形势的。

　　在对形式与一般意指的关系做了大段的分析后，卢卡奇分析了
现代社会中的这些关系，我们觉得他的结尾非常重要，这段结尾值
得举出：

　　"人们也可以这样地提出问题：丰富性与形式，为了拯救形式，
人们能够放弃什么呢？又应该放弃什么呢？必须放弃什么呢？为什
么？也许因为形式不是来自我们的生活；因为这种生活很少是美学
的；因为它由于自己的无序特点而变得很弱很无力，以至于它甚至
不再有能力在各种形式中按照必然性本身改变那种为一种活跃的和
真正的艺术得以诞生而易变和应该是易变的东西。

　　"因此，今天可能或者只有一种抽象形式，这种形式是由对艺
术的思考、对过去的巨著的热情观察和理解其奥秘而造成的——但
是，这种抽象形式不可能表达我们生活的专门特点和在这种生活中
与现时相连的丰富性和美——或由于一切只通过即时的集体经历而

───────
　　① 参阅乔治·卢卡奇《历史与阶级意识》及吕西安·戈德曼《辩证研究》中的《物
化》。——原注

活动和甚至在这种集体经历停止的时候成为不可理解的东西而导致的形式的全部丧失。

"也许这就是根本，但是无论如何有一点是肯定的，就是：这里面有一种冲突，同样肯定的是，伟大创造的时代却从来没有过相同的冲突。所以，最个性化的抒情主义能够以即时的方式在希腊悲剧中得到表现，任何丰富性无论它怎样大都不可能使意大利文艺复兴初期的伟大作品光耀夺目，自然更不可能使更加古老的作品光耀夺目。一句话，今天有一些作品是通过其形式而起作用，而有一些作品的作用则不在于其形式，对这些作品中的大多数，人们都提出了问题（也许人们应该对所有这些作品提出问题），想弄清它们是否还包含一些一致性的东西。

"换句话说，是不是有一种当代风格呢？能不能有这样一种风格呢？是否可能通过抽象的形式而抓住某种实质性的东西并且可靠到不至于放过今天生活的整体实质呢？是否可能将我们生活里经过的瞬间的、也许明天会更多地存在的色彩、气味、花粉的式样和色彩永远地固定下来呢？是否可能同时表达在我们看来是本质的但也许尚未被我们看清的东西呢？"[1]

《小说理论》用一种黑格尔思想代替了《心灵与形式》中的康德主义，但保留了同样的美学立场，仅仅在涉及史诗文学分析的同时改变了对象。此后，1923年面世的《历史与阶级意识》——这部书不久前才用法文出版——抛弃了纯美学问题，第一次在20世纪将马克思主义表述为普通发生学结构主义。

在哲学和社会科学史上，这本书是划时代的，它将整体范畴以及把事实的评判和价值评判分开的不可能性引入了辩证思维的运演式社会科学概念即可能意识的概念，创造了一种实证的辩证社会学的可能性。

_____

[1] 乔治·卢卡奇：《心灵与形式》，柏林，第248—249页。——原注

这后者意味着一个集体意识可能达到的与现实的最大一致性（当然，它也许永远达不到这种一致），这并不导致这个集体放弃其结构，并且它事实上还表现为与个人心灵形式的旧概念密切相关。

以前，"形式"对卢卡奇来说曾有一种典型的特殊价值，不过，这种特殊性并不是由批评以外的标准来论证的，它是一种肯定，这种肯定暗含着这样一层意思：这种价值的评判与文化中的情感成分是分不开的。

从某种意义上说，对形式的爱与理解，对其特别的人类价值的承认就是构成"禀性良好者"的特点的东西。

在 1923 年的时候，对卢卡奇来说，一致性倾向是某种万能的东西，是所有人类现实的主要特点。艺术、哲学、所有伟大的精神创造无不与整体社会过程相连；这些都成了无疑是特殊的社会现实，但是与构成社会和历史现实的其他现象的本质是同样的。

就由于这，上层建筑的社会学的习惯观念既被保留又被推翻；在远不是作为一种个人现象表现的美学创造相反地显现为个人意识和通常被我们称为集体意识的总体结构之间有不可分割的联系时，这种观点是被保留的；在远不是纯粹仅仅反映集体意识和还原这种意识（一般马克思主义的习惯模式："上层建筑只是……"）的艺术作品相反构成唯一的某种程度的一致性时，构成集体的那些个人的意识或多或少有效地影响着这种程度，这种观点就被推翻。

这部著作远未传达出集体成员真正要说的和所想的，它因此向集体成员揭示出他们"想的但自己并未懂得的"东西；它是一种一致性的最高点，个人的真实意识就是以这个一致性的最高点为目的的，当然，作为这样一种一致性，它是唯一的和不可代替的。

不过仍不应当忘记，作品不可能达到这种一致性，不可能有这种典型的价值，除非它是由构成集体意识的、支配艺术家或作家或哲学家（他们在其中走得比其他人稍远）的、向量的、能动的和集体的精神范畴所构成。

在这种观点中，给人文科学带来过诸多麻烦的著名的个人和集体的二难推理已经完全被超越了。

创造性作品不仅同时是最具有个性的和最具有社会性的，而且首先因为它是最具社会性的，所以才是最具个性的，反之亦然。它无疑处于集团的前锋地位，它表达了这个集团的观点。但是，没有不与全军紧密相连的前锋。

也让我们指出，卢卡奇的思想由于它自己为自己在社会生活整体中确定的位置而成为康德和黑格尔伟大的古典美学的一种综合。

和康德一样，卢卡奇将美学创造置于与其他大的人类创造活动如科学、哲学这样的行动的层次上，这样的行动既拒绝像前康德主义者和黑格尔重新做的那样使美学创造依赖于思维，又拒绝像浪漫主义者那样赋予思维以一种使所有其他创造活动依赖于它的某种特权。

不过和黑格尔一样，他拒绝将艺术降至主要是一种形式的和抽象的东西，而要在其中找到一种能动的结构，这种结构总是可变的、与历史变化紧密相连的意指和与其表现力最为相符的形式之间的综合。

在结束这项研究时，人们允许社会学家指出，即使从方法论的角度出发，本来意义上的对集团现象的研究和对个人创造的研究各自代表的认识价值都存在于这种完全地改变了的观点中。因为，如果说人们长期以来便在社会生活中寻找文学的、艺术的和哲学等的发生和个人作品意指的资料，那么，卢卡奇式观点就指明了这样一个事实：人们能够而且应当在伟大的著作中寻找与集体结构的发生和意指有关的资料。

这就是说，在美学上和在其他领域中一样，卢卡奇是 20 世纪将整体范畴重新放进哲学思维之中心的第一个思想家；人们怎么强调这种范畴的运演式特点和科学的丰富性都不过分。

第十一章　让－保尔·萨特:《方法问题》

　　让－保尔·萨特刚发表了一部重要的哲学著作，它汇集了两部独立的又互相补充的著作：已在《现代》杂志上发表过的《方法问题》和《辩证理性批判》。还有《总体实践的理论》，这是作者自己的哲学分析的第一部著作。

　　无论我们是否同意他的分析，萨特在我们面前仍是法国当代思想界的最伟大的形象。当他着手明确提出他那关于人的科学，特别是关于马克思主义的立场时，他对自己提出的问题的严肃的思考也得到了马克思主义者和对哲学、心理学或社会学感兴趣的人的承认。

　　那么就让我们指出，我们希望将来发表一些对这部著作的总体的深入的讨论文章。目前，我们仅限于提出我们对这部书的第一批主要的思考。

　　可惜，要公正地讨论萨特的这部著作是很困难的。原因之一是他的写作方法特别。萨特是哲学家、政治思想家、社会学家、心理学家、文学批评家和作家，他并不操心于——即使是大略地——为这些领域规定范畴，他很轻松地从普遍思想过渡到具体例子，简单扼要地对之做出分析，并经常地参照自己的个人经验，所以不可能全部地检查他的这部书提出的问题。仅对这本书的十来页做一个深入的讨论，便可能需要一卷书的篇幅。

　　所以，我们今天仅要求对这部著作的中心思想和他提出的诸多特别问题中的一个，即社会学和历史学研究与马克思主义辩证研究之间的关系进行讨论。

　　《方法问题》由三章构成:"马克思主义与存在主义""中介与辅助学科问题""进退式方法"以及一个八页篇幅的结论。这部著作首先是对社会学、实证主义心理学和某种褪色和片面的"马克思主义"的深入的批评,它是建立在对社会现实的实证和辩证的概念之上的。在我们看来,这种概念主要部分是正确的,是我们继马克思和卢卡奇之后多年来试图捍卫的概念。这就是说,在与他的总立场有关的一切上,我们的看法与萨特都是一致的,我们仅向他提出一个重要的异议,也就是他的概念的不太彻底性,它没有将其自身前提的所有后果挖掘出来。不过我们要补充一点,即我们和萨特的共同点在涉及具体和局部分析时,就要少得多了。

　　让我们从萨特对马克思主义的思考开始吧。在这一点上,我们事实上觉得他的立场是远远不够明确的。一方面,他经常对我们说——当然从这个意义上说他肯定是有道理的——在一个很长的时期,马克思主义遭受着一种歪曲和一种阉割,作为一种对人类事实的解释和理解方法,马克思主义的实效的和科学的价值大半被剥夺。萨特甚至将存在主义解释为一种对这种被片面和贫乏化了的马克思主义的必要的补充剂,他在其著作的最后几行中明确地对我们说,这种补充剂"当马克思主义研究涉及人道时就将不再有存在的理由,它将被综合性运动吸收、超越和保留,它将不再是一种特殊的调查,而将是一切调查的基础"(第111页)。同样,萨特引用了《关于费尔巴哈的提纲》中著名的第三条提纲,在这条提纲中,马克思批判了一切实证方法,萨特将下面这段文字作为这样一种批判方法来解释:"或者,这是一种简单的同义反复,我们仅应该这样理解:教育者本身就是环境和教育的产物,这就使这句话成为无用和荒谬的;或者,这是对人类习惯的不可教育性的断然肯定;教育

者应该受教育，这意味着一切教育都应该是一种事业。"①（第61页）
此外，他写道："马克思明确说出了自己的思想：为了影响教育者，
必然先影响形成教育者的条件的因素。这样，在马克思主义中，外
界决定的特点和人类实践的继承和发展的统一性之间的特点就是不
可分割地联在一起的。为了马克思主义的最深刻的理论贡献②，这种
超越外在性和内在性、多样性和统一性、分析与综合之对立的愿望
也许是应该超越的。但是，这是需要进一步说明的：以为一切工作
都很容易，这是错误的。"（第61页，注1）同样，当涉及被他称为
马克思主义的我们对17世纪悲剧的研究时，他写道："戈德曼指出，
人类的具体地被历史衰退中的特定集团经历过的欲念决定着一部分
文化领域。"③

　　所有这些例子都似乎指出，对萨特来说，有一种相对他批判的、
只构成褪色的那种片面的马克思主义来说是有价值的马克思主义。

　　不过，萨特在他的研究中的许多地方都像理想主义和机械的实
证主义那样谈及普通的马克思主义。

　　事实上，萨特的责备并不是反对马克思的理论著作④，也不是
反对卢卡奇的著名的《历史与阶级意识》⑤这本1923年出版的书的；

---

　　① "一切知的基础"和"不可教育性"是萨特主义中最不含糊的词。这是有关暗含的知或
非知这个实例的本质的问题，我们将在这篇文章结束时再谈这个问题。对于辩证思维来说，实
践部分地是知与实践理论。在这一点上，萨特仍然是个二元论者。——原注

　　② 着重点是我们加的。——原注

　　③ 我们惊奇地看到萨特将我们的立场看成是泛悲剧主义，而我们却从来没有采纳过任何
一种这样的方法。这是对悲剧思想即冉森主义的、帕斯卡尔和拉辛的悲剧思想的一种分析，
这种分析是在本身完全与悲剧无关的辩证法观点中进行的。——原注

　　④ 我们撰写理论著作，因为我们觉得应该非常慎重地使用那些应时的文章，比如马克思
在《纽约论坛报》上发表的那些文章（在这家杂志上登载的文章常被编辑部改动），在那些文
章中，马克思显然没有对其每一个提法进行细致的检查。当然，这不是说应该陷入另外一个极
端，因为这是以主要思想为限度的，在马克思的一些分析中，有一些是属于马克思著作中最光
辉之列的。——原注

　　⑤ 萨特在一贯反对卢卡奇的同时，经常引用卢卡奇的话，可惜的是他参考的只是卢卡奇
1945年以后的著作。——原注

也不是反对比如戈尔兹、罗莎·卢森堡、列宁①和托洛茨基，也不是——我们斗胆这样说——反对我们的著作的。此外顺便指出，如果说萨特将自己理解人类事实的这种实证与科学的方法定义为结构的和历史的人类学，我们则将人文科学的实证研究方法精确地定义为马克思主义的方法，我们借用了一个几乎相似的词（这是我们从让·皮亚杰那里借来的），这就是发生学结构主义。

简言之，如果马克思主义真的成为某种划时代性的东西，那么，在许多自称马克思主义的著作如机械的、理想主义的或什么别的实证主义中，萨特所捍卫的、建立在设想、未来至上、主体与客体同一（这个词出现在卢卡奇的著作中，萨特说是提问者与被问者的同一）已经或暗含或明显地存在于马克思本人的和整个后马克思主义思想中，特别是卢卡奇1923年写的著作中了。至于上面提过的影响着某些马克思主义流派的歪曲问题，正如萨特所言，是由于特定的历史环境所致，可惜他只满足于匆忙地描绘了一下这种环境。这样，他就得到了一种在我们看来是局部的，因而是不能令人满意的意象。的确，他正确地写道："马克思主义停步不前了，确切地说，正是因为这种哲学想改变世界，因为它瞄准了'哲学的变异世界'，因为它是或争取是实践的；在这种哲学身上，进行了一次真正的切割，它将理论和实践分离了。当被围困的、孤立的苏联奋起大力进行工业化的时候，马克思主义不可能不遭受到这些新的斗争，实用的需要和几乎是与这些需要和斗争不可分割的错误的冲击。在这个退却（对于苏联来说）和返流（对革命的无产者来说）时期，意识形态本身是从属于这样一种双重要求的：安全——也就是说统一——和社会主义在苏联的建设。"（第25页）

此外，在这同一项分析中，萨特在一个主要的点上是自相矛盾的，他在后几行中对我们说，这种"理论与实践的脱离带来一个后

————————
① 仅一篇例外，的确，这就是《唯物主义和经验批判主义》。——原注

果，就是将实践变成了无原则的经验论①，将理论变成一种纯粹的和固定的认识"。（第 25 页）但他又说："同样真实的是，群众中的马克思主义实践不反映或很少反映理论的僵化。"无疑，根据这种异议，在"无原则的经验论"和"不反映或很少反映理论之僵化的实践"之间是没有矛盾的，萨特的异议也许是认为，马克思的上述第一句话可以与苏联党和国家的官僚主义相联系，第二句则可与群众的实践相联系。可是，从他自己的观点和科学的观点看，要接受以下观点是很难的和不太严肃的，这个观点是：无论用什么方法进行评判，苏联的社会政治革命和世界其他地方的社会主义革命都是以不同的甚至相反的企图反抗政治和国家机器的群众的正义实践的结果。

不过，我们觉得更为严重的是，萨特用一种与他曾指责实证主义社会学家和伪马克思主义者时使用的完全同样肤浅的方法肯定苏联的安全考虑、革命运动的逆流与马克思主义的僵化之间存在着一种关联（肯定是真实的），可是他却没有试图用具体的分析指出社会现实与意识形态扭曲之间的关系中出现的结构的和有意指的思想方式的差异。

无疑，他为这个问题而写的这几行文字并不能使他更加深入讨论这个问题，但是在一个叫作方法问题的研究中，他也许最好或避免涉及这种研究，或如果他想说明自己的政治立场，他就最好或至少要指出这种分析的不足之处。

此外我们还想知道，刚才提及的"无原则的经验论"与实践和"不反映或很少反映理论之僵化的群众的实践"之间的矛盾在何种程度上找不到自己的源起以便同时论证萨特在写作这部著作时与共产党之间的疏远和接近。

除了这些，萨特完全有理由肯定人类现实就是为超越而努力，只能将这种现实定义为朝向未来的和具体地由个人经历的人类设想

---

① 着重点是我们加的。——原注

构成的某种汇集；他还有理由指出，现实的客观本质永远不是这些设想简单地降低为与之完全陌生的某种东西。

　　无疑，所有严肃的马克思主义者都阐明过个人行为的客观意指，但这种意指与个人的意向和有意识的愿望不吻合；但是，这正是由于这样一个事实所致：在支配行为的客观意义的客观的和整体的现实中，意图只是诸多由物质障碍、他人的行动、为实现这些意图而出现的对立和竞争并包含着其他集团和个人行为成分的每一种个人或集团的观念的理解的可能性和困难（在这里，集团的意思是一种由个人观念构成的集合体）组成的诸多因素中的一个①。但是，从抽象和表面的经验论现象到具体的概念现实的过渡意味着前者纳入结构的整体，这种纳入是通过一系列中介才完成的，这种中介的目的应该不是从一开始就将先验的事实包含的内在一致性和具体的丰富性降为某种有区别的东西，而是相反，应该说明经验的事实包含着内在一致性和具体的丰富性。在这一点上，萨特是完全有道理的——只说瓦莱里是一个资产者是不够的；任何传统的博学的研究都比这样的简单化要好。但是，假如这个论点是正确的（我们完全不是确信），就应该指明，在某个时代，小资产阶级的实在性怎样包含着一种随后重新出现在瓦莱里作品中特有的设计和一致性层次上的精神范畴的整体设计，这种设计和一致性构成了瓦莱里的作品，它们使人能够理解瓦莱里作品的意指和丰富性。此外让我们指出，在我们看来，这样的研究不仅对于从概念本质上理解整体的历史现实是必要

---

　　① 不用说，集体主体——对它的肯定构成辩证法和萨特思想之间的主要对立——并无有组织的个人和个人意识之外的独立实在性。"集体主体"概念的意思仅是：某些数量的个人参与到一种人际相互关系、参与到人与人周围的环境中去，直至他们的行为和物质生命构成一种使这个环境的某种演变成为可理解的。从外部看，个体意识本身就是集体主体中的一个特殊的构造；从内部看，一个自认为是个体意识的设想必定局限于死亡，而一个自认为是集体的意识则是历史的和超越性的。

　　当然，还有宗教的永衡未来（不过古典个人主义是无神论的）和资产阶级社会中由家庭和后代构成的共同体的代替物。对这些问题，我们没有时间在这里多谈。——原注

的，而且对在作者具体的意向、文化创造——心智的和文学的——方面理解瓦莱里作品的特殊现实、丰富和内在一致性也是必要的。

然而，正是这一点上，我们认为应该说出我们对萨特的研究的最重要的异议。如果说我们事实上同意他对某些马克思主义的批评，即这些马克思主义者将社会现实压缩为一些预定的概念，我们也同意他的另一个批评，即实证主义和客观主义社会学家将人类现实视为外部现实，看不到它们趋向未来的设想的特点，看不到这些现实或多或少通过其人类现实的特点本身与其研究者的设想相连，我们觉得，最大最危险的错误莫过于认为人们能够使实证主义社会学成为有实效的和科学的，能够仅将一种结构主义的和发生学的人类学赋予它们作为基础。我还补充一点：如果这是真的，那么萨特的所有批评都将大大失去其重要性，因为也许没有任何一个严肃的社会学家和心理学家会认为已经穷尽了自己的研究对象。的确，也许他们中的每一位都宣称自己完全地满足了，如果人们承认他的研究的益处和部分的科学性，但认为他们的工作需要这样或那样的另一门学科的研究来补充的话。

实际上，我们的批评就在萨特的这个研究第二章的标题上面：《中介与辅助学科问题》。人们同样能够将实证主义社会学与心理学当作一种结构主义的和发生学人类学的辅助学科么？（根据人们置于其中的中心思想，这可能暗含着这样的意思：人们同样能够将这种人类学当作心理学和社会学的辅助学科来对待。）

事实上，我们觉得，这正是一个无法为之辩护的问题；萨特忽略了指出自己的批评的最重要的后果。一切人类科学的基本方法论问题——尤其是当人们处于结构主义的和历史的角度上时——在于对被研究的客体的切割，在特别的情况下，在于对有意指结构的切割。

一旦这种切割完成并被接受，研究的结果就将事实上是可以预见的，是容易改正的和可能发生的具体的方法论错误。然而，正是在这个层次上才出现了辩论:一种实证主义社会学经常导致一些切割,在其中,一切被萨特很好地定义为个人设想的结构式相互关系必然消失,如果萨特曾自己做过具体的历史–社会学的研究,除非用非常特别的方式,他就会发现不可能按原样接受卡尔迪纳对例如毛利人的研究,他只满足于用别样的方法解释毛利人。

对趋向未来、趋向某种数量的客观可能性的许多个人的意识构成的整个社会集团的特点的研究,开始总是对研究对象进行不同的切割,发现某种必然地从实证主义思想家手中漏掉的新事实,阐明某种具体的结构。当然在这种阐明中,存在着以局部因素的名义出现的某些事实和某些特点,它们早已被研究过现实的同一领域的实证主义社会学家们所证实。如果人们一定要将这种社会学的研究称为"辅助学科",最多只能当人们能在一种实证研究之初将已有的暂时的和不完整的东西称为"辅助的"时,才能那样做。自然,这是研究者尚未知道而对他来说只构成一个起点(或确切地说构成其某起点因素之一)的东西,他应该从这种东西开始试图找到最经常与开始时找到的和现实不同的本质的现实。

此外,萨特并非没有意识到这个问题,至少部分地意识到了。写完这篇令人吃惊的文字:"在社会学表现为一种超级经验论时,就更加容易融合到马克思主义中。"①(第58页)根据这种超级经验论,

① 萨特接着写道:"只是这种融合将保持在本质主义和非连续性中,它又重新出现——就像一种受监视的经验论经历的时刻那样——在历史的总体运动中,它重新发现了它的深度和生命,但是,正是它维持了社会领域的相对的不可还原性,正是它使总体运动中的阻力、桎梏、暧昧和含糊得以重新出现。此外,这不是将一种方法融合到马克思主义中,而是辩证哲学的发展本身应该使这种哲学在发展的行动中产生的一种横的综合和纵的总括。只要马克思主义拒绝其他的方法,这些方法就将在它的位置上去碰碰运气。"

可是我们不懂为什么一种辩证人类学需要在另一种科学中发现这些"阻力、桎梏、暧昧和含糊",而辩证人类学在自己打算研究的经验现实中对这些是很清楚的。如果仅仅是那种被篡改的和片面的马克思主义,人们就完全看不到它的理论结果何以能被另一种同样错误的、仅构成圣牌的反面的另一种观点的结果的附加物改正和改良。两种错误方法的结果之和并不构成一个真理。——原注

这种社会学离辩证思想越远，就越容易融入到其中，萨特在其结论中考虑：相对实证科学来说，结构人类学的地位本身能够是怎样的。由于他清楚地明白结构人类学不可能构成同样性质的科学近旁的一种特殊的科学，因此他向我们解释说这不是以有关一种概念知识的因素为结果，而是以辩证运动的再现，并不区别于实践的、既是即时的存在又是对存在的间接认识的基础为结果（第105页）；他还向我们解释说："这种人类学的作用是奠定理性的和内涵的非知之上的知。"肯定这种人类学是"融合到理解中的永衡的心智活动，反之又是将理解作为理性的非知方面引入知的永衡的下降，这就是一个学科中的含糊性，在其中，提问者、问题、被问者都是同一个东西"。（第107页）

我们觉得，所有这些都是相当模糊的，这种模糊是由于这样一个事实产生的：萨特试图一方面捍卫一种成问题的知（实证主义的社会学和心理学）的价值，人们将这种价值纳入一种"哲学的"认识中，这种认识应该具有另一种性质（理解、实践、非知，等等）。但是，当这种性质"进入了知"时，它就将知彻底地改变，人们却未能很好地懂得在什么样的研究阶段谈及纯粹和单一的归并。

我们承认，马克思和卢卡奇的立场（萨特经常与他们接近的）在我们看来是无比清楚的。主体和客体的同一在人文科学中创造了一种与自然科学不同的地位。它将一切对人类现实的肯定变成一种实践的参与、一种使事实评判和价值评判紧密相连的实践。由此可见，对人类事实的实证的认识暗含着既是解释性的又是理解性的立场和研究。在这种条件下，一种人类科学的认识论问题便成为对这种概念型知的一种尽可能先进的研究的问题，它与一方面显示形式的、数学的逻辑，另一方面又显示自然科学的，但又完全不是一种非知的自然科学的特点本质的不同。

由于希望这些阐述能使读者明白我们在多大的程度上同意萨特

的分析，也明白我们在哪些方面和他有分歧，我们愿意在结束这篇文章前，还要简洁地谈及两个特别的问题。

我们已经说过，萨特有理由批驳一大批自称为马克思主义的著作是抽象的和唯心主义的，为了从抽象的经验的论据过渡到客观的和具体的概念本质，他们甚至取消了中介，从而导致一种唯心主义的把戏并完全失去了意义，这种把戏就像在进行一个分析中萨特向我们描绘一个漫画形象时说："瓦莱里是个小资产者"那样。同样萨特也完全正确地将他这部著作中最重要的一章用来讨论中介问题。只是，也许正是在这一点上，他现在的思想中的存在主义的残余在我们看来仍然是有生命力的。事实上我们觉得，对于结构的和历史的人类学，萨特——从研究和解释社会事实的角度上说——将一种过分的重要性赋予由个人心理构造构成的中介。不是说这种中介不是真实的，也不是说任何行为的重要方面都与个人的意指无关——我们已经说过，没有个人行为之间关系的结构整体之外的人类事实——，而只是说，除了对个人心理的研究外，只通过所有参与到其中的个人来研究历史和文化的事实在实践上是不可设想的。萨特自然也知道这一点，事实上，不论是有意识地还是无意识地，总之他通过在研究福楼拜和拿破仑的例子的同时改动规划而从中摆脱出来了。然而不用说，无论是福楼拜还是拿破仑都不是在任意的个人的文学创造、历史运转的范畴之内的。真正的问题是一种集体变化整体中的特殊个人问题。不过我们觉得在这里萨特是在两个台上演戏，因为，如果严肃的马克思主义轻易地对他让步，承认人们不可能离开福楼拜和排除拿破仑在外的法国革命来研究《包法利夫人》，那么同样真实的是，由于这种肯定得到承认，萨特接着打算通过精神分析学和个人经历（儿时的家庭冲突）来研究福楼拜这个人，也就是说，借助于一种恰恰不是将福楼拜作为一个集团创造过程内部的特殊的人，而是作为任意的个人来研究，对这个任意个人的理解，人们运用了对随便一个别的、他试图理解[1]的个人进行研究时运用的同样的方法。

　　萨特在关于研究作品时对作者心理的理解的重要性方面说了些中肯的话。他也完全有理由指出精神分析学与马克思主义之间在方法论上的亲源关系[2]；只是我们觉得，他错误地赋予作家个人的和精神的经历以特别的重要性以便理解作品的客观意指。事实上，这种研究无论怎样地深入和透彻，只要它仍留在个人经历的层次上，它就不可能揭示出除了在作者心理的内部结构中的作品的客观意指以外的东西即它据以与一切其他精神正常或不正常的个人的生命的精神症状相似的东西。

　　然而，问题不在于知道对于福楼拜来说《包法利夫人》是什么，而在于知道《包法利夫人》是通过什么而成为一部重要的文化作品也就是说一种历史的现实的，知道使这部作品有别于同时代的普通作品和这样或那样的精神病般的作品的东西。我觉得有一个注释清楚地表明了这个问题，萨特在这个注释中事实上将"福楼拜的美学神秘主义"辨认出来了，"这种神秘主义在《包法利夫人》中到处可见，老出现在眼前；读者没有吸收它，因为读者没有在作品中寻找这种东西；只有波德莱尔看清了……可是，他无法对抗通过阅读而出现的小说的变化这样一种新的和集体的事件……直到今天，《包法利夫人》的这层意义仍然没有被揭示出来。"（第49页）

---

　　[1] 不错，萨特也用很长的时间分析一个一般的个人的情况，就是一个殖民地的个人。他被禁止驾驶一架飞机，他没有学过开飞机，有一天他抢劫了一架飞机，他成功地驾驶起飞了，但最后他降落时摔死了。这里，萨特细腻的分析清楚地显示出在怎样的程度上不可能在脱离殖民问题这个历史-社会学问题的认识来理解这位劫机者的行为。简言之，所有人类事实都有一种历史的客观意指和个人的客观意指。两种意指均远远超过了意识的意向，研究者只能通过某些数量的中介才能企及它们。但是，如果通向第二者就必须通过对第一者的认识，那么，在我们看来逆命题就没有价值了。——原注
　　[2] 他自己的观点也许还导致他感觉到弗洛伊德精神分析法这样一种发生学结构主义在何程度上由于19世纪末20世纪初占统治地位的思维结构的影响而缺乏所有辩证思维的主要范畴和作为支配现时因素的未来的思维。——原注

假定（我们不愿在这一点上站在某一种立场上）萨特的这个分析是有道理的，那么，书的美学与文化事实即将书变成历史的事件的事实、单独地使人类学和社会学感兴趣的事实就是通过几代读者才被抓住的那种事实；至于福楼拜的主观意向和其客观精神方面的意指，它们只可能使研究这种个人情况的精神病学者和心理学家感兴趣[①]。

对让－保尔·萨特这部著作的细节的许多地方，还有许多要说的，但我们仅满足于在这里提一提我们认为特别重要的最后一点。

萨特在某处写过，一种结构主义的和历史的人类学的可能性建立在这样一个事实之上：不管文化创造和帮助这些文化创造得以完成的精神工具之间的区别是怎样的，处于其中一种创造内部的研究者总能理解属于另一种创造的人的行为。萨特这样为结构主义人类学的基本公设下定义："没有共同的性质，没有总是可能的交流。"（第 105 页）人种学家总能理解他研究的和不研究的原始人。然而，我们担心这里讲的是先验的肯定。这种肯定也许是对的，但应该以某种足够多的经验的研究为根据来进行核对。

在不同的精神结构之间，有一种或大或小程度上的可能联系，在每一种特别的情况下都应该研究和解释这种联系。没有任何东西先验地反对这一点：这些结构中的一种对另一种离得很远的结构是完全难以理解的；在这种结构中，没有任何活跃和多思的研究者能理解另一种结构中的人类行为。事实上，这个问题是在受客观可能性和可能意识观点影响的具体研究层次上提出来的，此外，我们发展了这个观点，这观点是存在于马克思的研究的中心地位和卢卡奇的好几部著作中的；我们承认曾很惊讶地只在萨特的研究中碰见第一种观点而不是第二种。不仅仅是他的序言使他在不明显地和本质地改变社会学和实证主义心理学研究结果的情况下融入了辩证思想。

---

① 除非这种美学神秘主义本身不是一种客观和超个人的思想潮流的因素。——原注

第十二章　对赫伯特·马尔库塞思想的思考

要用几个页码的篇幅正确评价当代哲学思想的最复杂最有责任感的大家之一是不容易的。如果必需解释马尔库塞的思想在青年大学生中产生的或直接或间接的广泛的反响，这个任务会变得更加困难。这些大学生的表现也许构成了最近几年来最重要的历史现象，也许还是当代世界发展中第一个历史转折的征兆。

不过，这个建立在一个有待澄清的误会基础上的反响也许不会被认为是一种偶然的现象，因为它证明了马尔库塞的思想和这批青年人的向往之间深深地相符。

让我们先从概述——也许只是大略地和纲要性地（通过当代哲学史：马尔库塞的思想构成其重要成分）——马尔库塞的道路作为开头吧。

作为马丁·海德格尔的学生，马尔库塞首先发现老师思想的黑格尔源头，并在一部很快就在哲学专家界出名的《黑格尔现象学与历史理论基础》中作了阐述，并由此随后走向既是黑格尔式又是海德格尔式的马克思主义，他在德国社会民主党的理论刊物《社会》的哲学专栏上阐明了这种马克思主义。这种立场导致他哲学上的某些观点与乔治·卢卡奇和卡尔·葛兰西不久前阐明的观点很接近（不过在政治上，卢卡奇比马尔库塞要介入和激进得多：卢卡奇是共产主义者，葛兰西先是共产主义者，后来参加了左翼反对派），这种立场使他成为被人们称为"欧洲马克思主义"时期的第三号领导人。

　　不过在这里我们应该讲一讲海德格尔、黑格尔、马克思。将这三个名字连在一起，最近40年来在欧洲哲理的文学启示下的法国读者也许会觉得奇怪。如果将这种文学抽象化，这种情形就将轻得多。人们便又回到1928—1932年间的经典作品和背景中。

　　事实上，存在主义哲学的精神根源[①]是在卢卡奇1911年问世的书《心灵与形式》中，从这本书问世起，就在两个思想家之间出现了一场讨论，尽管其有力度和精辟度的不同，但这两位思想家都在20世纪上半叶的思想界扮演着重要角色。这就是：乔治·卢卡奇和爱尔恩斯特·布洛赫。

　　卢卡奇由《心灵与形式》中的悲剧性的和存在主义的康德式立场，通过《小说理论》中的黑格尔主义演变到《历史与阶级意识》中的马克思主义哲学；不过卢卡奇仍然在这一点上是坚定的，这就是：对清晰和严格的意识的要求以及这种要求中包含着的只可能是意识形态方面的对各种形式的虚假意识的批判。爱尔恩斯特·布洛赫反对这种立场，起劲地、始终不渝地捍卫人道和精神的价值，尤其是某种超过了科学与真实思想的实效的和创造性的历史功能，即一种乌托邦的实用价值。那种正在思考中的、也许是哲学地为建立一种本质上和根本上与现时不同的、应由人自己的行动来创造未来的希望 —— 尽管不确实如此 —— 会有一种意识形态的、虚假意识的否定性特征么？或者有一种从历史的角度来说是创造性的乌托邦的积极的特征么？这种讨论无疑已成为日趋贫乏的、图解式的但仍是有价值的。正是这种争论的基本点在欧洲思想史上的一系列特别重要的著作中得到了表现：一方面，这种争论的基本点中充满着实证分析，在许多问题上推动了哲学思维、人文科学和其方法的地位上的全面更新，如《心灵与形式》《小说理论》《历史与阶级意

---

　　① 而不是社会根源。这个主题可参阅吕西安·戈德曼《论小说社会学》伽利玛出版社，巴黎版。——原注

识》；另一方面爱尔恩斯特·布洛赫的《精神与乌托邦》的第一版和第二版（从根本上作了修改）以及更加简单化、更加通俗的《托马斯·闵采尔，乌托邦的神学家》，则不但更加富有诗意而且更具思辨特点。

接着，这种讨论逐渐随着某些相当重大的改变，通过卡尔·曼海姆的著作《意识形态与乌托邦》而进了大学里的社会学科，仅仅通过奇妙的海德格尔的《存在与时间》[①]第一部分才涉及卢卡奇。

当然，大多数受过大学教育的读者都从另一种角度读过《存在与时间》，他们完全没有看到这种关系。不过，在《存在与虚无》中，却可见萨特读出了海德格尔著作中没有的"跨个体主体和集体主体理论"是源于卢卡奇著作中的东西；同样，马尔库塞于1928年在一个更加深的和本质的层次上以同样的方式读了海德格尔这部著作，并从中发现了黑格尔和马克思式根源（事实上是通过卢卡奇的著作看到的）。

然而马尔库塞与卢卡奇之间存在着一种重大区别。

海德格尔在发展历史的二元论哲学的同时，将本体论与本体学、实用科学和哲学（同样也将真实的科学与非真实的科学、杰出人物与民众等等）完全地割裂开；在这一点上忠于黑格尔和马克思的一元论者卢卡奇否定任何这种形式的割裂，并同时批判一切实证主义、一切指示性科学思想、一切形而上学、一切在概念上和整体隔绝和分离的企图与行动，要求一种哲学的科学，一种科学的和实证的哲学，不认为人们能够在一个纯粹概念的层次上发展历史的马克思主义本体论的哲学理论。这两种立场中的任何一种都是严密的，在其各自的追随者的哲学内都是能自圆其说的。

不过，如果说我们还记得马尔库塞的许多文章的话，这些文章

[①] 在这一点上请参阅我们的著作：《乔治·卢卡奇和马丁·海德格尔》，伽利玛出版社。——原注

都表现出这样一种令人惊讶的、完全是有意指的特点：它是在概念和哲学的层次上、在一切具体历史分析之外被写成的；是在实际存在着所有从柏拉图到笛卡尔和康德的概念哲学的层次上被写成的。

　　存在于一种不再是原样的思想内部的海德格尔的残余就是被马尔库塞所理解的马克思主义的立场，这种立场导致马尔库塞至少在这方面趋向一种概念的和理论的哲学，而马克思、卢卡奇和海德格尔正好就是和这种哲学分离了的。

　　马尔库塞思想的第二个重要演变阶段是在 1933—1941 年间。这就是与"法兰克福学派"著名小组的结合，直到今天，他事实上还属于这个流派，除了这个学派的三个主要代表人物霍克海姆、阿多诺和战争中死去的瓦尔特·本杰明以外，后来分离出去了的艾里希·弗罗姆和雷奥·洛文塔尔当时也是属于这个学派的。这个小组的主要活动是曾在法国出版一份叫作《社会学研究》的杂志，一卷关于权力与家庭的书和在美国出了一部由霍克海姆和阿多诺共同署名的理论著作：《理性的辩证法》，这部著作以古典理性主义哲学之间的辩证法为中心展开论述，即一方面是实证的和进步的，另一方面是否定的、异化的、有助于压迫和统治的。

　　然而，马尔库塞的文章以一种无疑是不同的、无论如何是明晰的和可接受的方式影响着这个时期，这些文章中围绕这同一个问题的部分被编成了一卷。

　　霍克海姆和阿多诺首先力图理解和阐明自由时期的资产阶级理性主义因素，这些因素以难以察觉的方式促使这种社会在工业最发达的国家之一里趋向极权制并使之成为可能，并使德国资产阶级接受了这种发展，甚至在某些问题上还使其他西方国家的统治阶级接受了这种发展。马尔库塞在研究哲学史时（不是详细具体地而是粗线条地研究）无疑也力图指出唯心主义哲学已经暗含着压迫与剥削的资产阶级世界，但他比其学派的其他思想家更多地强调批判特点、理性的要求和哲理，尽管其反动地歪曲但仍保留着其得意时代特别是文艺复兴时代的运气。由于许诺与强求已被革命的政治意识形态特别是被上述杂志谨慎地称为"批判哲学"的唯物主义重新采用，马尔库塞尤其选定了马克思主义。

总之，这只是同一流派内部的着重点方面的分歧。人们最多只能说马尔库塞将法兰克福学派①的越来越显出其特点的否定性批判和彻底改变社会的要求重新联系起来；这种要求不断提醒人们至少存在可能局部地陷入一个乌托邦思想领域的危险，在他看来，这种乌托邦思想是一切真正的哲学传统得以继续的代价。

但是，这些文章中突然地出现了标志着与辩证思维相分离的片段。

这就是，目前马克思主义的分析似乎已经不但由于苏联的斯大林式变革，而且也由于希特勒的胜利而宣告无效。辩证思维的，特别是马克思和卢卡奇的辩证思维的中心思想之一就是：不应将精神的或乌托邦的抽象思维与现实对立起来，而是要试图理解这种现实中出现的带来新思想的进步要求的社会力量。

与所有加在马克思头上的精神的合乎规范的纲要相反，马克思曾指出他是首先将自己的分析作为一种在资本主义社会内部发展着的一种真实的社会力量——无产者观点和要求的表现来设想的。

即使这种论点是不精确的，但似乎越来越正确的是，一切有价值的思想都应该是社会的组织内部意识的表现，被作为这样来理解的表现，这样一种思维②的主体和客体的局部或整体的一致性的范畴仍是辩证法的支柱。然而，我们却在马尔库塞于1937年写的一篇题为《哲学与批评理论》的文章中读到："可是，由批评理论规定的演

① 和爱尔恩斯特·布洛赫继续发展的实用乌托邦相反，这个学派相对辩证思维而言只是其圣牌的另一面。——原注
② 按照马克思和卢卡奇的观点，在历史唯物主义中，无产者是自为的，并清醒地意识到自己在社会中的作用。——原注

变是否能实现，本该引起变化的力量是不是被排斥，是不是好像被战胜了呢？理论的真理越是不被废除，它就越会受到新的启示，就越能发现其对象的新的面貌和新的方向。理论的许多要求和指示取得了不同的特别重要性。在新环境中，改变了的理论的功能在一个更加艰巨的意义上具有一种批判理论的特点……"

"像哲学那样，它（批判理论）和所有接受现存现实的公道以及所有满足了的实证主义相对立；但是和哲学相反，它仅仅从社会过程的真实倾向开始显出其目的。同样，它也不怕人们责备这种社会过程是人们习惯地借以反对新思想的乌托邦。真理如果在现存社会范畴内不是可实现的，那么对于这个范畴来讲，它就将在任何情况下都有一种乌托邦特点。这样的一种超越不是反对而是保卫真理。在很长时间里，乌托邦因素曾是哲学的唯一的进步因素：建设最好的国家体制、最大限度的快乐、最完善的幸福和永衡的和平。为了捍卫真实和反对表象而显出的固执，今日在哲学中被荒谬和无限的机会主义所代替。作为哲学思维真正的本质，批判理论仍然忠实于这种固执，现时的环境使这种本质更加明显，消退是在一个阶段产生的，在这个阶段中，演变的经济条件业已成熟……"

我们引用了这么长一段文字，是因为这段文字清楚地指出了国家社会主义（和斯大林主义）的胜利和马尔库塞的思想（可能还有整个法兰克福学派）的演变之间的联系。

"与一种哲学相反，在这种哲学中，乌托邦因素在很长时间内是唯一的进步因素。"批判理论在社会过程的现存倾向中寻找其目的。政治的退却、进步力量的失败使官方哲学完全地成为反动的，但又将批判理论从辩证法中引回乌托邦，从哲学的超越引回乌托邦的进步立场。

马尔库塞和法兰克福的思想家们因此回归到爱尔恩斯特·布洛赫的立场上了吗？不完全是这样，因为爱尔恩斯特继续发展其乐观的乌托邦，而马尔库塞、霍克海姆、阿多诺小组首先致力于批判现存的社会现实和文化生活，同时也指出——真的——前些时期理性主义已经包含着的否定因素。

不用否认布洛赫和法兰克福学派之间的某种亲源关系，但两者之间的区别也是不小的。人们能够图解地将这种区别表现为消极的批判和乐观的乌托邦之间的对立，很明显，布洛赫的乌托邦也暗含着一种对存在物的批判，法兰克福学派思想家们的现实主义批判还暗含（在马尔库塞的著作中一直暗含）着纯粹理性的思想。这种思想是作为乌托邦的，而不是作为消除了压迫的、根本上不同于现时社会秩序的未来社会的辩证法。

不过这两种立场都与辩证思维相对立，在具体分析中，辩证思维还似乎因历史演变而丧失价值，仅仅得到某些教条思想和后来被人们称为"正统的马克思主义"的追随者们捍卫的骗人的和压迫人的意识形态。

在整个时期中，法兰克福学派相对布洛赫枯燥的乐观乌托邦的反复讲述和"正统的"、传统的或干脆是教条主义的马克思主义者所作的马克思式分析在词句上的机械重复，其分析中的心智优越性是不容置疑的；某些少见的马克思主义批评思想家局限于历史的、美学的分析中，或者像艾里希·弗罗姆一样，离开法兰克福学派趋向"修正主义的"精神分析法。

从现在起，让我们补充一点，这种形势将随着由赛尔热·马莱和安德烈·戈尔兹在法国重新采用的好几个意大利思想家的马克思主义分析的出现而改变。

不过，还是让我们回到马尔库塞上来。1941年，在纽约出现了一本书：《理性与革命·黑格尔与社会理论的出现》，这本书在很长时间里被看作是进步黑格尔主义的代表作，是以戈乔夫的《黑格尔著作初探》和艾里克·维埃的著作为代表的保守黑格尔主义的对立力量。

我承认我过去也曾从这个角度读过这部书。不过，如果今天有人重新捧起这部书，他将看出这是一本辩证法成分很少的书，它使用黑格尔的言语和黑格尔的语录，表现的是一种康德式、现代化了和激进化了的——某些方面，仅仅是某些方面——费希特式立场的回潮，接近于让－保尔·萨特①的立场。这本激进和批判性的著作实际上没有在任何地方包含着主体与客体、理性与现实的一致性，它没有证明：仅仅是有价值的和可实现的目的才能从实在的社会过程的真实倾向中产生出来。如果说这本书里面出现了黑格尔的词句，那它们的含义则总是相反地要求（最次也是精神的和康德式的要求）指出客体中的主体和现实中的理性，并要求改变世界，创造一个符合个体的或至少是既符合个体又符合整体理性的合理的有价值的愿望。

从这里开始，另外两个特别重要的问题将马尔库塞的思想同辩证法立场分离开了。没有一种经验的和社会中的内在跨个体的主体作为这样一种理性要求的基础，于是就有了个人主体或跨个体主体之说。不管这种理性是经验的还是超验的，这种保障进步的理性基础的内在力量的缺乏都会向马尔库塞的思想提出一个问题，17 和 18 世纪的机械理性主义者们已经碰到过这个问题了，这就是事物变化的外在原因问题。

对这两个问题中的任何一个，马尔库塞的文章都不完全是单义的。然而我们觉得明显的是，他自己思想中的一致性要求使他产生了个体主体的思想和教育方面的，无疑是过渡性的专制思想以及哲学家式和智者式的思想（即使是心智的或是超验的）。

---

① 共同的因素是与现存的压迫式社会现实相对立的个人意识。区别在于马尔库塞理论中的个人理性无论如何是普遍的特点，在于马尔库塞的理论中的没有这种介入，而这对萨特来说则是很重要的中心问题。——原注

在第一点上，比方他在 1948 年的一篇文章中批评《存在与虚无》将本体论概念和个体主体概念混在一起，完全没有将这种主体的思想作为这种思想的本身来讨论。另外在 1965 年的一段文字中，他完全同已经"彻底转变"和"具备一种自由精神"的理论家萨特的未来转变完全一致了。

同样，在 1954 年的《理性与革命》一书的《前言》中他写道："作为对资本主义社会的绝对否定的无产者的马克思式思想将自由的实现和其先决条件之间的关系汇集为同一种概念。从严格的意义上说，解放是以自由为前提的；只有当解放成为自由的个人的事业和由他们承担时，才能够实现。这些自由的个人是摆脱统治和压迫阶层的利益所需要的。"这篇前言以这样几行字作为结束："正像曾既被理想主义也被辩证唯物主义预见的那样，理性与自由的另一种形式的思想重新显示为乌托邦。但是反对进步的压迫力量的胜利并没有减少这种乌托邦的真理性。反对构成现阶段历史内容的个人的决定性解放的社会总体运动已显示出这种解放的可能性在何等程度上是真实的。"[1]

最后是关于演变条件的问题，有一种看法不时出现，不过说真的，这种看法很少出现在马尔库塞的著作中。

"普遍意志要求的满足的失败和转移不应该必然地是可悲的和非人道的，也不必然地是专制的理由。还有一个问题，文化怎样能够在自由的缺乏成为精神机器的一种因素甚至核心时不受阻挠地产生自由？如果没有这个问题，那么谁才有权建立和决定价值的客观等级？

"从柏拉图到卢梭，被人们接受并由能在其中得到真实好处的

---

[1] 应该明确，在马尔库塞著作中常见的"解放的真实可能性"好像仅意为相对从经济社会条件和由发达的工业社会内部的现存个人和社会集团的经验的意识中抽象出来的真实可能性，因为他的这部著作是强调这种意识的完整性，而没有给趋向改变和解放的潜在倾向以任何位置。——原注

人们操纵的教育式专制构成了唯一直率的回答。这种回答已被忘记。从此，涉及全人类的人类生存创造的知识就不再局限在一两个特殊的天才身上，事实是明显的，个人意识没有在方法上因这些事实而受阻挠或转移，那么这种个人意识就只在本来意义上理解这些事实。"（《英雄与文化》德文版，第 217 页）

我们觉得，这段语录是典型的马尔库塞式的犹豫，但它仍然使人看到一种一致性的思想。教育式专制是唯一直率的回答，它并不是抽象地被忘记的，而是因为在现代社会中，对事实的认识是可以进入任何个人意识的，但是，这仅仅是个人的理性的、心智的意识才有价值，而对迫于社会的压力来理解真理的经验意识则无价值。事实上，只剩下哲学家们的教育式专制，尽管它可能只是过渡性的和暂时的。

这样，马尔库塞就由此发展到一种与海德格尔既对立又有亲源关系的立场。说对立，是因为海德格尔的思想是一种将人的企求和意识留给哲学家、诗人和国家要人这样的杰出人物的保守和反动的理论，他就用这样构成的首脑和杰出人物的长期专制的哲学辩解来与非真正群众（对此的研究是属于社会学和实证心理学领域的）相对峙。

相反，马尔库塞却发展了一种深受辩证法传统影响的进步的和批判的哲学，辩证法传统肯定自由和能为所有人接受的普遍知识，暗含消除压迫、剥削，甚至杰出人物至上的观念。

但是马尔库塞却又与海德格尔的立场有亲源关系，因为，与将解放的实现与其条件之间的历史关系集于一个概念中的马克思的（和卢卡奇的）一元论相反，马尔库塞最终走向了一种与海德格尔二元论相联姻的二元论。他的思想包含着压迫与自由之间、存在物与理想之间、是与应该是的东西之间、经验与理性之间、已知数与乌托邦之间的彻底对立和极少的辩证关系，尽管马尔库塞具有批判、民主和进步精神，他的这种二元论迫使他至少不时地给杰出人物的教育式专制以位置，作为过渡性结构。

不过在战争的后几年里，我们已经离开了马尔库塞的思想。对于人道主义的和批判性思想家来说，战后接着来的是深深的失望，是反法西斯、建立一个没有压迫和剥削的新社会的希望的破灭。在此基础上，西欧出现了一种当然需要分析的新现象即组织化资本主义和高消费社会。在这种环境下，马尔库塞和法兰克福学派的思想家们未曾改变他们对现存社会的批判和否定立场，而是相反地加强了这种立场，首先致力于指出在数世纪以来给整个西欧的文化生活以活力的人道主义的希望与目前正在形成的社会现实之间的不断扩大的鸿沟。在这个领域，阿多诺的批评著作具有令人瞩目的丰富性，并对知识分子特别是对德国大学生的觉悟起着 —— 不管人们是否同意他的观点 —— 一种有实效的和有益的作用。

同样真实的是，当代西方社会（组织化资本主义，高消费社会）与世纪初的自由资本主义社会，也和德国法西斯的极权社会有本质的不同。同样，要保持彻底的批判立场，保持对一种社会秩序的否定，在其中，与在自由社会时期不同，群众的收入和生活水平提高了；与法西斯时期不同，政治压迫让位于口头的和形式上的自由组织和议会把戏，就需要对这个社会进行重新和深入的分析。

这就是马尔库塞在两部特别重要的和互补的著作中所完成的任务，这两部著作对当代哲学与社会思想有着深深的影响，这两部著作就是：《英雄与文化》和《单面人》。

这两部著作用法文出版，人们太熟悉这两部作品了，故不必在这里分析它们，我们只提一下它们的基本思想。《英雄与文化》致力于写社会与个人深层愿望的关系，和整个法兰克福学派一样，马尔库塞在这一点上与弗洛伊德的著作相遇，他在其中发现了个人本能愿望——力比多与死亡本能①——和为了存在与发展而以现实原则的名义压抑剥夺和升华这种愿望的社会组织之间的对立。然而在弗洛伊德的著作里，这些概念却有一种可以说是本质的但无论如何是反历史的特点。马尔库塞作为一位社会学家和文化哲学家，在这些概念中加上了一个历史的方面。不过——比方说与弗洛姆相反——却没有减弱本能欲望与社会压迫之间的根本对立。

　　最初，他建立了一种由现实原则在现代社会中得到的具体形式——即生产力原则的具体形式——将某个历史时期的为了保持尽可能具理性的社会生活而进行的必不可少的压迫和为了维持真正地存在着的社会的压迫结构的需要而进行的实际的压迫区别开来。这样他就取得了为保持具理性的社会生活和实际的压迫之间的区别构成的"附加压迫"概念，以便指出，当代社会演变在借助生产力和生产效益的空前发展而尽量减弱必要的压迫的同时却令人瞩目地增加了真实的压迫，将组织化资本主义和高消费社会的压迫式结构强加给生产力和社会关系。这种双重倾向因此导致一种不仅相对使马尔库塞最感兴趣的"解放的可能性"，而且相对过去的社会而言的"附加压迫"令人瞩目地增长。

　　《单面人》是论历史与文化的，它指出这样一种危险：资本主义社会和高消费社会的当代变化是文化和个性的发展的表现。从帕斯卡尔开始，经过康德、黑格尔和马克思，辩证哲学将人定义为双面的，即从接受现实到超越现实，从真实到可能（辩证法以前的理想主义哲学将人定义为掌握与超越现实）。因此，在西方整个文化史上，超越的要求是本质的。然而，这里，马尔库塞在其一系列出色的文章中指出，历史上第一次出现了计划化社会组织，这种组织企图通过生活水平的提高，尤其是通过意识的欺骗使人们的消极接受意识加强，减弱直至消除要求和实现超越的力量。

_____

　　① 即求生与攻击本能。——译者注

不用说，当所有文化和个性的发展与超越方面和可能性相连并以它为基础时，这种演变就对文化创造和真实的个人自由构成令人瞩目的威胁，这种威胁企图取消真实的个人自由，而代之一种从社会计划化中产生的怪物：劳动报酬高、生活舒适，只会两种行为——执行他人做出的决定、高消费——的人，即单面人。

人们将难于过高估计这两部著作的重要性，虽然这两部著作首次提出敌对与批判力量的纲要——与马尔库塞的整体分析不同——，这种力量正在先进的工业化社会内部得到真正的发展。传统的社会主义思想论及的是群众的贫穷和悲惨，也附带地论及形式上的民主、宽容和言论自由的缺乏，有时也论及教育领域内的民主与平等的缺乏。在继续提出这种要求的同时，组织化资本主义正在虽缓慢但可靠地予以这些要求以满足，而反对力量在现存社会面前却处于危险境地，他们的思想越来越具有一种教条的、唯心的和人为的特点。

马尔库塞的著作的功绩——即使人们不同意他的分析——是首次在理论的高度上揭示了当代社会的主要问题，以及这个社会中重要的和不断扩大的部门里正在发展着的真实的不满，一种已经在文学和先锋派艺术创造中表达出了的不满。实证主义社会学家们以轻蔑的方式对待这种文学和艺术创造的理论公式，同时以讽刺的方式谈论"文化批判"（达兰多尔夫）或圣－日尔曼·德佩的放荡文学，最后他们的巨大的研究和探索机构已经转入了对社会的基本趋向的研究而自己却没有意识到。

为了补充马尔库塞这部著作的这种描绘，让我们再提及它的另外两个重点。我们已经说过，他的思想要求有一种外在力量作为向高消费社会的过渡因素，这就使他有时参照哲学家们的教育式专制的思想（也许这就能解释这样一个事实：他在一次讲座中根据各种证据为现存大学的相对有价值的作用辩护）。战争后期以来的社会和政治演变却使高消费社会以外出现了另一些不那么乌托邦的和高消费社会相对抗的力量，即第三世界、边缘阶层——黑人、美洲人、吉卜赛人，等等。马尔库塞将这些人纳入自己的思维，在这种思维中，这些阶层越来越企图作为转变因素补充到哲学家的智者中去，并企图步他们的后尘。

最后，我们应该讲一讲马尔库塞与号称马克思主义的和精神分析学的"修正主义"之间的论战。

我们已经说过，在很长的时间里，阿多诺和马尔库塞的著作不仅比社会学和大学式文学批评而且比正式马克思主义[①]处于更高的思考层次。

然而，当某些辩证思想家如精神分析学界的弗罗姆，某些社会学理论家如意大利的赛尔热·玛莱为维护辩证思维的活的精神尤其是主体与客体同一的原则、为维护将批判的要求建立在社会现实中真正存在和活跃的力量基础上是必要的这一原则而抛弃了弗洛伊德式的和马克思式的理论语言时，一切事物都已改变了。我们没有能力参与到马尔库塞和弗洛姆之间的讨论中去，但是我们觉得明显的是，弗洛伊德将任何能使个人更好地接受社会，尤其是使社会组织更好地接受个人愿望的需要的实效的力量从自己的著作中排除出去了。

我们也觉得，困难的是和马尔库塞一起以同一种名义——即有助于接受的思想的名义——接受所有将这些力量汇入精神分析学思想中的尝试——无论这些尝试是主张个人对高消费的专制社会的接受，或者是主张在这个社会中发展批判和要求革新的力量。

这个看法同样适用于马尔库塞对被人们通常称为马克思主义的

---

① 这里仅举一个特别的例子：我们认为，如果在卢卡奇和阿多诺的论战中，卢卡奇原则上有理由强调一种更加辩证更少伦理的现实，那么他却不能援引对这种原则有利的任何社会和文化现实的具体分析。——原注

"修正主义"的东西的态度。在放弃批判要求，以社会主义的名义承认现存社会和在意大利特别以特伦坦和维克多·福阿为代表通过赛尔热·玛莱和安德烈·戈尔兹的某些著作而被引进法国的"革命的修正主义"之间有一种本质的区别。

这些分析抛弃了过时的马克思主义理论如工人阶级的贫困化，将无产者看成万能的革命阶级，所有经济变革前的政治革命的必要性，甚至在西方社会实行无产阶级专政的思想，强调一种"新的工人阶级"的发展——这个词仍然是向传统让了步的——，因为，这既涉及在生产的先进部门中劳动的技术工人，也涉及人数不断增加、将被经济演变引向拒绝组织化资本主义、要求一种有效地实现企业和社会体制自治化的真正的经济民主的技术员和专家。

然而，也正是在这里，马尔库塞——在我们看来是错误的——拒绝承认两种"修正主义"形式之间的本质区别，并将这两种形式混淆为有利于与现存社会合为一体的思想。

如果说将马尔库塞的这部著作相对哲学的和批判的思想的地位确定之后，我们又试图将它放到大学式社会学的实证和保守的社会学的主要理论面前确定其地位的话，我们同样也在考虑到它与海德格尔的关系的同时来观察他们之间的既根本对立却又有某种一致性的关系。

无疑，"意识形式的终结"的理论（雷蒙·阿隆，达尼埃尔·贝尔）是保守的和卫道的，甚至"内心雷达之消失"的理论（里斯曼①）也最多能在同样一种意义上被理解，尽管这位作者具有无可争议的哲学的和批判的意识。

无疑，与这些理论家相反，马尔库塞总是强调向单面人演变的对文化、自由和个人的充分发挥的威胁；无疑，他还总是致力于指

---

① 里斯曼（1909—2002）美国社会学家，主张对社会发展各阶段的社会精神变化进行研究。——译者注

出被压抑的本能力量的、以人类的价值、自由、幸福的基本需要的名义否定和批判高消费社会的一种先验的理由；无疑，他看到了并宣布了一种危险和威胁，在这种危险和威胁中，达尼埃尔·贝尔和雷蒙·阿隆们却看到了一种有益的和适当的希望，然而话虽这样说，所有这些理论却有一个共同的因素：肯定——虽然是错误地——西方工业化社会中相对的但却是严肃和有极大的稳定性的社会关系和这些社会内部的严肃的异议和反抗力量的缺乏。

既而，法国五至六月的事件①在几周内就使这些分析的价值成了问题，指出 1910 到 1950 年间的垄断资本主义社会到战后的组织化资本主义社会的过渡构成了比刚才我们提及的分析中表现得更加广泛更加复杂的过程。

概括地说（我们不能在这里阐述这些可以作为一项专门研究对象的思想），在两种资本主义阶段即自由资本主义和垄断资本主义和托拉斯资本主义或被我们称为"处于危机中的资本主义"——一方面是市场的自由调节（或多或少）和理性主义和经验主义的个人主义哲学，另一方面是市场调节的缺乏，由于这种缺乏而引起的社会和经济危机以及由存在主义哲学②引起的文化方面的危机各自都与上述两个阶段相对应——之后，第三阶段西方资本主义即社会学家们用各种名称命名的（高消费社会、大众社会、专家治国社会、组织化资本主义）社会是从第二次工业革命和旨在代替实际上已被工业集中化所消除的市场自由调节的经济自动调节整体系统的创建中诞生的。

不过，有两种技术和经济变革过程在传统的社会法律和政治关系的内部完成，这些传统的社会法律和政治关系无疑被从内部深远地朝着专制的和统治经济方向改变。这种改变无疑曾在没有法律和

---

① 指1968年法国的大学生运动。——译者注
② 参阅吕西安·戈德曼《论小说社会学》。——原注

制度变化的情况下得以完成，这是由于这种改变得到了一代人的承认，这种改变则给这一代人带来最重要的需要的满足：收入的增加和经济安全，这在今天 40 岁以上的人的意识中占据着很大的地位。

然而，对新的一代来说是很自然的，这些目标的实现迟早会揭示出社会关系适应于社会可能性的问题，在这种社会可能性中，财富的增长以生产率的增长而排除一切的和首要的焦虑中产生出的专制的和统治经济关系越来越少理性。

社会变得越富，文化的、自由的和真正个人的满足的重要性就将相对物质财富生产的实效性原则而增长；技术工人、技术员和专家新阶层越企图为了要求一种经济责任和政治决策的民主化而拒绝得到很高报酬的纯粹执行者的单一的地位，他们就越发要求社会关系适合于社会的新的技术和经济结构，就越发要求实现自我管理。

这个词本身是从 4 月份开始才在数百最多在数千知识分子和大学生中被认识，它在几周内就变成了在所有领取工资者阶层[1]的思考中流行的基本概念。

似乎，在理论家们面前显现为满足和相对持久的平衡实际上不过是在使西方工业社会适合于第二次工业革命的过程中已经开始的变化中的一个阶段。

当然，剩下就该分析第一批抗议运动尤其是发动者的意识与真实行为之间的差距，和开创了一个新纪元的所有第一批社会运动的特点了；剩下的事还有：弄清为何这些运动首先是在大学生中出现，为何这些运动在法国具有特别的强度和广度。自然，这一切都将在我们这项研究的范畴内得到检验。

不过让我们提及一种很少被实证主义社会学分析的过程的存在：大学的功能和本质的演变。

---

① 这不是说这些阶层接受了这种概念，而是指他们接受了刚刚开始的意识的演变。——原注

　　自由社会是在具有专制的几乎是君主制的、在市场方面具有民
主性和平等性、在显要阶层①中具有政治、法律和文化特点的社会关
系中的二重性而形成的。

　　让我们再补充一点，专制的结构在此之外还在从工厂到其他的
组织特别是在中等阶层的家庭 —— 在其中，独立的显要人物就同时
是由其妻子和孩子组成的集团的真正的专制头目 —— 中展开。

　　然而，这种结构二重性提出了从孩子到未来显要者之间的过渡
的问题，在这种过渡中，他们先是必须服从于父亲（下层阶层的孩
子稍晚一些则服从于小学和中学的老师），这种结构二重性还提出
了继此之后获得相对其他人来说是平等的、民主的，相对其同类来
说是批判性的、专制的但在其职业或其企业中趋向于责任和统帅而
不是服从性的问题。

　　然而，正是留给显贵子弟们的大学②被号召进行这种批判精神的
和评判的独立性的培养，保障从服从到自制、从被动到负责任及平
等的过渡。

　　人们懂得为什么为了完成这种功能，这种大学就应该是和真正
地曾经是在相当大的范畴内是自由的和批判的。

　　不过，向组织化资本主义的过渡从根本上改变了社会关系的本
质，同时在经济生活的整体中展开了统治经济论和专制的纲领：自
由资本主义时期那种事实上和经济分离了的国家权力成为最重要的
经济施动者③。生产的专制结构和自由资本主义时期典型的社会与政
治生活的民主结构之间的对立被两者之间的地位的越来越密切的接
近所代替，这种接近是由于国家干涉经济、收入的增加和生活水平

　　① 不用说，这在形式上对一切公民有益，然而实际上仅对相当广泛的显要阶层有
益。——原注

　　② 在某些范畴内，在中学的高年级中亦然。——原注

　　③ 真的，在法国，宪法已经改变了，然而自由和议会民主的内在原则和所有权的法律地
位无论在法国还是在其他西方国家都仍继续保留着，尽管它们的内容已经发生了深刻的变
化。——原注

的提高有助于个人接受这种转变，直至在某种程度上是多余的很长的时间里，上述提高产生了外部的制约和制度的外在地位的改变。简言之，这种演变是从内部朝向一种由一个人数越来越少的社会阶层和一个越来越多的专家和仅处于执行者地位的技术员阶层组成的专家治国型社会的方向发展的，这个社会阶层的人在各种不同的领域——被人们称为专家治国论者——决定一切。

同一种演变的另一方向是独立的旧显贵阶层逐渐由被某些理论家称为"新工人阶级"而我们认为最好叫作"领工资的中等新阶层"——由或多或少是合格的，具有与旧显贵同样甚至更高的生活水平但不再有同样的地位和同样责任的专家和首先忙于很好地完成其功能，也就是说尽可能有效地执行别人做出的决定的专家们组成——所代替。这种变化也深深地影响着家庭生活的结构，因为领工资的中等阶层的这些成员无疑并不是像独立的旧显贵那样由于其职业和社会生活而在与自己的配偶和孩子们的关系中要求和承担权力与责任 [1]。

这也解释了中等阶层中日益增长的家庭生活的解放运动和父母特别是父亲的权力的削弱为什么与现代社会的社会关系中的等级制与专制特点的增强相对应。

在这种条件下，大学本来的功能完全被推翻了。现在，它必须保证从一种自由的家庭结构向专制的和等级制的社会结构转变，在等级制的社会和经济生活中使已习惯于相当程度的独立的青年人成为适应简单的执行者地位的专家。所以具有批判和自由精神的旧大学怎样和为何慢慢地、不知不觉地演变成为孕育和有利于官吏集团的独裁式大学。

让我们补充一点，这种演变的过程很大程度上受惠于两个因素：一是相对教师来说越来越众多的大学生，由于生活水平的提高而造

---

① 人们可以看到，他是何等错误地将大学生运动解释为"对父亲的反抗"。——原注

成的住房缺乏以及越来越广泛的社会阶层的子女入学；二是大学里学习拿破仑式司法和组织科学的学生，这种学科在过去或多或少被大学的真正的功能所抵销，这种学生很符合专家治国社会的这种新要求。

　　然而同时，这种大学又显出两方面的不足：一是对民主化和对我们上面讲过的技术和经济新结构的社会关系的适应的准备不足；二是对使知识向另一个时期的简单转变的准备不足。在这个时期中，知识的迅速进步使任何个人都不能在某个领域中充当绝对权威，这经常使得中等阶层（一般研究者、助教甚至一部分优秀大学生）比高级岗位上的正式任职者（教授、实验室和科主任）更高明。在这种情况下，人们只能将专制精神变成集体精神，变成研究和教学集体内部的研究者和实验者之间的友好与民主的同伴式关系①。

　　我们提及这种演变，这尤其是因为就我们所知，这种演变并没有打上大学里的社会学烙印，它当然仅仅向它自身解释了大学生的抗议；一种具体的研究应该将不可能在这里进行分析的许多因素考虑在内。

　　让我们像一切别的社会学者一样仅满足于指出：马尔库塞想必首先带着某种惊讶碰上了美国的黑人反抗运动，尤其是没有预料到他没有鼓励过的但却首先由于其仅仅是附带的文化和精神方面的要求，以及在某些国家的经济要求而被推动的大学生运动都曾出现在他的著作里，而实际上，在他的著作中仅仅有上述那些人的问题和愿望的理论形式。②

　　　　———————

　　① 在9月19日的《世界报》上，一位大学人士严肃地写道："集体劳动是有利的，当涉及整理分析、收集资料时，它是必不可少的。没有人怀疑过这样或那样的汇集的集体构成的有益的特征，但是，将资料、解释性结构、选择和评判付诸实施，则只能是个人的劳动；人们可以分小组讨论，然而人们却又注定地只能单独思考。"这些话是写于1968年的！——原注

　　② 很明显，大多数倚仗马尔库塞的大学生对他的思想和著作一无所知。然而他们那样做仍然有理。社会生活有其自身的逻辑，尤其具有与直接阅读和广播电视所不同的方式来传播思想的手段。——原注

在这种形势下，他首先在 1965 年的一篇题为《抑制的宽容》的文章中表明了立场，在这篇文章的结论中，他宣称，任何教育者和任何知识分子都不可能合乎正义地指责那些不惜采取暴力手段反对现存压迫的人。

接着，在法国 6 月中旬的运动面前，他在科尔絮拉学术会议上谈到自己正在写的一篇题为《在单面人之上》的文章时指出自己的立场转向积极的方向，但他也又一次强调，完全批判型的思想家的首要任务应是唤起彻底改变的需求，他强调指出了满足于局部变化的危险性。当时在场的爱尔恩斯特·布洛赫立即对马尔库塞向自己自从 1920 年以来捍卫的乐观乌托邦立场的靠近表示了欢迎；马尔库塞带着一些保留最终肯定了这种看法，并向祖师爷表示了敬意。

请允许我们回顾一下 1968 年 5 月，联合国教科文组织为庆祝《资本论》发表一百周年而组织的一次学术会议上的讨论：马尔库塞在其得心应手的出色演说中阐述了自己的理论；四位发言者马上驳斥了他的悲观主义和激进的批评；一位共产党哲学家解释说在其党内和工人阶级中，一切都将是绝对好的；一位苏联经济学家称赞了苏联；一位英国女与会者告知说中国的一切都很好；最后，一位巴黎大学的教授赞扬了西方社会的功绩。

我也要求发了言，我指出 —— 也是这篇文章的结论 —— 在批判马尔库塞的思想的同时，上述所有知识分子都在何种程度上证明了马尔库塞的思想已经确立，因为他们指出他们全都在何种程度上被现代压抑和物化社会的这样或那样的部门所收容和吞并。但是，在巴黎，在欧洲和世界上其他大城市，同时有数以千计的大学生向马尔库塞欢呼，要求得到他的著作，并由此以他们的行动本身来证明马尔库塞的批判是否总是正义的，是否会为他们的问题和愿望提供理论模式。然而，马尔库塞的悲观主义、单面人理论、当代高消费社会中又一次缺乏反抗力量的理论，仍然是本质的和根本的错误的。

第十三章 社会主义与人道主义

1

在 1917 年前的主要的马克思主义理论家的思想中，无产阶级革命的胜利、生产方式的社会化、集中计划化的建立都会导致这样一种社会组织，在这个组织中，经历了一个从无产阶级民主专政的过渡性阶段①后，社会的阶级划分的取消，人剥削人的消失都会带来一种从资产阶级人道主义（人类性、个人自由、平等、人的尊严、言论自由）那里继承来的伟大价值的合并，在人类历史上第一次给人以一种真正的人格而不是在资本主义社会中所有的那种纯粹形式上的人格②。

因为，在民主化资本主义社会中，法律承认公民的法律上的平等和自由以及每个人自由地发表意见的权利，然而如果公民不仅分成少数富人和多数相对贫困的劳动者，而且这种穷困剥夺了劳动者真正地享受法律承认③的自由和有效地使用公开发表自己的意见的权利的话，经济上的不平等就不但将平等，而且也将自由和发表意见的权利压缩为纯粹形式上的东西。④

---

① 当专政的意思是一个对资产阶级实行压迫的无产阶级的国家机器时，民主专政的意思则是这个国家机器代表大多数民众，在历史上第一次仅对少数反动分子实行压迫。——原注

② 这篇文章将用英文发表在由艾利赫·弗罗蒙主编的同名集子上，由纽约职业指导中心出版。——原注

③ 人们熟悉阿纳托尔·法郎士的著名的俏皮话，说法律承认百万富翁和流浪汉同样拥有在桥孔下睡觉的权利。——原注

④ 因此，办报、组织会议等，都必须有足够的钱。——原注

相反，社会主义社会在建立实际的平等甚至从最初阶段就取消财产的明显差别的同时，自由、平等和人的尊严重新获得其全部意义。同样，在这个社会中，剥削将被取缔，为市场而生产的产品的取消将重新恢复人与财富、人与人之间关系的质的面貌，这个社会应该实现先于它的三种大的社会形态的积极因素的高级综合：

（1）原始社会的无阶级；

（2）资本主义之前的社会特有的人与人、人与自然之间的质的关系；

（3）资本主义社会引入企业中的合理性以及直接与这种合理性相关联的全人类平等和自由的价值。

所以，在马克思、恩格斯和许多后来的马克思主义者的眼里，社会主义革命无疑是前史时代的结束，是从必然王国向自由王国的过渡。

这个于19世纪提出的方案却继续在很大程度上统治着当代社会主义思想。不过，从1917年起，出现了起初的一个，接着又是好几个以社会主义为特点的国家，它们在意识形态方面要求社会主义，但是在政治和社会方面却在一个很复杂的现实内进行活动，这种情形的存在使这些国家的社会、经济和政治的现象与这样的上层建筑之间出现了不小的不协调；越过这种不协调就必然会成为现存的试图力求最全面地懂得现象和意识形态真相的积极的社会主义思想的首要任务之一。

这种现实与意识形态的不协调本身既不是新出现的，也并不令人惊讶。所有大的社会和政治运动实际上几乎总会由经过事物未来的和使之活跃的价值的可能性的简化了的演习力量来推动；也几乎总是——当胜利之后，社会现实显得比以自己的行动创造了这种社会现实的人们所想象的要复杂得多和混乱得多——有一些由新的形势赋予特权的领导人，以便使这种形势正确地符合革命曾愿意和预见到了的东西，并使一些问题没有提出的必要。

　　然而同样，进步思想家们总是努力将断言和现实之间的距离暴露出来，指出革命的意识形态赖以演变成为卫道的"意识形态"的机制，在思想与现实之间建立和谐，只有这种和谐才能使思想具有真正进步的特点；在其他事物中，这就是马克思和恩格斯相对取得胜利的资产阶级观念的学者而起到的作用的一种，也肯定是相对今天的下列人士而起到的作用。这些人士是：

　　（1）从反对资本主义的革命中诞生的社会主义新社会的辩护者；

　　（2）正在演变的西方社会的辩护者；

　　（3）"第三世界"社会的辩护者，这些思想家都想有效地积极地继承马克思主义伟大奠基者的遗产。

　　所以，紧急的是在脱离不仅困扰政治生活而且也困扰社会主义运动的理论思想的宣传的同时，回到对 1917 年以来的世界的社会和政治变革的尽可能实证和具体的分析上。正是在这个任务的范围内，我们今天想 —— 也许仅仅概略地 —— 提出我们认为特别重要的问题。

　　如果说我们事实上将马克思的分析与从 19 世纪末和 1917 年至今的资本主义社会和社会主义社会的真正的演变进行比较，我们觉得这种比较会进行两种特别重要的更正，如果这两种更正在理论方面是很容易纳入马克思和马克思主义思想整体的两个细节，它们就会相反在实践方面引起社会主义行动的前景和方向的重要变化。

　　然而，这两种更正中没有任何一种在西方资本主义社会和具有社会主义特征的社会中涉及现实与人道主义价值之间的关系问题。

　　我们先从第一种开始，从马克思对资本主义社会的两项大的研究开始：

　　（1）商品拜物教（用卢卡奇后来贡献的一个词来说，就叫作"物化"）的理论；

（2）关于无产阶级日益贫困化和无产阶级向取得革命觉悟方向发展的必然趋势的理论。

第一种理论不但显得有价值，而且对于理解 20 世纪的资本主义世界的演变，甚至比 1917 年前的马克思主义理论家们所想到的要重要得多；而第二种理论却相反显得越来越过时，甚至在某些本质方面与已改变了结构的社会的真实演变相反。

很有特点的是，列宁尽管是位正统派，但他为了正视自己所处时代的社会和政治现实，却不得不在马克思的分析上加上了两种特别重要的思想：

（1）无产阶级不自觉地转向工联主义，而不是转向一个革命阶级的形成[①]；

（2）在西方存在着无产阶级的一种不小的阶层："工人贵族"，这个阶层参与到资本主义社会中，构成改良主义运动的社会基础。

然而，即使仅仅为理解 20 世纪上半叶[②]，在这些仍有待深化和发展的看法上，仍应加上第二次世界大战后西方资本主义社会的演变。

由于没有时间在这里多讲这个问题，我们将着手观察这样一个事实：由于受正统的马克思主义者期待的西方资本主义国家的革命的迟迟不来到，由于 1929—1933 年经济大萧条的经验，尤其是在苏联经济力量的——甚至由此产生的军事力量——发展，其次在整个社会主义阵营的发展的压力下，资本主义世界建成了或多或少是先进的经济自动调节机制，使它今天在很大的范围内避免了生产过剩的结构危机。在西方工业发达国家，甚至在特别资本主义化的市场外不仅保证了一种生产力的大的跃进，而且也保证了大多数民众其中包括工人阶级的生活水平的提高（有时快有时慢）。

[①] 请参阅他的著作《怎么办？》。——原注
[②] 西方无产阶级的确在其实际上是改良主义的主要阶层中存在过，这似乎应该归功于这样一个事实：由于殖民地市场的存在和工会运动，摆脱了由马克思预见的和期待的贫困化过程的西方工人阶级的分裂比列宁想到的要广泛得多。——原注

当然，本来意义上的社会主义经济可能引来生产和民众福利的更快增长，然而事实却不是那么绝对地肯定的。总的说来，在西方工业发达的社会里，社会主义运动再也不能基于无产阶级贫困化的加剧和将无产阶级变成革命力量的必然转变。

由此，在这些社会中，就出现了社会的、经济的演变，它不同于马克思所预见的，而是包含着其他的前景特别是包含着其他危险的演变。

在这些社会中，人，特别是工人，在社会主义运动中，不再必然地受日益加剧的穷困化的推动。一个真正社会主义的世界甚至很可能向他们提供更多的经济好处或剩余价值；还应该注意到这种觉悟的取得肯定不会像19世纪的马克思主义理论家们认为的那样是不可抗拒地、那样注定地产生。在这些社会中，资本主义和社会主义之间的斗争变成了一种为了争取工人阶级和民众的心理的斗争。总的说，在这种斗争中，——这一点特别重要——底层结构远非如马克思和传统的马克思主义者所认为的那样帮助社会主义阵营，而是相反地为挤入现存社会圈子而努力。

因为我们刚才提及的经济演变也带来了社会和心理的深刻变化。

的确，西方资本主义的演变远非朝向与马克思所预见的道路相异的方向发展，此外，在涉及贫困化时也是这种情况，这种演变相反证明了19世纪的马克思主义理论家们所万万没有想象到的马克思的分析的价值等级。我们愿意来谈一谈关于马克思对商品拜物教的分析。

的确，马克思曾指出市场的出现在何等程度上将一切跨个体的价值压缩到不明显的程度，同时将它们从意识中排除出去，逐渐压缩成为惰性事物的两种新属性的与众不同的面貌：价值和价格，它们将财富转变成商品。同样，马克思——特别是他以后的卢卡奇——都曾非常强调物化的发展给受制于市场经济规律因而给几乎完全成为一种自然力量的人的行为和生命带来了一种消极的特征。

另一方面，市场经济生产的发展又的确第一次创造了使西方人道主义渗入社会生活的基础，特别是使如人类性、平等、自由和宽容①这样的西方人道主义的组成部分的新价值渗入社会的基础。

然而接着，从为市场而生产的手工业社会到工业化社会的过渡——伴随着工业化资本主义社会带来的巨大的经济不平等和企业内的生产组织的等级制——削弱了人类的跨个体的价值，无论在其广延方面还是其自然属性方面都是如此。

在其广延方面，这个过渡实际上将人类的跨个体的价值从生产中排除出去了，将它们紧紧限制在市场的范围和法律与政治的抽象和表面范围内。

在其性质方面，这个过渡给予人类跨个体的价值以一个与它们所含有的真正内容相对立的纯形式上的特征，同时降低了这种性质。

不过，不管这些无可争辩的分析的有效性怎样，今天都应该注意到，无论是马克思还是卢卡奇都没有看到他们分析过的社会在何等程度上仍然保留着——很简单，从自由市场的存在开始（接着是从垄断市场开始直到国家的轻度干预）——一个非常有限的个人活动和能够构成个人意识的价值的领域。首先是垄断的帝国主义的发展——这种发展侵蚀了个人经济功能的基础，并因此排除了个体的价值；接着（尤其是在第二次世界大战以后）就是国家的大量干预——这种干预与自动调节机制的出现紧密相连——却相反具有

① 我们觉得宽容与言论思想自由之间的对立构成了资产阶级人道主义和社会主义人道主义之间的根本差别。

宽容二字本身事实上暗含着对错误的某种程度的漠不关心。这个词是在宗教信仰和自然规律的领域中诞生的，它和资产阶级上升时期的无神论与理性主义特点紧密相应。传统的、理性主义的和经验主义的资产阶级变成了宗教上的宽容者，因为对它来说，宗教信仰已经丧失了一切重要性和一切实际的现实意义。

相反，一种社会主义的人道主义则包含着每个人都自由地表达其信念的权利，它排除了对他人意见的漠不关心，它提倡共同地和持续地努力发现真理，通过自由的、直率的、公开的讨论建立一致意见。——原注

真正地排除个人作为个人在生产和市场中的所有责任和所有功能的倾向，并因此具有将个人意识的独立和内在的内容全部剔空，这样便实现了甚至 20 世纪初最悲观的理论家也难以想象的消极性[1]。

不用说，这种民众——对随着生活水平的逐渐改善而来的超过个人和家庭消费的一切东西表现出冷漠——的日益增长的消极性在构成文化特别是人类文化的危险的同时，对劳动者参加到现存社会中有着很大的好处，它将与向社会主义的演变相吻合。

然而，正是在这种形势下，社会主义者才出现在一个适合于在上层建筑，在政治、社会和文化思想方面进行一场为个人取得意识的纲领的问题。两种可能的前景，当代西方社会的劳动者应该有意识地或暗含地在这两者之间做出选择，就是将决定权留给极少数有能力保证——他们有可能保证——大多数民众的生活水平不断提高的治国专家的专家治国社会。但是，这种社会即使不是必然地也将很可能走向一个非人化世界，这个世界的一切文化可能性都将被降到最小程度；与此相反，社会主义的和民主的社会也保证劳动者很可能同等的福利，但它还首先保证全体民众的个人责任的发展，以精神和文化生活的飞跃来创造社会与经济的基础。

于是就要引导领工资者懂得，如果说利己主义和便利的道路将他们推向合并的话，那么他们和他们的亲人的真正利益则命令他们有意识地向相反的潮流行动，以便既拯救其自身的尊严，也拯救历史的伟大的文化成果。

我们只能简略地提及这种形势在政治前景方面包含的很可能可

---

[1] 这就是与我们同时代的最重要的作家们都很好地表现了的现象——从卡夫卡到最近的作家如贝克特、尤奈斯库、罗伯-格里耶、阿塔莫夫，或者萨特的《恶心》、加缪的《局外人》，还有大卫·利埃斯曼这样的不熟悉马克思主义（当他观察一个社会从内部调节到外部调节的过程时）的社会学家。当然，人们还能够在研究绘画的演变时指出同样的现象。

在杜布罗夫尼克大会上的口头辩论中，艾里希·弗罗姆用一句出色的俏皮话指出了同样的现象，他宣称，起先有人为了学习和丰富知识而旅游，后来又有了"带着照相机的旅游者，而今天则有大批照相机在旅游，并且带着一位旅游者为它们服务"。——原注观的变化作为这一段的总结。的确，似乎很明显的是，绝对贫困化的消除、经济自动调节机制的产生、逐渐产生的冷漠、民众日益增长的消极性与合并性，排除了基于贫困与先于经济变革的政治的、社会主义和无产阶级的革命的传统纲领中的一切可能性。

所以，在西方资本主义社会中，有成功可能的唯一现实的社会主义纲领在今天就是一种"结构改变"①的纲领，这种纲领直截了当地分析了我们刚才描绘的形势，我们同时还力图使劳动者明白；他们有权利要求首先获得对企业的监督权，然后获得企业的管理权——只有这两种权利才能保障他们在经济方面的或多或少是不可轻视的优势，一种参与经济、社会、政治的重大决策方面的有实效的责任，以及在真正的人类文化的发展中占据积极地位的责任。

这样，我们就想到了一条通向社会主义道路的，与资产阶级在封建社会中走过的相同的道路。在这条道路中，渐进的、和平的（尽管有冲突）经济变革都在一场可能的政治革命——也并非不可避免——之后出现（甚至 19 世纪末德国资产阶级掌权的情况也是如此）。

---

① 我们起先曾写成"改革主义"，与好几位社会主义者特别是意大利社会主义者的讨论使我们明白这个词是可能引起歧义的。这个词的意义实际上依赖于它被使用时的背景，如果在20世纪上半叶的社会主义思想里，讨论围绕改革和革命这两个概念的话，那么改革的含义主要是资本主义制度下的或多或少重要的局部的改变；而革命的含义则是通过内战，通过政权的夺取甚至无产阶级政党和在其间实行生产资料社会化的无产阶级专政来实行的从资本主义制度到社会主义的过渡；现在来讲讲第三个概念，它与我们刚才提及的任何一个概念都不相同。

这就是逐渐过渡到可以通过行业来完成的工人参加管理，这存在着或多或少是尖锐的冲突的可能性，但不必然地是经济变革前的内战，也不必然是整个社会的同步的演变，不用说，这是可能在一定的时候在这样或那样的国家里引起的一场内战，就像在其他国家里在经济领域里所做的那样。

事实上，这是一种大概地与从封建主义社会向资本主义的过渡相同的过程，这种渐进的经济演变有时伴随着内战（英国、法国），但在某些国家，无疑也是以一种冲突的方式但不是以暴力革命的方式进行的。人们可以自由地把这种变革称为改革或者革命，但必须指出，无论是前者还是后者，都具有一种与19世纪末20世纪初的马克思主义文献中的含义不相同的意义。——原注

2

如果说我们现在转向我们的分析的另一方面的话，那么我们的努力就是证明，具有社会主义特点的社会变革也显示出它的极其复杂性，尤其是与马克思主义创始人的预见 —— 必然是概略的和纲要性的 —— 之间存在着差距。

预见和现实之间的差距有多种，这是毫不奇怪的，因为在经验的和具体的探索之外，任何理论家，无论他是怎样的天才，都只能发现现实的很概括的很笼统的骨架；不过，这也不会长期成为主要的问题，它并不阻碍这种概括的预见与现实的本质结构相吻合，尽管它是很概括的。

不过我们觉得，具有社会主义性质的社会中的实际变革与马克思思想的传统图表之间的差距不仅仅是比概括的分析更大的具体现实的丰富的表现，也不仅仅是这样或那样的局部的差距，而是关系到现实的某些本质的差距。

在马克思、恩格斯以及后来的马克思主义者的思想里，未来的社会主义社会，尤其是共产主义社会应该通过生产资料的社会化、市场的取消和计划化生产的实现而实现 —— 我们已说过 —— 一种可能集中具有被马克思主义者们有时称为"人类的史前期"特点的三种大的社会组织形式的实用的优点：

（1）取消社会阶级和人剥削人，这是人类在原始社会中已经经历了的，尽管那是在极为贫困的水平上实行的；

（2）获得有质量的而不是物化的人际关系以及人与自然之间的关系特征，尽管在最经常的情况下这种资本主义以前的生产组织和分配方式是一种野蛮和不公正的方式；

（3）为市场的生产，甚至资本主义生产的两项大的贡献：

a. 生产的合理组织，带来了由它导致和保证的生产力的迅速发展，这种合理组织是资本主义社会已引入企业中而不是引入企业与整体生产之间的关系中，这是未来的社会主义应该从福利生产中整个地消灭的东西。

b. 人类的价值，就像博爱、平等、个人自由那样 —— 它们在西方社会中与为市场而生产的出现与发展同时出现和发展 —— 也是言论自由的一个组成部分。

当然在历史上，这种特有的差距的融合还是第一次：取消剥削，取消社会阶级，在人与人、人与自由之间建立质的关系，生产的合理组织，博爱、平等、自由，这些都与生产力的飞跃相吻合；这样的差距融合必然会实现一个建立在真正的共同体和一种真正的自由基础上的社会。

在写这种概略时，我们斗胆在这里对市场生产带到社会生活结构中的两种主要的演变的意义和性质即个人价值的消失和生产过程的合理化说一点题外话，因为在这两点上，中世纪和文艺复兴时期城市的商品生产社会向资本主义过渡和接着向帝国主义时期和当代高度组织化的资本主义社会的过渡之间有着一种严格地对立的效应。

关于生产的合理化，这种变革的确通过我们刚才提过的四种市场生产时期而代表了一种不断的进步，它们中的每一个时期都在企业（其重要性越来越大）内部代表了生产力的合理组织水平的提高，同时又继续表现出整体上的合理组织的缺乏。

在这个意义上，马克思主义的伟大思想家们最经常地将他们以为与整体和集中计划化相连的生产资料社会化看作一种像在中世纪的手工业市场、自由资本主义和帝国主义所表现出来的那样的生产力组织中的合理性渐进的继续，这种继续无疑暗含着一种质的飞跃。

相反，关于个人的价值（自由、平等、个人尊严）的发展，手工业社会向资本主义社会的过渡曾像我们指出的那样代表了这种价值的实施的缩小，尤其是一种本质的削弱，因为上述过渡企图将这种价值降低到与社会生活的真实内容相悖的、在很大程度上是用来装饰和欺骗人在的人类意识的纯形式的事实。在文化领域，这种降低是与经济的和社会的削弱及中世纪、文艺复兴时期以及 18 世纪的法国、19 世纪的德国的人道主义的削弱相对应的；这两个世纪是革命的或进步的资产阶级的世纪，具有一种伪人道主义的面貌，这是伪官方文化的副产品；而 19 世纪末 20 世纪初真正的人道主义则具有一种与此对立的反资产阶级的特点。

在这一点上，社会主义社会应该代表的不是一种从手工业社会到自由资本主义和帝国主义的演变的继续，而相反是将西方人道主义的传统的价值提高到一个最终必将能给予这些价值一种真正的内涵，保证它们成为一种完全的实在；无论在中世纪的社会里还是在文艺复兴时期的社会里，以及在 18 世纪末 19 世纪初德国的理想主义中，个人的价值都是和市场生产没能摧毁的先前文化的跨个体和实质性的价值相连的，而资本主义社会对个人价值的削弱由于物化的加剧和跨个体价值的几乎完全消失而更甚了。

社会主义社会应当将西方人道主义的价值全部恢复并加以发展，应该不但在消灭社会阶级和剥削的同时消灭其假人道主义的特征，而且还要将它们有机地与人类共同体相融合和联系，同时要清醒地意识到资本主义以前的时代里的穷困和剥削所表现出的对自由的跨个体价值的巨大羁绊。

正是在这同一个观念中，我们想在这里对自由的概念提出几点看法。人们无疑有正当理由将历史作为朝向不断增长的自由的社会进步来构想。不过，在现时的术语和围绕这个问题的讨论中，我们觉得重要的是指出两种不同含义的存在，这两种不同含义是部分地、仅仅是部分地互相补充的，对这两种含义，我们还没能找到恰当的法语词汇来表达，在杜布罗夫尼克会议上，有人用英语和德语的

Liberty to，Freiheit zu 和 Liberty from，freiheit von^①向我们讲过。

所以，我们用"集体自由"和"个人自由"这两个词来定义上述两个相当含混的概念，但必须提醒一点：这个术语的使用只是个万不得已的办法，集体自由（Liberty to）的增长同样有一种个人自由的特点，同样，所有个人自由（Liberty from）的增长或降低也有集体的特征^②。

一旦这些术语的正名得到承认，我们就能认为，"集体自由"的增长是人类历史演变的一条纽带，当然这条纽带不无断裂与倒退；正是这种增长使我们能够谈论历史的进步。历史唯物主义的观点至今仍受到整个心理学研究的肯定，我们不能在这里多谈这些研究；历史唯物主义观点正是集中在这样一种肯定上：人的意义在于不断地发明使之能保证逐渐地掌握其周围的、自然的和社会的环境的概念以及物质的工具，任何精神的结构，包括其价值在内，都总是适应这种要求。

相反，个人自由是一种特别的价值，它在历史的某个时候出现但不构成一个阶段，它是作为"集体自由"发展的历史内部的可能的结构之一。的确，西方世界历史上的特别时期如古希腊、古罗马的某些范围内，尤其是从出现了中世纪的城市起直到 20 世纪的西方社会的发展都是以个人自由为特点的；个人自由正好构成了被我们

---

① 有一次，讨论集中在我们觉得特别有启发性的和值得在这里提及的一种复杂性上。一位与会者将自由定义为仅仅是法律约束下的自由（Liberty from），这是忠实于启蒙时期的理性主义的，它提供了这样一种事实的复杂性：每个公民都有进或者不进某座图书馆的自由。我们回答他说，在这种无可争议地真实与宝贵的自由之外，还存在着另一种自由（Liberty to），就是建图书馆的自由，这些图书馆建好后，重要的当然是每个人都能进去。而我们不得不拒绝这位对话者的这样一个建议：保留 Liberty from 作为自由的定义，进图书馆的权力和使用 Liberty to 的权力、建图书馆的可能性。我们觉得其理由是很重要的：在普通语言中，"权力"这个词包含着摧毁图书馆，与自由进步背道而驰的可能性和建图书馆的可能性的含义则是一样的。——原注

② 由于同样的理由，实际的和虚假的自由的名称显得不确切，这些自由中的任何一种都有虚假的（它的增长意味着取消某些羁绊）和实际的（它的增长意味着做某些人此前不可能做出的事情的可能性）特征。——原注

称为个人主义人道主义的东西，在集体自由和对自然的驾驭的发展内部肯定个人意识的独立性，而且，我们已经说过，这种独立性在今天很可能被过去曾保证过其发展的西方社会本身所具有的形式从内部取消。

　　事实上——正是马克思主义使我们懂得了这一点——西方人道主义价值的发展是与市场生产的发展相联系的；不过这种联系表现出一种辩证的和自相矛盾的特征，因为在文化方面，这些最基本的价值足以使市场具有一种更加个人主义的特点（手工业的和自由资本主义的生产），但是同时，市场生产的这些个人主义的形式是与一些时代——在其中，生产是最不发达的，就是说与之相适应的价值还未能发展到足以构成社会组织整体的水平——相适应的；接着，市场生产的大发展与帝国主义和当代组织化资本主义相适应，它在取消大多数人在经济生活中的积极参与和责任的同时，在将责任变成一个特殊的和有限的社会集团——专家治国集团——的特权而不是本来意义上的个人特征的同时，从内部把个人主义的所有的内涵都取消了，并由此而取消了人类的价值。

　　然而，马克思和恩格斯以及他们以后的马克思主义者的思想——人们常说——是属于西方人道主义范畴内的，无论其基督教的还是理性主义以及无神论的形式都是这样。他们对宗教特别是对基督教和犹太教的批判是那样的彻底，他们和资产阶级的对立是那样的强烈，以至于他们的思想总是在一条完全的人道主义的路线上发展、他们肯定个人自由、言论自由、博爱以及平等的价值，尽管作为辩证思想，他们曾观察并承认了专政是一种必不可少的阶段，但认为这种专政是向这些价值的真正的和全面的实现过渡的。在哲学方面，就是有名的恶的问题，它在历史中作为实现善的唯一方式而成为值得肯定的和进步的、用歌德的观点看，人应该把灵魂出卖给魔鬼以便企及上帝、然而魔鬼不是上帝，在任何时候，社会主义的思想家们都没有使专政，也就是说使无产阶级专政和对自由以及平等的限制成为他们的哲学的基础和永久的价值。

然而，我们无法详细讨论这一点，明显的是，对于大多数严肃的理论家来说，首先在苏联，其次在许多具有社会主义特点的社会主义国家，都发展着一种严重的官僚主义，在这个社会的精神、社会、政治生活中，西方人道主义的价值（自由、平等特别是言论自由）曾起着或仍起着很有限的作用。

对于解释这种现象与弄清楚这种如此巨大的差距的理论因由的理论家来说，最重要的问题就是马克思和 1917 年以前的马克思主义者的预见与革命以后发展起来的社会主义社会之间的实际现象之间的本质问题。

无可争议的是，即使不是在对事实本身的解释中，至少也在对这个问题所涉及的广度与强度的解释中，有一种无疑比结构研究因素更令人担忧的推测因素的干预，因而这种推测因素无疑具有一种时间性和地方性的特点。

事实上，第一次共产主义革命的发生（正是因为西方无产阶级在很大程度上以明显的改良主义的方式或不明显的和对立的以社会民主为中心的方式参与了 1914 年前的资本主义的秩序）不是像马克思预见的那样在一个经济发达的社会中，而是在一个仍面临资本主义革命（土地改革，取消封建特权）问题的后进国家，在这样的国家中，资产阶级已成为反革命的，因而不能解决土地革命和封建特权问题。

让我们补充一点，这次革命受惠于 1914—1918 年的战争以及俄国农民的强烈的和平愿望。

这个事实带来了好几个后果，一部分是过渡性的，一部分是长期的，在其中，应指出：

（1）1917 年以后俄国以农业为优势的后进的社会结构，今天由于苏联最近 45 年来的迅速的工业化过程而被超越。

（2）这种后进结构的后果和相对其周围的资本主义世界的苏联的军事上的劣势以及由此导致的被困的城堡一般的局势 —— 对总体上发展人道主义价值特别是个人自由是不太有利的[①]。

然而同样在这一点上，被困的城堡般的局势在今天已经被超越了，它们的文化与政治后果被号召以或快或慢的速度予以消除。

（3）相反，我们觉得有一种现状是由一种在沙俄时期存在的，可能在头几年就决定性地影响了第一个社会主义社会的革命未来变化之形式的民主的和人道主义的传统的缺乏（如果不是对立的话）而造成的。

无疑，这三种后果：后进的社会结构和农业优先、军事劣势、民主传统的缺乏中的任何一种都不会像马克思预见的那样出现在一个先进国家的任何一次社会主义革命中，这种看法能使人部分地弄清马克思对未来的社会主义社会的看法与他生命的前半段的实际现象之间的差距。

在这种无疑朝向社会主义的专政特征的强化以及阻碍这些社会向人道主义的和自由的价值方向行动的现时因素之外，还有一种能够致力于 —— 我们认为，事实上已经致力于 —— 向同一个方向行动的结构性因素。不用说，这样一种行动 —— 当它是持久的和有在同样结构的一切社会中重复出现的危险时 —— 向社会主义思想提出了其他的严重问题。

的确是马克思主义将市场生产的存在与资产阶级人道主义的自

---

① 为了评价苏联政治生活中的这种军事形势的重要性，只需提及所有的社会学研究——尽管是很肤浅的——都使人看清的下述几种情况之间的明显的关系：

（1）1923年革命的失败与德国资本主义的稳定和苏联1925—1927年对托洛茨基主义者的清洗；

（2）蒋介石与中国共产党人的分裂；清党后的国民党在1927年以后的中国的稳定和苏联1928—1929年的清除右派的运动；

（3）核武器和反斯大林主义带来了力量平衡的恢复。——原注由和个人主义价值之间的关系弄清楚的，这种关系是一种特殊的历史结构所固有的、人对自然和社会以及集体自由（整个历史过程均以此为特点）的控制的进展——伴随着一种对个人自由的个人主义人道主义的重要的和明显的发展——的结合。

那么自然可以推测——尽管无论是马克思和恩格斯还是后来的马克思主义思想家都未曾想到市场生产的取消并代之以社会主义社会中的中央计划化在一个确定的问题上改变了变革的方向，而朝着有利于个人纳入集体，集体则承认和赞同个人的正常状态和思想潮流的方向发展。

这就是在一个极端的程度上，也许还是明显地通过这样一个事实——即这样一种结构倾向已经由于我们刚才指出的现时的三种行动因素而得到加强——而确实产生了的东西。

在结束这篇文章之前，请允许我们从这种思考出发，提及由南斯拉夫的经验——尽管这个国家很小，这种经验在试图为反对官僚主义和斯大林式中央集权而重新行动的同时，将发现生产资料社会化并不必然地像马克思和后来的马克思主义者想象的那样包含全面的中央计划和市场的取消——其所代表的理论和学说上的重要性已经深入了社会主义思想。

从理论角度看，南斯拉夫的社会主义民主即工人自治化的巨大成功不仅仅是保证一种真正民主的手段，而且也是保证很高程度上的生产资料所有制的社会化即能消除人剥削人的也就是物化的大部分、可能构成个人自由和普遍自由的人道主义价值、特别是言论自由和个人尊严之实在和真正基础的市场生产的保持的结合。

无论通过对西方资本主义社会的分析，还是通过对具社会主义特征的社会的分析，人们都得出一个中心的思想：工人自治化的思想，我们觉得它是一种当代世界中真正的社会主义纲领的唯一宗旨和唯一基础。当然，这种自治化的特点与达此目的的道路一样，将因人们从形式上民主的资本主义社会、从像西班牙那样的独裁国家开始，从中央计划化的社会主义国家开始，或者从一个发展中国家开始而异。同样，市场的保留即使伴随着生产资料私有制的取消，仍当然地能使一些很重要的困难出现，要超越这些困难，就必须进行经验和理论的严肃的研究。

但是，正是这些问题已超出了这种研究范围，这种研究只是为了在唯一能保护人类和文化之未来的为社会主义未来所作的斗争的范畴中，指出工人自治化、保留市场和发展某种人类文化这三者之间的联系。

第十四章　社会主义思维的精确与想象

如果说我选择的这个题目乍看起来令人有些意外，那是因为我觉得提出这两条要求，对在当前形势下信奉马克思主义的理论家之间以这样或那样的方式正在进行的理论争论是有利的。

社会主义思想中的国家利益的介入，特别是在漫长的斯大林式教条主义的时期，事实上在某些方面以不尽是令人高兴的方式改变了这种思想的方法和方法论的讨论。特别的利益（我们这样来称呼与相对社会主义的世界性进展的总利益而言的这样或那样的集团和国家的利益）和反对这些利益的反应出现在讨论中，相对而言，引起一些仅仅应该被唯一地重视的东西，即相对现实的理解和未来蓝图的构想而言的畸变。

作为马克思主义者，我们清楚地知道，当前在社会主义思想中突出地存在着的教条主义与修正主义之间的冲突的每一个特别阶段中，最重要的是既要指明导致教条主义立场、引起这样那样的畸变的个别的尤其是制度方面的利益，也要指明修正主义思想基础中出现的心理兴趣和反应。不过在这些重要任务之外，同样有利的是，在指明相对摆脱了这种性质的一切畸变而言的所有的最理想的理论讨论的同时，对这两种立场做一个我想称为现象学的分析。教条主义的特征恰恰就是缺乏创造性的想象，缺乏足以改造传统思想和理论或创造足以把握当前现实——不用说，这种现实已不同于老理论赖以创建的现实——的新理论的能力；而与此相反，修正主义则太经常地攻击教条主义并指出它缺乏想象，而修正主义自己则受到一种不乏正确的补充批评，即缺乏精确性。修正主义尤其重视指出旧理论的压制性或经院式的总之是僵化的特点，可是它忘记了那些旧理论本身曾是理解当时社会现实的活的和不乏有效性的努力，如果说修正主义者在对现实的研究中要求有更大的自由，那么这种要求只能当它为在理论上研究我们这个时代的社会和向社会主义运动承担某种程度的责任、做出更加精确的努力时才是正确的和有意义的。

这样，作为完全不是现象学家的马克思主义者，我们相信，在当前讨论的开端中，如果想达到一种解释性的理解，那么就必须讨论社会构造，集团和集体利益，并需要指出它们互相间的理论立场的联系，我们认为还应及时指出的是，教条主义和修正主义之间的冲突在于它的思想表达中的理论想象力的丧失，教条主义者尤其是这样，而在修正主义者那里，这种丧失很经常地是一种不无危险的精确性的丧失。让我们补充一点，当涉及马克思主义思维时，这些现象比在其他精神生活领域中显得更加严重，因为马克思主义思维原则上要求——当它以建立在实际的社会现实基础上的尽可能大的可能意识为中心的概念上时——一种理论上综合精神性和想象力的巨大发展，也就是说综合目前的讨论企图压缩和最终取消的两种性质。

不过，请让我们再补充一点，这样一种概括还是过于简单化了，因为从我们一涉及西方世界中（由于对中国、苏联和其他斯拉夫语言国家不了解，我们不能谈论社会主义社会中的争论）的马克思主义和受马克思主义影响的社会学界当前的理论争论时，我们就看到，缺乏想象不仅仅是拒绝改变由传统的马克思主义思想奠定的和传播的、已经不再与我们的时代相适应的大多数教条主义集团的思想特征，而且也是某些修正主义学派的特征，在这些学派中，有一个受马克思主义影响的最杰出最引人注目的学派，我是说法兰克福学派

（在这个名称下，不仅应该包括霍克海姆和阿多诺，而且还应该包括和他们联系密切的赫伯特·马尔库塞，尽管他现时在美国执教）。从表面上看，任何从制度上以非批判方式捍卫党的领导机构的官方立场的共产党员的任何教条主义和我刚才提到的三位思想家之间并没有特别的不同。马尔库塞、霍克海姆和阿多诺都是将批判精神和理论精确性发展到了极点的高智理论家，很难否认他们的研究在当代理论生活中占第一位。然而，用我们决定在这项研究中采用的现象学观点来看，尽管有一些无疑是很值得注意的区别，——用令人反感的和不合常情的说法 —— 在卡洛蒂和马尔库塞之间仍有一种共同的成分：理论想象的缺乏。

当然，这种想象的缺乏不是同性质的。卡洛蒂缺乏的是这样或那样的领导机构的论断和决心方面的想象力，在马尔库塞和阿多诺那里缺乏的则是以一种具有令人瞩目的深度、一种明确的批判精神和极端精神的独立性想象力来分析 —— 我们已经说过 —— 现存社会。然而正是像教条主义理论家那样任凭自己受既存思想力量的影响而不考虑改变这些思想和以其他更适宜于现实的思想和理论来代替它们。同样，我们觉得法兰克福学派的理论家们太随便地任凭自己受西方资本主义的无疑真实的但肯定不是绝对的成功性与巩固性的影响，我们觉得他们没有致力于足够认真地将改变这个社会的可能性指出来。马克思、斯大林、赫鲁晓夫或多列士都讲过这样或那样的东西，这些东西都是真的，我们应该接受。西方世界保证了工人生活水平的提高，但融化了他们，将他们的精神独立性和对抗现存制度的能力大大缩减。这是个事实，我们需要承认它，适应它。不管这两种立场之间的区别有多大，但它们之间无论如何也有一些共同之处。

教条主义因素残存的另一方式存在于 —— 比方说 ——《现代》（第219—220期）讨论工人运动问题的头两篇文章中。这两篇文章肯定是出于独立于任何传统的思想之外但与马克思和古典派马克思主义的字面意义有联系的两位作者之手的。

芒戴尔和阿拉维两人都以极大的直率和深度观察到了相对 19 世纪和 20 世纪初而言的当代资本主义的经济演变。但是，他们不是企图以此为起点，像过去马克思和列宁为他们所处时代所做的那样指出当代资本主义的结构及其演变倾向，而是相反地花很大气力指出：尽管有这些变化，马克思和列宁的分析大部分仍然是有价值的；而且，他们很经常地甚至不问当这样或那样的特别分析的价值用在不同的整体中时是否仍有某种意义，特别是，他们甚至不问这种研究某种现实的方法在将这种现实分解为多少是孤立的片段的同时，是不是使理解变得比一种直接分析更难懂，这种分析随便地指出马克思和列宁已经指出过的这样或那样的思想已经远远不是新的。

如果现在我们自己来思考一下西方资本主义社会的结构变化何以与马克思和古典的伟大的马克思主义者们的分析不同，特别是当这些变化改变了社会主义行动的概念时。我们应该注意到，某些在我们看来是有价值的结果已经被意大利和法国的各种不同的马克思主义思想家各自独立地发现和发挥过了，这种理论 —— 甚至能称为学派 —— 得以在将马克思主义思想的其他流派的大多数观点纳入一种相当不同的整体看法的同时将这些观点吸收了。

相对传统马克思主义分析的最重要的新的事实是资本主义国家对经济生活的大量干预，当这种干涉能改变更确切地说能缩小甚至消除 —— 至少有此倾向 —— 生产力的发展和高消费产品市场的不足之间的矛盾（马克思经常认为这种矛盾在资本主义社会内部是必然的和不可避免地日益激化的）时，这种干预就有一些值得重视的结果。国家干预的形式无疑有多种，其结果也各不相同。同样，一个在数量上也许不占首位但其行动导致了最重要的结果和国家开支的部门是致力于高消费财产的买卖的（在其中，甚至应该包括人们认为对社会或人道不利的消费如军备和浪费）；由此，这种国家对经济的干预就导致了第二部门（马克思就是这样为消费财富的生产命名的）的扩大，甚至由此成为平衡作用的一个因素。

这样，持续了整整一个时代并继续存在的超高利润的殖民扩张（罗莎·卢森堡出色地分析过它的作用和后果）和作为市场的调节因素的国家的大量干预便导致了与马克思的预见大不相同的工人阶级的演变。事实上，这两个过程（殖民扩张和国家干预）都使工会斗争成为可能，这种斗争在西方工业化国家中得以用对生活水平的逐步提高来代替绝对贫困化倾向，并由此使工人阶级不同程度地清醒地被纳入现存资本主义制度。

在这种条件下，传统马克思主义关于社会主义前景的蓝图在西方世界中就至少被改变了。马克思认为资本主义社会的自发的变革必然通过资本的集中、中产阶级的逐渐减少和工人阶级的贫困化而造就一种迟早会导致革命爆发和社会主义改造的、强大的反对力量。然而，中产阶级远远没有减少，而是维持现状，甚至在改变了性质的同时在数量上有了发展。手工业者和包工头被领取高工资的专家、加油员、表面上独立而实际上依附于产业托拉斯的公司或商店经理所代替。但是，对社会主义前景来说特别显得重要的是，绝对贫困化的终止，工人阶级生活水平的逐渐上升以及由此造成的这个阶级和资本主义社会的合并，完全改变了社会主义前景的问题。社会主义的政党再不能依靠对企图以一种社会主义社会来代替资本主义社会的行动有利的自发变革。问题不再是仅仅使工人阶级自发地靠近的那种意识成为有实效的。用概念化的但清楚的方式来说，今天，对西方工人阶级说来，社会主义是一种相对这个阶级暂时正在接受的自发变革而言的唯一的道路，但是这个阶级的大部分人完全不同意这种变革的必然性。

为了社会主义的斗争因此变成了主要是为普通民众的特别是工

人阶级的觉悟的斗争，在这种斗争中，社会主义的对手们甚至不需要——这也许就是形势的最严重的因素之一——征服处于对立的观点的工人群众或民众，即缺乏思想，取消足以在消费方面保证其最高权利的需要以外的一切发展个性的需要。这里，法兰克福派的所有描述显得都是精确的，显示了其重要性。在创造了经济自动调节之后，现代西方社会企图越来越变成能为其成员保证一种以或快或慢的迅速增长的福利的专家治国社会，但这种社会不仅剥夺了人在所有领域的自治权，而且（这是最严重的）这种结果的取得既是通过能动性的取消，也是通过对这种性质的一切决策需要的取消而达到的。为了反对对立的和革命的强大力量，意识形态的斗争、暴力甚至独裁都是必要的，但当人们能够确定领导阶级能使被领导者除消费需要以外什么要求都没有时，它们都成了不必要的。在这个时代，言论自由意味着民主，至少意味着形式上的民主。当社会中需要表达迫切的消费要求以外的东西时，言论自由就会停止制造民主。

然而，用一本刚面世的著作的话来说，这种演变也意味着一种"文化生活消瘦"的持续和危险的疗法。在西方社会中，社会主义不再是使人们为了最终消灭其日益增长的贫困而获得觉悟的尝试，它已经变成一种使人们意识到比在这个社会中正在发展的可能性更加好和更加民主的经济组织化的可能性的尝试，尤其也是让人意识到人类面临的肉体和精神的危险性，这些危险表现为社会演变和现时经济的不可避免的后果。

这就是说，在今天，这种斗争在怎样的程度上和它过去的困难不同。因为，"洗脑"以及越来越非人道和异化的世界不仅威胁着整个民众，甚至威胁着工人阶级的工会组织和政治组织。官僚化只是一种这样的环境下的这种危险的具体形式。

有一个过去我们仅觉得有趣的小故事今天成了对一种危险现实

的观察：1914 年前，在奥地利议会上，当维克多·阿德莱尔为未来
的社会主义社会中的工人阶级的物质和精神生活水平的提高描绘了
一幅充满激情的图画时，一位贵族对他的描绘的反应就是问他将怎
样处理那数百万获得了大学博士的"文盲"。

然而，资本主义社会开始逐渐地由一些即使不是大学博士，至
少也是业士和学士的"文盲"构成。为了社会主义的斗争因此成了
一种为了文化的斗争，这种为了文化的斗争不是一个小的知识分子
阶层的专利，而是一种普遍的和全民的现实——这将发生在民众阶
层取得了通向这种现实的物质可能性的时候，以及人们用一切办法
不仅取消代替大学生地位的那些人的意识中的真正的文化需要，而
且也取消成为教师的大学生或者毕业后的生活中的上级意识中的真
正的文化需要的时候。

不过，在这种情况下，有一点是清楚的：不应该在群众面前夸
大相对资本主义社会给予他们的物质利益而言的文化的重要性、贬
低物质利益的重要性。工薪阶层、中产阶层、知识分子、技术人员
都离不开这些利益，都将它们作为重要的现实来对待，尤其是，他
们完全有理由这样做。肯定其反面，就是使精神和现实相对立；然
而，马克思告诉我们，一种精神是不可能凭空产生的，只有当它或
是意识外壳，或是（社会主义思想就应该是这个）最强烈愿望的真
正和真实的表达的时候，它才可能取胜。于是首先应当让群众相信，
即使在物质方面，社会主义的选择也绝不是要求他们放弃现时社会
给予他们的利益，而是相反，是大大地增加他们的利益。不过，这
有个前提，即必须对现存西方社会和其演变趋向有一个精确的分析，
有一个与这种精确相适应的、建立在它的基础上的足够的设想，使
人们能够建立一个社会主义组织化计划，而这个组织化计划能使懂
得了它的人认为它有一种具实效的可能性，没有包含任何乌托邦的
和浮夸的成分。至于最终目的，则应该表现为对一种——永远不应

忘记这一点 —— 具有实效成分的事物状态的选择。

另一方面，为了达到这个从现存社会起步的目的，就应该严肃地提出（这就意味着一种对精确和想象特别困难的综合）通向社会主义道路和为实现这种社会的必要策略问题。

只是接着应该补充一种分析，作为附加分析，尽管都很重要，这就是：对与现时西方社会对立的社会主义提供的个人发展的人类和文化可能性的分析。

在这一点上，我们补充一点，这种形势与经济领域的形势是很不相同的。在经济领域中，首先是指出，社会主义将为其成员带来比正在形成的专家治国社会更多的好处和更有实际意义的社会主义。相反，在文化方面，重要的是发展一种与现时社会的彻底对立。正是在这里，法兰克福学派显得特别精细，因为它致力于使知识界意识到人道主义的和正在当代组织化资本主义中发展着的文化的根本危机；许多思想家如马尔库塞、霍克海姆、阿多诺甚至与法兰克福学派并无直接关系的思想家如哈贝马斯或弗罗姆都曾出色地阐述过这种根本危机。

当然，这里不是复述他们的分析的地方，我们仅指出，在帝国主义阶段 —— 在此阶段中，这种危机已经在文化创造中主题化了，它在存在主义中，在与此相应的文学作品中（卡夫卡作品、加缪的《局外人》、萨特的《恶心》，等等）得到了表现 —— 之后，我们已和组织化资本主义一起进入了一个时代。在这个时代中，对文化危机的意识本身开始消失，让位于一种对一个越来越由积极的领导阶层和消极被动的群众构成的专家治国社会的参与和接受。

简言之，这种矛盾的黑白分明的描述在经济和社会领域中越失去其有效性并由此失去其一切效能，我们就越觉得它在使当代资本主义的文化现实与人道主义的和人类的真正文化能够是的东西和应该是的东西相对立时，它就变得越来越有价值。

不过，让我们回到社会主义社会的和实现这一社会道路的问题上来。这里也有一些值得指出的变化，它们是针对传统的分析而出现的。我们觉得，这些变化几乎全都与自治化和或多或少是与直接描述这种自治化的思想紧密相连。

从1917年一直到后来的好几个社会主义社会的存在，事实上对西方工人阶级的意识产生了严重的影响。这个阶级现在知道以革命带来的变化意味着重大的牺牲，它完全不准备以自己赋予巨大价值的获得物在那些尝试中去冒险，无论如何，这些尝试的成功在无产阶级看来是偶然的，其目的本身——考虑到无产阶级所了解的现存社会主义（尤其是斯大林时期的苏联社会）的东西——在无产阶级看来是完全不受欢迎的。

这样，革命的概念不再作为西方工人（这并不是说在特殊的危机中——尤其是在新的世界大战的情况下——暴力行动仍不能重新具有现实性）的可能意识的组成部分；西方工人阶级阵营中的这种暴力革命思想的消失变得如此明显，以至于所有正式的共产主义政党在西欧日甚一日地发展和平过渡到社会主义的思想。

不过，我们觉得，教条派的缺乏想象似乎指出了自己的危害性。因为，如果说它的理论家们在现实的压力下将内战和用革命的方式夺取政权的传统思想降为次要地位，而将和平进入社会主义的道路或非暴力的革命放在首位，他们也用传统的方式把后两者构想为一个时代中的主要的议会式过程，在这个时代中，全体社会的演变逐渐明显地减少了议会的重要性，而工人阶级越来越意识到了工会活动在一个多世纪以来带给它的成功。

所以，我们认为，一个越来越不将工会运动给自己带来的巨大好处放到在他们看来是本质的偶然的尝试中去冒险的工人阶级的希望趋向或可能趋向就是上述工会运动的方向。

然而，企业内部的工会运动的持续当然存在着自治化的思想，这种自治化不是必然地一定与唯一的革命的爆发相连，也不一定与暴力夺取政权的革命相连，而完全可能是一个为了更加广泛和更加根本的、并由此而构成一个在西方特别地接受社会主义运动的结构改革的循序渐进的斗争的目标。

这样，人们就从马克思主义的传统和古典图表——在这个图表中，政治权力的取得必然先于经济和社会的变革——的位置到达了一个近似资产阶级从封建制度中上升时的图表，在这种上升中，经济和社会权力的夺取先于政治冲突。再说，另一种因素也有利于这种分析，社会主义社会的经验特别强烈地使一个社会——在这个社会中，严格的经济集权化可能以有害的方式有利于官僚主义化和两种等级集团的出现：积极的领导者和消极被动的领导者及被领导者——中的个人自由和平等的保障问题尖锐化（无论在西方工人阶级和中产阶级的意识中，还是对斯大林主义危机后的社会主义社会本身的战士和领导人来说，都是如此）；然而，今天为这个问题所设想的和带来的最有利和最有效的解决办法已经由南斯拉夫社会实践过了，这个社会提出并实施了经济和社会自治化的观点，其经验和问题已开始在世界上有了一种不容忽视的反响。

这样，从一切方面看，自治化都显现为意在经济、社会和政治上在工业社会内部进行一场有效运动的一切严肃的和可以接受的纲领这样一个关键性思想。作为非常重要的思想，它同时显现为走向一个专家治国社会的演变的主要的文化抉择，实现这种专家治国社会的可能性在任何情况下都不应该低估，它无疑将对人道主义和文化构成一种巨大的威胁。

这就是说，在讨论的现状中，我们觉得出现了两种思想：一方面首先通过工会运动来实现的工人自治化（无疑要排除议会道路，但要将这种道路视为一种补充因素而不是主要途径）的思想；另一方面是，这个运动的主要冲击点将只能是一场艰苦的斗争，一场反潮流的斗争，一场为了使全社会的成员特别是工人阶级觉悟的斗争。

这也就是说，在当今形势下，理论思维和文化创造在何等程度上取得了很大的重要性，它当然是一种补充力量，但在由工会和政治积极分子们进行的斗争中，它是在补充力量中占首要地位的。

这几段短短的思考当然仅仅是一场刚刚开始的讨论的引言，但它的发展对社会主义的前途，对人道主义和文化的前程，都具有一种决定性的重要性。

不过，为了避免一切误解，我们要补充一点：我们讲的仅仅是西方工业社会，但是，对意识结构与发展中的社会和社会主义社会内部的经验和社会基础的关系等问题的精确分析，则代表了当代社会主义思想面临的一个不小的紧迫问题，它构成了为现代世界和其未来的蓝图提出一种总体性理论的一个必不可少的条件。

当然，这种分析将不会在我们这次讨论中进行。这不仅因为我们没有机会，还因为我们不擅长这个问题，而且我们要做的不是一般的和抽象的思辨，而是精确具体的分析。

第十五章　权力与人道主义

在其本身的重要性以外，我觉得今天的讨论会选定的这个主题是极令人感兴趣的，因为它可以让人提出我们的社会的本质问题，提出一些基本的理论问题。

在昨天和今天的讨论中，我有机会重新提到，马克思主义的思想从来不是纯粹思辨的，它仅在为了理解人在世界中的处境，也就是说为回答历史和社会生活的实证研究揭示出的理论和实践问题的必不可少的情况下，才对哲学感兴趣。

请允许我在这篇讲话的第一部分强调指出几个哲学和理论概念，从这些概念出发，我将涉及本文的主题本身。

我觉得，构成马克思主义思想的主要特点的，是集体主体的概念，它肯定：在历史方面，不是个人而是社会集团在活动，我们仅仅通过社会集团来理解事件、行为和制度。

为了避免一切误解，还应该补充一点：即便在历史方面，这种集体主体的概念也不是透彻的，个体主体的概念仍有其重要性，而且，个体主体处在各自的、其科学地位完全不同的两个层次上。

首先是由弗洛伊德阐明的力比多冲动的主体，即那个东西，其大部分处于无意识之中，它不容置辩地有一种个人的特征。弗洛伊德向我们指出了所有的行为、谵妄、梦和口误都在何种程度上基于这种特征而成为极明白易懂的。

但是，如果说人们无疑能接受那个东西的纯个人的特征的话，那么对于自我来说就不再是那样了。弗洛伊德看到了那个东西与总是被他当作一种统一体的超我之间的斗争的结果。事实上，这种超我与那个东西的冲突协助自我的形成，是一种不同结构的混合体，因为每一个个人都属于各种集团：民族、社会阶级、家庭、朋友圈子、职业集团、学校的班级等。在我们中的任何一个人中，人们都不能准确地看出其是否属于同一集团；而这种介于同一个混合体之间但属于不同集团组织的差异就构成了我们的人格。

只是——这是一个所有的研究者都熟悉的思想——科学不能研究混合体，而只能研究它们的组成部分。这就是说，在这里，科学将既不会研究自我，也不研究个人的超我，而要在心理的层次上专门研究那个东西，即人类行为的本能的、力比多的部分，和在社会及历史层次上研究集体主体，这种主体的混合每次都是不一样的，是它构成了上述自我和超我。

不过，如果我们从个人的那个东西，即从自我和超我过渡到历史的事实——这不仅对研究十字军、法国大革命或 1968 年的学生运动，而且对研究拉辛的戏剧、康德的哲学或者雨果的作品，总之对研究一切以各种方式出现在历史的层次上的东西，都是有价值的，就不可能科学地、确实地理解这些事实的性质、发生和意指，如果不是相对创造并继续改变上述事实的集体主体而言的话。

在提及过的事实中，有一个事实的集体特征较其他的特征而言显得不太明显：比如拉辛的文学创作和戏剧。一旦将他的戏剧和神学及冉森教派的历史之间的联系揭示出来，我们就可以明显地发现，如果青年拉辛不是在冉森教派的环境下而是在比方说耶稣会的环境下长大的——这并非不可想象，那么他肯定不会写出那样的剧本，而无疑会写出暗含人的和世界景象的不同于前者的剧本。人们看到，从个人主体关系的生平方面来看，拉辛的戏剧似乎与一个偶然之事相连：作者在王家埠受的教育；无论它们的结构还是它们的发生都未显示出必然性。

相反，在参照 17 世纪的法国提出悲剧观的社会集团即穿袍贵族和冉森教派运动时，我们认为，如果拉辛的悲剧能够由于缺乏能给其集团的可能意识以一种文学的表达而不得面世，那么就能够设想这个作为跨个体主体的集团便不会获得一种我们暂且称为伊壁鸠鲁主义的和神秘的文学的表现。从这个意义上说，拉辛的悲剧和冉森教派以及穿袍贵族之间的联系就具有一种悲剧和作者本人之间的联系所不具有的必然性。

跨个体主体与历史发展之间的这种联系在涉及社会运动和整体过程时显得更加明显。

然而，也许会有一种反对意见：如果说个人是各不相同的，那么一个集团又怎么能构成一个历史的主体呢？这个意见在我看来是没有价值的，因为，在一个集团内部，个人之间的差别恰恰是在强化共同的倾向和愿望时相互抵消了。如果说在将一切结构变成抽象的纯粹统计的层次上，不可能知道皮埃尔明年会不会碰上车祸，由于多种原因，这些事件有可能被激发也可能被阻止的话，那么反之，人们却能轻易地以相对小的误差预测出这一年的头一周结婚的人数和车祸的次数。当然，这种认识的地位被夸大了，尽管在涉及运动和结构过程时又当别论。

总之，唯有这些跨个体主体才能使我们理解历史的过程，在这些跨个体主体中间，应该指出一种特殊范畴的存在：这就是社会阶级，其实践——和起于实践的意识与情感——是趋向社会的总体组织，趋向人际的、人与自然的关系的总结构的。

人们懂得，跨个体主体范畴在历史演变中占有绝对的优势，它构成了所有伟大的文化创造（文学、哲学和艺术）的主体。

我觉得，这种集体主体或确切地说跨个体主体将马克思主义和其他哲学明显地区别开来。因为，从笛卡尔到萨特，经过洛克、胡

姆、启蒙思想、康德和胡塞尔——仅举数例——我们可以发现直
到今天，个体主体的思想一直处于哲学思维部门的中心位置。另一
方面，机械论哲学中暗含着——当代的结构主义迷恋和倾向甚至宣
布了——对主体的否定。只剩下——这是真的——黑格尔，在他
那里，我们发现了一种跨个体主体："作为主体的实体"。但是，尽
管局部有些出色的分析，这种实体即人仍然是一种很一般的思辨的
概念，因而是不明确的。只是在马克思的思想里，历史的主体才成
为在任何情况下都应该用实证的方法抽出和研究的经验实体。让我
们补充一点，跨个体主体并不是在每个历史的过程或事实中都是即
刻自己出现的，而是需要相当长的时间和经历及相当大的困难才能
将它们揭示出来。

第二个重点也与集体主体的思想紧密相连：马克思主义是一种
一元论哲学，它拒绝无论以唯心主义还是机械主义为特点的一切伪
抉择：主体 – 客体、决定论 – 自由、连续性 – 间断性、物质 – 意识，
等等。我们将有机会回到这个问题上来的。现在我们只想说，从马
克思主义的观点上说，我们今天讨论的主题将不会构成一种抉择。
"权力与人道主义"的含义既不是肯定它们的一致性，也不是肯定它
们之间根本的和不可调和的对立，而是含有一种原则的立场：为人
道主义而反权力或为权力而反人道主义；正如在一切其他的抉择中
一样，这里涉及的是一种具有相对独立性的但仍总与某种具体结构
的内部相连的因素。理论家的任务恰恰就是分析这每一种情形之间
的关系，和在可能的情况下提出一种界定这种关系的潜在变化范围
的普通理论。我还想补充说，这些抉择是所有个体主体观念的特点。
因此，比方说人文科学的两个基本问题都是如此：事实评判和价值
评判之间的关系、主体与客体之间的关系。

如果我处于一个个体的背景下，那么当我站在这座不是我建造
的房子前面时，这房子对我来说是一个客观的和外部的资料，一方

面，我顶多能描绘它，另一方面顶多能从逻辑的、美学的或实用的角度去判评它，在可能的情况下顺便提出某些技术上的修改意见。

相反，如果从跨个体主体的情形出发，事情便大不相同。一些人类集团真实地建筑了这座房子，就和建造城里任何其他的房子一样，并在里面居住和将它们纳入自己的存在而经常改变着它们。科尔絮拉的城市建设是一个持续的过程，在这个过程中，人们不能抽象地将房子和人类行为完全地分开。观察和理解这座建筑的方法与这个城市中生活着的人的需要和他们的愿望紧密相连，而这些愿望本身在某种情况下则是城市建设的结果和其居民的经济和社会地位的结果。事实的评判是建立在价值评判的基础之上的。反之亦然。

在社会过程中，这就更加明显。假设《资本论》是一部个人的作品，那么一方面有作者，另一方面还有他所研究的资本主义社会。这便可导致许许多多的阐释，将马克思思想中的科学和精神，或科学和政治分开，接着斥责他把对是的东西的观察与对应该是的东西的肯定混为一谈。

让我们相反地站到一个集体主体中，并暂时承认这样一个假设——我觉得它不是明显的——，根据这种假设，这部作品是当时无产阶级意识的表现：形势已经变得完全不同了。因为，一方面，作为资本主义社会的重要组成部分，无产阶级在研究资本主义社会和提出自己的历史地位的同时，也同时研究自己；这样，就不可能将科学和意识完全地分开。另一方面，无产阶级由于意识到了自己的地位而在任何技术运动之外演变着，这种演变在不小的程度上改变着资本主义社会。这样，就有了研究中的主体与客体的局部同一性，而不是完全的二元性。

同样，在这种假设中，马克思的理论分析与无产阶级的倾向和愿望紧密相连，这些价值深深地影响着马克思的分析的类型结构，决定着它们的范围和它们比任何此前的分析都分析得更好的问题。

相反，无产阶级的愿望首先取决于它在资本主义社会中的真实地位，也就是说取决于一种事实的现实。这里也设有事实评判和价值评判的完全的二元性，这两种评判在一种不是经常的关系中互为基础，应该在每一种情况下研究这种关系的特殊地位。事实与观察事实的方法是建立在价值的基础上的，而这些价值只能弄清楚是谁在什么样的形势下提出来的才可能被理解。就是说，价值建立在事实的基础上。

仍同样，在集体主体的概念中，现代哲学中有一种根本的区别，这就是经验主体和先验主体的区别，这种区别似乎失去了任何意义。先验主体的概念来源于这样一种需要——调和下面两种观点：认为是人创造了世界特别创造了构成感知和科学思维的范围；认为经验明显地既不自我构成自己面临的世界也不构成自己借以领会世界的认识的范畴。这样，人们就引出这么一个怪物，这怪物被假设创造一种认识结构，在这种认识结构的帮助下，经验主体感知一个陌生的和对立的世界。相反，如果我们用集体主体代替经验主体，这种结构就变得毫无用处：事实上，是经验的人类集体实际地造了房子，筑了路，发展了工业，同时也创造了社会制度、国家和精神范畴，借助于这些，这些集体的成员看到了这些现实，并由此提出了理论。

如果说我讲的是一个系列讲座，那么我将对上面提及的抉择一一进行分析，以便指出它们有同样的认识论的地位：局部地证实了的区别，只要人们意识到了它们的相对性，在研究中，这种区别就有一种实用价值。但是，当人们将它们变成完全的对立，将对它们的关系的研究演变成抉择时，它们就成为虚假的并掩盖现实。无论涉及事实还是价值，连续性还是间断性，语言还是思想，理论还是实践，每次都应该研究整体性中的这些成分之间的辩证关系是怎样呈现的。

然而，在这些抉择中，还有一种——就是权力与人道主义的关系的抉择——构成了我们讨论会的目标。在这一点上和在其他点上一样，重要的是——我刚才说过了——清醒地认识到这样一个事实：这里涉及的是一个整体结构的两种不同的成分，是一些在任何情况下都不应该截然分开的成分，但应该分析它们在目前形势下的关系的现状，因为这种关系肯定与过去的时代中的关系不一样。

第三个重要的方法论思想——它还构成了对其他抉择即选择决定论还是自由的拒绝：集体主体既不是机械地被社会和经济条件所决定，也不是完全自由的主体，它们仅在外部受它们碰到的阻力的限制。事实上，正如马克思在《关于费尔巴哈的提纲》之三中告诉我们的那样，人在由过去的集体主体构成的社会和心理范畴中生活，但又在为下一代创造新的社会范畴的同时改变着过去的社会和心理范畴。那些孕育了整体社会现实和自身的思想体系的条件不构成一种精确的决定论，它们制造了自己的现时行动的界限，它们在现实中造成的变革在增加或者压缩后代的自由的同时使这种界限更大或更小。而当人们打算研究正在进行这些变化的历史实践即人类的行动时，马克思向我们指出，应该运用两个基本概念，以便回答这样一个问题：在已知的条件下，人类能做些什么和他们将做些什么？这两个基本概念就是：意识的最大值与可能的实践的概念，意识与真实的实践的概念。

我还想提出最后两个构成我们的主题之关键的概念作为这篇导言的结束。就是——这在马克思主义文献中占有很大的位置——联接生产资料的历史和生产关系的历史之间的关系的基本特点的论点，这个证明意味着什么？它肯定没有在马克思的思想里出现过。对任何认真的社会学家来说，它都没有一种机械论的特点。它特别地意味着，人类集团企图理顺它们的相互关系（意味着社会集团之间的一切形式的关系并由此意味着在一个特定的社会结构中的个人之间的关系），以便赋予它们一种相对要完成的任务和作为完成任务的现有技术方式而言在功能上最佳的特性。我斗胆举一个例子，它不一定完全有价值，因为它涉及的是一种个人的行为，但仍能帮助理解这样一个过程：我是否应该用锤子敲击这张桌子，为了敲击这张桌子，我是否应该直躺在地上，这也许是最不舒适的姿势。人们可以预见，在可能的情况下，我将最终站起身来，采取一种最有利于完成这件事的姿势。

在依赖于技术的人的实践及他们拥有的生产资料与他们在其中完成其任务的社会环境之间，有一种紧密的功能关系，这种关系暗含着一种要求平衡的倾向。如果这些因素之一的变化——特别是生产资料的变化——在现存社会关系中造成了一种不平衡的和紧张的局面，由于这种不平衡而处于最不利地位的阶级就可能甚至肯定会将其行动指向一种变化，以便重建生产实践和社会关系结构的功能之间的协调。实际上，人们可以用科学的语言称此为有机调节的过程。

我想简要地提及，在辩证的文献中，从基于前者中产生的倾向的一种结构朝另一种结构的变化过程被看作从量到质的过程。

从这些先决概念出发，便可明显地看出，人们永远不能在抽象的层次上提出这样的问题：什么是社会主义？资本主义？异化？人道主义？政权？只有当人们每次都将这些概念放到它们与企图阐明其性质的具体结构的构成因素的关系中，特别是和这些结构内部的人的实践和实践的条件的关系中时，这些概念才变成可行的。

没有抽象和通用的社会主义，也没有允许说这样或那样的社会是或者不是社会主义的特别标准。无论是生产资料国有化还是这样或那样的政府的政治主张都不足以充分地证明这一点。社会主义首先意味着允许人最大可能地按照自己的愿望，在生产关系和社会大多数成员的实践环境之间的最佳协调状态下生活。在这个观念上，应该补充一点——马克思自己对此指出过，社会越富有，这种协调就越容易实现，如果没有生产力的大发展，就很难想象一种真正的社会主义社会。

由于同样的理由，我不同意昨天有人对我们说的：既然总归是资本主义社会，就不用讨论组织化资本主义和专家治国的资本主义社会。

这个问题的提出不是以道德评判的名义；这里涉及的不再是对这些社会形式中的某一个有某种反感或是好感，而是指出能让人弄明白社会现实的性质并由此提出理论的可行性的概念。马克思没有谈到对资本主义的特殊规定，因为他的面前只有一种基本的资本主义结构，当然，各国模式也是不同的：自由的资本主义和竞争的资本主义。但是，从 20 世纪初起，面对一种基本的结构 —— 在其中，市场的调节机制被金融资本的、垄断的和托拉斯的发展改变了，马克思主义思想家们如希尔费尔丁、列宁和托洛茨基都不得不创造了一种新的分析概念：帝国主义的概念。而当然，这些理论家中的任何一位都没有忘记金融资本是一种基本形式，帝国主义是资本主义的一种形式。但是，在人们已经经历了两个不同的资本主义结构的基本形式的时候，这种总的概念已经不够了。

50 或 60 年以后，我们又出现在资本主义社会演变的新的整体面前，它迫使我们在自由资本主义和帝国主义的概念之外，为资本主义创造第二个概念：组织化资本主义或专家治国社会（这个术语尚未固定）的概念。当然，这也并非忘记了这个问题总是涉及在这样的资本主义社会中，关于剥削、异化和剩余价值的基本概念仍然是有价值的。这个新概念的引入对于弄懂剥削、异化、剩余价值和一系列当代现象的具体的性质和现时的功能都是有必要的。

让我们回到这样一个想法上来，这就是，人类，也就是说社会集团企图在生产力和生产关系之间建立一种尽可能大的一致性。这意味着，社会生活的这两个方面之间的关系问题仍然存在，并且将长期存在于资本主义的社会中。过去存在于劳动的技术条件和某个特定时代存在的社会关系之间的紧张关系导致这些关系的重新组合，出现新的社会集团也就是使社会阶级的形成；同样，这个问题将在今日的社会里以同样的方式出现。迫切的任务是具体地抓住这些现象的特殊的形式。

关于政治权力与人道主义之间的关系的问题，这既不是寻找这两种因素的完全的和决定性的同一和建立一种从现实看是政治的而从长远来看则是人道主义的政治权力，也不是肯定权力总是非人道的、肯定人道主义是一种排斥政治现实主义的道德立场时承认它，更恰当地说，应该寻思在人类的实在的历史中，什么时期里权力和人道主义最接近，这样的时期的本质是什么？相反，在什么样的时期里权力和人道主义坚定地进入了冲突，这样的时期的本质又是什么？我觉得，这实际上是研究异化问题的唯一实证和科学的求近法。

然而，对这些问题中的第一个问题的回答取决于两个参数：第一个是分析当时的生产力的可能发展的最大值；第二个是生产力发展的真实水平和现存生产关系之间的关系。

如果说我们举的例子都是过去的社会中的，关于这些社会，马克思主义学者或接近马克思主义的学者之间将很容易统一意见，那是因为我认为，我们都同意在人类历史上的一个很长的阶段中划分阶级是必不可少的：一方面为了最大限度地征服自然和保证这种征服的进展；另一方面为了保证人在社会内部生活得越来越好的可能性。但是，这种极为普遍的看法一旦形成，剩下的事就是寻思在每一种情况下，阶级分离的具体形式与征服自然的可能的最大值是否相等，或者这种分离是否已经变成压迫性的，是否到了使特权集团不再保护与人际关系和生产力的发展相适应的最佳状态的程度。在第一种情况下，无疑没有一种与精神的和抽象的伦理主义相适应的理想境遇，但有一种在政治权力和人们可以称为人道主义的那种东西之间的关系的最令人满意的境遇，这是历史的研究中的非异化概念的唯一可能的意义。在第二种情况下，权力必然地变成压迫性的，同时酿就异化，人道主义倒向对立力量一边，致力于推翻权力和改变社会。

为了明确这个分析，我想举两个例子：封建社会和资本主义社会。

尽管人们能够提出一个或多或少是精确的封建主义的理论纲要，但这仍然是不够的。没有自在的封建主义，只有从先前的社会中产生出来的具体的、直到消失时一直在不断地自我演变的封建社会。自然，任何封建社会从来都没有平均主义性质，封建主义总是建立在对农奴的压迫和剥削上的。这就是说，只要封建领主在剥削其农奴的同时，却完成了对农奴有利的社会功能；只要他们为了能够剥削农奴而保护农奴不受可能的抢劫，特别是不受邻近封建领主的抢劫；最后，只要封建主的苛求和剥削的比率受到自然经济的限制（城堡只能消费粮食的一定数量），封建的组织在欧洲的大部分地区，肯定地说在法国亦然，曾代表了一种多少接近了生产力与生产关系并由此接近了社会及政治权力与人道主义发展之间的最适宜状态的平衡。

接着，城市和商业经济发展起来了。从此能自由地出售产品的封建主们开始大量加剧他对农奴的苛求和剥削。但是在同一个时期里，三个相伴而行的过程与这种剥削相对立：封建领主由于缺钱而在军事上的衰落；构成对抗封建领主的堡垒即向农民提供逃跑和摆脱奴役手段的城市的发展；依靠城市资产阶级并开始和封建制度作斗争的中央权力。由于这种对立的形式，封建的结构变成了反动、压制和使人异化的了。

领主的社会政治权力和资产阶级人道主义之间的冲突将要扩大。当我们研究资本主义的历史时，问题也以同样的方式出现。我们都知道由资产阶级创造的工业是伴随着可恶的剥削和工人阶级的特别贫困的①。从整体概念来看，资产阶级的这种进步也是一种有效的 —— 也许是最有效的 —— 发展生产和保证欧洲社会未来解放的条件的方式，尽管它伴随着一种最可怕的贫困。

但是，随着工业的不断发展和西方社会走出第一次工业革命 —— 我不在这里重提马克思主义传统派所做的关于垄断和帝国主义发展的所有分析 —— 资产阶级的权力越来越变成压制性的；文化及人道主义、价值与统治阶级及国家权力之间的分离越来越严重。这种现象还将 —— 马尔库塞、阿多诺和法兰克福学派都以特别明确的方式指出过这一点 —— 伴随着当代专家治国社会的发展而加剧。

毫无疑问，同样的现象在社会主义国家出现了。只有通过社会关系的结构及建立在此基础上的政治权力和人类的生活与劳动条件，只有通过对这些关系的功用性的研究和保证个人发展最佳状态的可能性的研究，人们才能确定一个社会主义的特点是不是使人异化的和压制性的，一个社会的政治权力和人道主义文明之间是接近还是对立 —— 不管它是否自称为社会主义。

由于对具社会主义性质的社会了解不多 —— 无论如何还不够 ——，我将仅满足于在我的论述的最后部分来具体地分析今天在西方工业化社会出现的这样的问题。我已说过，这就是资本主义社会，确切地说就是已经进入资本主义历史第三阶段的社会：我们称为组织化资本主义或专家治国的资本主义社会。专家治国的资本主义社会在自由资本主义阶段之后，接替了马克思主义传统派称为帝国主义阶段而我更喜欢称为危机中的资本主义。我应该马上来论证这个术语的变化，它的意义更多地不是在于理论分析的内容本身，而是在于被研究对象的特点。当列宁用帝国主义这个术语来描述资

---

① 美国是唯一的例外，他们依靠向欧洲借款建立了自己的工业，他们需要劳工，为这些劳工保障了高收入。——原注

本主义历史的第二阶段时，在众多的特点中，他把重点放在与自由资本主义阶段不同的、以对外扩张和好战为特点的性质上。但确切地说，如果我们参照专家治国的资本主义来观察这个时期，这种性质就不再是特别的，它并不比所有的大国以前的对外政策更具扩张性和好战性。帝国主义这个概念，当它尽可能地想既符合前者也符合后者时，也有抹煞资本主义的第二和第三阶段之间的区别的危险。所以我更喜欢使用危机中的资本主义这个术语，因为它使人能辨别出既不同于 19 世纪的，也不同于最近几十年的 1910 年至 1950 年这个阶段。

事实上，这个阶段是以实现哪怕是最短暂的经济、社会和政治平衡的不可能性为特点的，这是由于垄断和托拉斯的发展所致，这些垄断和托拉斯危害了市场的自由调节但又未找到创造新的自动调节机制的方法，这种自动调节机制只是第二次世界大战后才被完成。所以，在仅仅被几次周期性危机和相对局部的几次战争（1848 年或甚至可以说 1815—1914 年间的）打乱的相对稳定的长时期的发展阶段以后，我们看到了西方世界的第一次世界大战、1921 年到 1923 年的社会政治危机、1929 年到 1933 年的极不平常的经济危机、德国法西斯，最后是第二次世界大战，都是以极快的速度一个接一个地出现。

让我们补充说，这个时期也以一种特殊的哲学的发展为特征：以焦虑、人的不确定的处境、人的极限和特别极限即死亡为中心的存在主义。

只是在第二次世界大战后，至少是部分地在苏联生产力的不间断的发展的压力下，西方资本主义终于创建了国家干预下的自动调节机制，同时在资本主义里创建了——这是任何传统马克思主义者都没能想象到的——计划化的最重要因素。

不言而喻，我不能在这里对这第三个阶段做一个透彻的分析，但是我想至少着重强调它的几个特殊过程。

首先，不是一般的中等阶层而是在自由资本主义时期甚至在资本主义危机时期由显贵们组成的独立的中等阶层，与现时在西方工业社会中发展着的中等阶层在一个本质的点上不同于构成此前社会的中等阶层：不再是经济上独立的而是领取工资的中等阶层，也就是说，是一些也许比传统的显贵收入更多，但是一些管理者、研究者、干部和技术人员的人。然而，这种独立的显贵的消失构成了中等阶层性质的深刻的变化，并由此形成资本主义社会的结构本身的深刻变化。

另一方面，组织化资本主义保证了技术的也就是说生产力的巨大变化。在讨论中，有人说这种发展是"不自然"的。我不明白这指的是什么意思。难道核能源、塑性材料、自动化、太空航行的发现是不自然的？不能站在那种我实在不知道应该怎样称谓的传统观念上光说空话。资本主义社会今天能够保证生产力的不寻常的发展：这就是人们所说的——我认为说得正确——第二次工业革命。

然而，这第二次工业革命又带来了社会结构的另一个重要变化。如果说它使显贵消失了，它也带来了传统无产阶级和在流水作业线上的非熟练工的相对分量的减少，有时甚至减少到了绝对数目，正是他们构成了前面一个阶段中的大工业的特点，发展了人们称为"新工人阶级"或——正如我更喜欢的那样——"领取工资的中等阶层"（视人们看重其收入水平或薪金的性质而定）。这样，就产生了一个不断增长的专家阶层，这就意味着——我们马上就将看到这种看法的具体重要性，生产的人力，与生产有很密切联系的劳动者越来越多地上过大学，因此改变了大学的性质甚至整个社会。

第三点，组织化资本主义和资本主义赖以为基础的经济调节机制大大地缩小了生产过剩的经济危机，甚至可能完全消除它。当然，这并不意味着——我不愿意别人硬让我这么说——社会和政治危机的取消，尽管在新的形势下，这些危机的性质改变了①，经济结构的这种变化带来了各种变化，其中有很相对但却是真正的收入和自由支配时间的增加，简言之，整个领取工资阶层，特别是领取工资的中等阶层也就是说其重要性将不断增加的社会集团的生活水平有了提高。

　　然而，我们都熟悉的马克思的传统分析却是建立在贫困化概念的基础上的，人们可以没完没了地争论马克思想象的究竟是一种绝对的贫困化还是相对的贫困化。我认为，可以肯定的是，马克思的分析暗含着这样一种观点，即资本主义的发展将逐渐使一个越来越庞大的工人阶层的生活变得不可忍受。从这一点出发，无论工人阶级的觉悟的真正状态如何，经济与社会变革——这就是可能意识的天才的理论——都将使无产阶级变得越来越不满和越来越革命，以至于在资本主义社会内部没有任何占领控制主导经济阵地的可能。

　　未来的前景表现为一种抉择：或是先于一切对经济和社会控制以及随之而来的这两个方面的深刻的动荡的政治革命，或是全面异化的野蛮；在这种抉择中，第一个可能性即无产阶级革命的可能性是很小的。

　　今天，《资本论》问世一个世纪后，我们首先处在一个无疑是缓慢地但却是真实地逐渐提高了生活水平的工人阶级面前，这在欧洲（有几个很短暂的时期除外）阻挠了强大的政治革命组织的发展。如果说列宁用一种工人贵族的存在来解释改良主义，那么就应该明白在英国、德国、法国和美国不是工人阶级的少数而是多数构成了与世界其他地方的显贵所不同的显贵。这不但从本质上解释了战前德国社会民主党的，也从本质上解释了至少是 1924 年或 1925 年的

---

　　① 相反地，我们刚才讲了，还存在着货币危机；可是我觉得这种危机是由于自动调节机制不完善而造成的，又由于这样，这种危机在未来一个或长或短的时期中是可能避免的。简言之，我不认为这种危机与组织化资本主义的性质有关联，就像自由资本主义或危机中的资本主义曾经是的那样。但是，这正是人们能够但不是在这里能着手争论的问题。——原注

德国和法国共产党的改良主义特征的最主要的因素之一，尽管有一种越来越经院式的表面的革命意识形态。在众多的联系中，这种与工人阶级的组织和工会运动相连的改良主义曾是——并仍然是——与资本主义社会融为一体的改良主义，它企图将某些无疑是重要的但却是第二位的、对资本主义的根基没有任何威胁的，其真实的行动完全不是旨在一种深刻的社会秩序的变化的改良。简言之，工人阶级的政治组织和工会都只在口头上而完全不从真实的行动上提出超越资本主义的问题。

然而，人们称为新工人阶级或领取工资的新的中等阶层处于一种本质的不同的形势下。无疑，生活水平的问题已经完全颠倒了，生活水平的改善成为明显的，并且，对这些阶层来说，为贫困化辩护是困难的，即使是对最教条的理论家来说也是同样。由此，异化的问题也从根本上完全变了。法兰克福学派、阿多诺、尤其是马尔库塞在一些令人注目的著作中向我们指出精神视野的愚钝和狭窄，对意识的一切形式的批判和创造的消失都威胁着这些阶层，以至于这些阶层将消极地接受组织化资本主义给予他们的好处。这个受到高度管理的社会将管理扩大到文化领域直至将它窒息和使它消失——因为没有比管理更与文化相逆的了；纯粹的和消极的消费者只作为简单的执行者而为自己提供一些谋生的办法；思想上的地中海俱乐部：这就是出现在精神视野里的巨大威胁，在法西斯主义和集中营的外部约束之后，跟着又出现了一些更微妙更危险的东西：愚民政策、洗脑运动、对收入的无限追求、假期、舆论与广告活动。

应该承认，在差不多从 1950 年到 1968 年的整个时期，这种融合过程确实好像成功了。正是在这个时期，各种社会学理论才发展起来，这些理论在价值评判中是根本对立的，但它们仍然证明了同一个东西和将一个过渡性的局势变成一个历史阶段。着迷于一种"实际的"（意思是说"融合了的"）思想的出现的雷蒙·阿隆和达尼埃尔·贝尔为意识形态的终结高唱赞歌；大卫·利埃斯曼带着文化正在构成的伤感意识宣告了内心雷达的终结；赫伯特·马尔库塞则带着看到了世界末日的预言家般的意识宣称单面人这个魔鬼的到来。此外在法国也同时出现了一种表现为科学的然而事实上却是高度观念性的理论，这种理论与阿尔都塞一道，甚至渗透到了马克思主义中，它宣告主体、人、历史的消失；宣告一种由于"意识形态""野蛮思想"和"科学"之间的"认识论的鸿沟"而与群众分开了的少数天才独有的"知识"的到来。

在经济和社会方面，什么是融合这些意识形态的正在西方世界中形成的专家治国社会的特点呢？

首先是——我已经讲过这一点——经济的自动调节机制的计划化的逐渐形成。从这一点开始的显贵的逐渐减少和非熟练工人、过去的流水作业劳动者的社会力量的逐渐缩小；报酬相对优厚的、收入不断增加的专家新阶层，在生产过程中具有越来越大的重要性；但最重要的现象集中在相对少数的个人尤其是计划工作者（我将称他们为"专家官员"，这并非将这个词特别地与技术相联，而主要是与决策相联并且与"技术员"相对立；这样，就有了经济专家官员、政治专家官员、教育专家官员、广告专家官员和闲暇活动专家官员等）的小集团的手中的决策的逐渐集中；最后是专家统治发展的对立面，专家技术人员的缩减、简单的执行者层次上的领取工资的新的中等阶层。我将不强调——马尔库塞和法兰克福学派在这一点上做得足够出色——这种变化带来的批判性的取消和精神的愚钝。

由此，是否应该接受对于人和文化来说是灾难性的资本主义的卫道士们、世界末日论预言家们或反人道的经院式神学家们的结论呢？是否应该认为雷蒙·阿隆、达尼埃尔·贝尔、赫伯特·马尔库塞、克洛德·列维－斯特劳斯、阿尔都塞或罗兰·巴特有理呢？我不

这样认为。社会现实比所有这些将相对短暂的过渡时期与历史时期
或者人类的基本的和"前史的"时期相混淆的理论家认为的要复杂
得多。

　　首先如果说曾了解——直接地或通过其父辈——1929 年到
1945 年间的不安定和焦虑的一代人对生活水平的提高的第一个反应
是对由新的专家治国社会提供的安全和福利表示欢迎，一切事物想
必应该由于这种变化的出现而改变。安全以及使之能生活得不错的
收入成了自然的和当然的事情。

　　更加明显的现象是：对于意识来说，每有一次收入的增加，下
一次增加的价值就会减少。第二辆汽车的重要性比第一辆要小得多，
第三辆比第二辆又更小。拥有一件衣服和拥有两件衣服之间的差别
是很大的，这种差别在六和七之间则又大大地缩小，如此等等。于
是生活水平的提高很有可能——这构成社会主义行动的一个真实的
可能性——失去一体化因素的重要性，与此同步的是，对任何决策
的参与都被剥夺了，简单的执行者地位变成了一种越来越令人难以
忍受的剥夺；何况，这里有一种潜在的矛盾——这必将日益严重，
这种矛盾是在大学文化、专业化所要求的知识的增加和精神领域的
愚钝，不仅不顾社会和政治的，而且对于为适应专家治国的社会而
包含的企业投资政策来说甚至不顾组织的任何利益的现象中间出现
的。构成一体组织化资本主义之基础的最重要的产物——就是有一
天我称为专家或者大学文盲——含有一种内在矛盾，它有可能在历
史演变的过程中显露出来。不过这是在领取工资的中等阶层的意识
中很可能越来越趋向非数量的而是质量的要求、趋向要参加决策，
最终趋向企业完全民主的管理。工业社会向社会主义社会转变的前
景既显现为重新成为现实，也显现为有了极大的改变。

　　然而，这个阶层企图既在数目上成为新的社会最重要的阶层，
又想使自己集团中的个人以其不可替代的才干而处于整个社会组织

的中枢位置：所以它的意向对于社会的演变来说完全可能成为决定性的。自动管理的思想最先由南斯拉夫社会主义者提出，它是为对苏联中央集权和官僚主义的社会主义进行批评而建立的一种基本态度的需要，在正在进行工业化的国家——你们了解，这种思想由于众多的事实如农民阶层和某些仅刚刚脱离农民地位的工人阶层的落后性而碰到的所有困难——它曾是——现在仍是——很难实现的，1968年5月，它像一团火一样蔓延到西方。今天，它即使不是被接受——法共与法国总工会的强烈反对就足以使这种接受成为不可能的——至少成千上万的青年人和从来没有听说过自动管理的工人已在议论它了，在这个角度上，它成了在工业发达社会中主要的也许还是唯一可取的社会主义方向。

在传统马克思主义的格局中，无产阶级在资本主义内部没有取得重要的社会和经济地位的任何可能性。无产阶级只能通过一种政治革命、先于任何经济结构的基本改良，通过国家政权的夺取的道路来实现社会主义，这种格局已经完全改变了。趋向生产控制和自动管理的质的征服并不必然地意味着事先夺取国家机器，趋向社会主义的步伐很可能与资产阶级在封建社会内部的发展走相同的道路：一种对经济、社会权力的渐进的征服——尽管充满了有时是很尖锐的冲突，随后是一种对政治权力的革命性征服（英国、法国）和改良性征服（意大利、德国）。

无疑，这是有关一种改良主义方向的问题，但它与资本主义前期的改良主义的特点有着本质的区别。资本主义前期的改良主义趋向现存社会结构的整治；而现在的改良主义则涉及——正如在为改革的最高要求而斗争的资产阶级反对封建社会那样——一种趋向彻底改变结构的改良主义，也就是说，一种革命的改良主义。

在这个主题上，我想就自由资本主义中和组织化资本主义中的大学的性质和功能之间的对立说几句话。在我看来，发达的资本主义国家中的大学生运动的理由之一，便是这种性质和这种功能的完全的颠倒。

事实上，传统的自由社会是由两个不同结构的部门组成的：一个是生产——军队便以此为典范——尤其是家庭的专制部门；另一个是专属显贵的，尤其是市场（劳工市场除外）和在——仅仅在——显贵参与下的文化、社会和政治生活的平等和民主的部门。这种二元性提出了一个问题：在专制家庭中教育出来的孩子——在这种家庭内部，孩子占据的是从属地位——怎样过渡到获得独立的显贵地位，并拥有做出重要决策，和在等级制部门行使权力及作业有足够批判性的裁决，在某种范围内，大学、中学高年级都确有保障这种过渡的作用。所以，大学即使在传播保守和反动思想时也以创造独立精神为其使命，具有自由与批判的特点。

然而，这种情形已经由于显贵已被领取工资的中等阶层取代而完全地颠倒了。由于在大部分活动中仅是简单的执行者、自己采取的重要决定相对地少了，这个阶层的成员——和过去的显贵一样——在很大的范围内将其行为从办公室转移到住宅，从生产地点转移到家庭，因而导致了家庭生活的解放和父权的大大降低。

你们很容易看到这种变化的双重后果，这就是接收越来越多大学生，不再只属于显贵，而成为生产的一个构成部分的大学，现在的使命是改变以相对自由的方式教育出来的不太习惯于驯服地执行命令的孩子。人们懂得，大学传统的批判性结构已趋于逐渐让位给一种专制性和官僚性结构，即使当被改变的思想是进步的和主张自由的。

可惜，这种权威的结构不仅与在新的中等阶层中，尤其在既没有经历危机也没有经历战争并且还没有加入到生产机器的等级制结构中的青年一代人中开始发展的自由倾向发生了冲突，而且和科学知识本身发生了冲突，这种科学知识的迅速发展经常使得一些30岁到 40 岁的助教比在等级上高于他们的教授更了解科学思想的现状。

我补充一点，这种矛盾的情形——它会导致危机——对于整个社会和对于大学来说是同样重要的，大学不是一般的企业，而是一个中心，它将新的技术人员阶层撒向生产整体。

这样，在最近几年的一切事件面前，特别是法国 1968 年五月事件以来——这个事件以后则有一个相对稳定的长时期，最重要的问题是知道问题是否涉及遍及 19 和 20 世纪的危机同类型的危机，或者是否与此相反，我们面临从第二次工业革命中产生、朝向一个新的前景的新的社会力量的初期显示。

在纯粹经验的层次上，应该承认明确表态将是困难的，这两种论断都能得到辩护。正是在整体理论分析之内，我才阐述说我选择第二种。未来的事件、未来的变革也许将使这个问题能够得到回答。无论如何，我觉得肯定的是，即使是新力量的初期显示，这些力量也还未达到历史意识的和足够地成熟的理论意识的程度；参加五月事件的大多数大学生和工人曾用和仍在用专制结构时代的语言既作为统治力量又作为反对力量讲话。不管人们如何评价马尔库塞的思想——我曾有数次机会与他在这里——科尔絮拉——讨论和谈论是什么将我和他分离——他长于提出与新一代和与这一代人在其中长大的世界相应的问题，而大多数马克思主义理论家却继续谈论贫困化、先于一切社会经济变革的无产阶级政治革命和无产阶级专政。

尽管我佩服列宁和托洛茨基——我向你们保证我真的很佩服他们，重要的是要知道世界已经变了，我们应该全力避免成为经院式的和教条的，继续讲和他们同样的言语，用他们的言语回答同样的问题。有一位属于年轻一代的导演给自己的一部影片起了一个很有特点的题目：《中国近在咫尺》。像我这样年纪的人都是属于另一代人，对这样一代人来说，尽管技术进步了，两天就能到达北京，几天内就能到达月球，可是"中国还是遥远的，是一个完全不同的世界的"这个印象却还未改变。有一个适用范围有限的例子可以使人明了这个现象:"文化大革命"的第一批消息出现在西方新闻中,表明了驻那里的记者的不安和困惑,对共产主义世界,对其严格的纪律性和组织性,他们有自己的图解,在城市里盖满墙壁的无数的大字报前,他们——在请人翻译后——寻思这些大字报来源于谁,是什么样的组织把它们贴到墙上的。那些在电视里看到这些现象的青年人,反应却不一样:他们在这些现象里看到的是一种自发的表达方式;索尔邦大学被学生占领两天就足以使我们明白,在一个民众的反抗时刻,一张贴在墙上的大字报只不过意味着一个人有什么话要说,要对路人说。对 40 岁的人来说,用墙壁代替书和报纸作为表达手段是不可思议的,它对 20 岁的姑娘小伙子来说是很自然的。中国近在咫尺,青年人知道这一点,感受到这一点,他们有理由反对上一代汉学家和地理学家的认识。

说了这些,同样真实的是,这些直觉地发现一堵墙是一种表达方式和与"文化大革命"有关的青年人大多数都没有任何明确的觉悟,尤其是没有对当代的这些现象和自己的行为的任何理论上的觉悟。正是在这里,上一代即我们这一代理论家的无能显得最危险。由于没有任何理解当代社会和理解自己的严格的方式,这个运动受到一种根本含糊性的损害。它曾讲着并仍然讲着世纪初的或发展中国家的社会主义者和革命者的言语,托洛茨基的、列宁的、罗莎·卢森堡的、格瓦拉的言语,用这种言语来表达对 20 世纪下半叶的工业国家的不满,然而,这两个时期之间的距离却比——例如——从 1850 年到 1917 年这一段时间的距离大得多。这些意识和言语与行为和需要之间所回答的问题的不协调当然有时造成了有利于新意识的出现,但对行动的构成却是致命的。

为了结束权力与人道主义之间的二难推理:在工人运动和马克思主义思想运动的或然判断中,组织并使剥削继续存在下去的统治阶级的等级和纪律要求保护被压迫阶级和用同样的模式组织起来的、集中的和分等级的人类价值。如果你们同意，这些涉及都采取两个阵营之间的有组织的结构的斗争，这两个阵营的结构方面首先与步兵构成的传统军队式结构是相似的，这两者都在 1968 年 5 月的运动中给了我强烈的印象，尤其是在大学生运动中：彻底否定一切组织与一切纪律，对自由和自发性的彻底要求；当行动委员会上午和下午拒绝使用同一位教学秘书时，这种拒绝和要求便成了病态的，这种拒绝取消任何连续性，甚至不允许保留档案笔录。所有这些无疑是荒谬的，都是注定无效的。然而重要的是要知道我们所面临的是一种孩子气或相反是面临一种仍处于朦胧状态的但是本质地反对与正在构成的新社会越来越相适应的组织化纪律和等级制特点的那种合乎正义的反应。对这些反应的回答取决于正在发展的，同时趋向于自由、民主和社会的社会主义改造的新力量的存在。工人运动的民主化希望将只建立在这样一个事实基础上：它现在处于一个新的世界中，面临一个新的或然判断。

事实上，纪律与组织化在步兵中和在一架飞机中或另一种技术上更加先进的队伍中是不一样的。任何士官都熟悉步枪的使用，能够向士兵讲解，告诉他们应该如何做，给他们概括的指导。与此相反，在一个正在操作最现代化的机械的士兵面前，一位高级军官却将显得无能。逐渐地，技术的发展要求用合作代替等级，用同志关系代替权力。还请允许我，作为社会学家，向昨天和前天说过需要肯定某种朴素纯真的托洛茨基派同志们说，社会民主党和共产党是官僚化了的，他们将成功地创造一种真正的分等级的、集中的和革命的政党。起初，德国社会主义者和苏联布尔什维克可能甚至肯定是受与今日的同志们同样美好的愿望和同样真挚的社会主义精神的驱使。官僚主义化和与现存社会的融合不是简单的背叛和不诚心的结果 —— 尽管经常有这种背叛与不诚心 ——，而主要是一个结构过程，托洛茨基党自身也肯定无法摆脱这个过程，如果它成为一个群众的政党并处于同样的环境中的话。

说了这些后，就只剩下最根本的和无疑是最困难的问题了：在当代工业发达社会中的真正的社会主义运动的组织形式的问题。

对我们大家来说，最近几年中，在这个方面，任何现实和有效的纲领都没有出现在欧洲，这就构成了欧洲左派的最重要的弱点。实际上，如果说列宁、卢卡奇和格拉蒙西于1916年到1925年间各自独立地发明了对社会的理解和对他们所打击的社会内在力量的社会主义行动的辩证思想和必要性，他们的分析就停留在哲学的层次上；如果说在第二次世界大战以后，南斯拉夫社会主义者、意大利的特朗丁和福阿，以及晚些时候的法国的马莱发现了这种内在的社会力量正于新的工人阶级中随着第二次工业革命在自动管理中随着其计划而产生出来，在组织方面，他们所肯定的一切，就是——这不断地表现出来——工会的和不同于政党的自动管理的自动管理机关的政治功能的增加。在发达的资本主义社会中，经常有一种能够在反对统治阶级的斗争中有效地汇集民主与内部自由的新的组织化形式。

你们知道我在这一点上没有任何秘诀向你们展示。不过我仍想提及，有一天我在托洛茨基的一本书上看到这样一个使我感到很有意思的批语：作者寻思为什么无产阶级在斗争中需要集中的和有纪律的组织，而资产阶级却能在法国大革命中以俱乐部和支部这类松散得多的组织获得成功；他回答——我觉得他有道理，已经有了经济和社会权力的资产阶级占领了精神领域，取得了自发地将其行动投向革命方向的阶级意识。事实上，在自发性和纪律性之间有一种辩证关系，它使纪律性至少和自发性一样不是必然的，它得到了更好的阐述。

在旧马克思主义者的基础上，从科特斯基到列宁，从倍倍尔到斯大林，都对工人阶级的一切革命的自发性的缺乏有一种直感——
常常是一种确信，对这种自发性的缺乏，恰好应该由等级制的和有
纪律的组织来弥补。但是，如果——正如我刚才所言——如果新
的工人阶级通过其行动能够取得甚至资本主义社会内部的生产控制
地位，那么它就处于与1789年以前的资产阶级同样的形势下。对这
些经济和社会功能的行使，将导致一种足以大大增加未来组织化中
的自发性和民主；理论家们将在未来的历史经验中发现这一点，就
像他们的前辈过去发现西方的工会和俄国的苏维埃那样。

　　未来的组织化形式无疑将——作为功能的和有实效的——摆
脱一切1968年的大学生的那样狂热和激进主义那种不适时的、不
负责任的和过火的东西。然而，他们对等级制和官僚制纪律的否
定——这是最近数十年来工人运动的两个特点——同样也以无疑
是走在时代前面的形式包含着一种深刻和强有力的对正在形成的现
代世界的直感和人类价值可能取得的形式和为社会主义和权力结构
而斗争的组织化的萌芽，也由此，1968年的学生运动比以前的、已
经变成压制性的和正在被历史超越的结构的辩护士们头脑里的官僚
主义意识更进步。

译后记

　　吕西安·戈德曼是罗裔法国哲学家、社会学家和文学批评家。早年在罗马尼亚布加勒斯特大学学习法律，后去维也纳、苏黎世继续求学，最后来到巴黎学习哲学。戈德曼精通德国哲学，受卢卡奇早期著作影响颇深；他在文学批评领域中提出"文学的辩证社会学"学说，后受皮亚杰发生认识论的启发而改用了"发生学结构主义"一词，并以此新方法论著称于二十世纪六七十年代的法国甚至国际学术界。戈德曼本人也成为法国高等学术研究院的教授。

　　戈德曼的主要建树集中在哲学、历史学和文化艺术学方面。西方有不少学术观点不同的学者从不同的角度对他做出了肯定的评价。法国"新马克思主义"派的社会学家本克特认为，发生学结构主义是社会学理论的主要的、根本的概念；罗歇·巴斯吉德断言，戈德曼有关帕斯卡尔、拉辛、萨特和让·热内等人的研究很快就会成为经典著作；著名的文学批评家雷·韦勒克认为，60至70年代的法国理论界有一种异常活跃的新马克思主义的倾向，它深奥微妙，对黑格尔和卢卡奇十分敏感，而戈德曼便可算这种倾向的典型代表；法国当代最著名的美学家、《美学杂志》主编米凯尔·迪弗雷纳认为，戈德曼是马克思之后不再援引线性因果论，而是从整体的结构出发研究问题的学者；法国当代文艺社会学家罗贝尔·埃斯卡皮认为戈德曼的学说是文学社会学的第一个严密的体系；法国著名文学史家罗歇·法约尔认为从《隐匿的上帝》开始到1979年法国主持召开戈德曼学说的国际学术讨论会，戈德曼的文学社会学在世界上产生了较大的影响；美国的"新马克思主义者"斯·森杰尔斯认为戈德曼的理论是对文学社会学做出的重大贡献；英国的安纳·杰弗森、戴维·罗比等著的《西方现代文学理论概述与比较》中也专章述评了戈德曼的"发生学模式"。

戈德曼一生著述颇丰。主要著作有《人类的共性和康德的宇宙》（1945）、《人文科学与哲学》（1952）、《隐匿的上帝》（1956）、《辩证研究》（1959）、《论小说社会学》（1964）、《心理结构与文化创造》（1970）、《马克思主义和人文科学》（1970）、《现代社会中的文化创造》（1971）、《卢卡奇和海德格尔》（1973）以及不少发表在法国、德国、英国、美国、西班牙、南斯拉夫等国有关刊物上的文章。此外值得一提的是，法国德诺埃尔出版社出的《思考》丛书于1977年出版了《发生学结构主义》一书，此书汇集了戈德曼专论"发生学结构主义"和一些学者述评发生学结构主义的论文，比较系统地介绍了发生学结构主义的理论。

《马克思主义和人文科学》一书是戈德曼去世的那一年即1970年出版的，作者在此书中"作为一个马克思主义者"，比较系统地阐述了自己对马克思主义的艺术辩证法的看法，以及萨特的存在主义方法论、弗洛伊德的精神分析学与马克思主义、文学社会学之间的关系，还涉及了共产主义运动中的教条主义与修正主义，作者自己创立的发生学结构主义等。

戈德曼的文学社会学对庸俗马克思主义的简单机械的反映说作了一些批评；在其发生学结构主义方法论中，融入了结构主义、精神分析学的一些他认为可取的成分，用这种方法可以将文学作品与哲学、政治、宗教、经济等的相互关系，以及这些成分与各个社会阶级、某些具体的个人（如作家）之间的关系联系起来分析，具有一定的参考价值。

　　最后说明一点，由于译者水平有限，加之此书又是当代西方人文科学著作中较艰深的一种，所以译文难免有不妥之处。我期待读者的批评指正。在这里，我要特别向陈修斋先生致谢。修斋先生在百忙中逐字逐句校阅了本书的关键几章，并耐心帮助译者解决翻译过程中的全部疑难，解释含义并提出具体的精当译文。这种热情扶植后生的精神，是我终生不会忘记的。

译者

1987 年 7 月 29 日

于武汉大学